{巴蓬寺阿姜查}

森林中的法語

BEING DHARMA *The Essence of the Buddha's Teachings*

作者◎　　阿姜查 Ajahn Chah
英文編譯◎　　保羅‧布里特 Paul Breiter
譯者◎　　賴隆彥

迴向

願一切真實的精神導師皆能長駐於世
願他們的清淨教法傳承都可代代留存

目錄

英文版致謝

首先，非常感謝阿姜查（Ajahn Chah）的僧團弟子，尤其是長老會議，能夠同意我們翻譯、出版，並公開販售此書。長久以來，佛書在泰國皆是免費流通，此次之所以能獲准出版，無非是希望能讓更多讀者受益。由於拿那恰寺（Bun Wai International Forest Monastery，Wat Nanachat）的阿姜賈雅沙羅（Ajahn Jayasaro）努力向長老們說明，才得以促成此事，而建議翻譯此書的則是空格力特（Kongrit）比丘。

位於加州紅樹林谷無畏山（Abhayagiri）寺的阿姜帕薩諾（Ajahn Pasanno），協助解決辭彙問題，他經常只能依據錄音帶，不厭其煩地逐行檢視譯句。他與阿姜阿瑪洛（Ajahn Amaro），和阿姜賈雅沙羅與傑克·康菲爾德（Jack Kornfield）一樣，都提供了寶貴的編輯意見。帕蘇克（Pasukho）比丘協助解決難解的寮語句子。本書內容大多是泰國烏汶省（Ubonrachathani）的派布恩·鍾書瓦（Paiboon Jongsuwat）先生所收集與整理，這些錄音帶都是一九六〇年代末到一九八〇年代初的談話。在熱帶地區能夠保存得如此完整，也算得上是一項奇蹟。

第三章中的「寂滅之道」，是擷取自《寂滅之道》（The Path to Peace）一書，由拿那恰寺的僧眾所翻譯與出版。

在此要特別感謝香巴拉（Shambhala）出版社的彼得·透納（Peter Turner），此書的創意即源自於他，他以無比的耐心成就此事，並以社長的身分承擔重任。此外，要感謝我的妻子莉莉（Lili），她讓我無後顧之憂，可以專心投入工作。

〔推薦序〕

看，那飄落的葉片

奚　淞

……午後的陽光炙熱，比丘蘇美多掃除林地落葉，心裡不禁焦躁起來。

出家不久的他，滿懷追求開悟熱忱，來到阿姜查主持的森林寺院——巴蓬寺。待了一段時日，他發現這裡的修行生活圍繞於清理環境、挑水、打掃落葉等單調寺務上。

看看，昨天掃過的地面，今天又滿鋪落葉；就算今天掃乾淨，明日又待如何？「我是來攻讀佛學和修行的，如今我竟在毫無目的的掃落葉……」比丘蘇美多怨忿地想：「我的聰明、才智，都在這裡白白耗費了！」他開始覺得一切都令人厭惡，法師不好、比丘教育不足，他也怨恨太陽、怨恨落葉，討厭一切的一切……他氣惱地持竹帚嘩嘩刮掃地面，激得枯葉泥塵四散紛飛。

驀地，他發現阿姜查竟站立眼前，什麼時候走來的也不知道。

「苦在哪兒？在巴蓬寺苦嗎？」阿姜查裂開他那著名的、把圓臉橫切成上下兩截的笑容，向蘇美多拋下一句問話。然後，法師悠然轉身、穿越林間小徑走開，留下持帚怔立的蘇美

7

多。

「苦嗎？剛才確實是滿心煩惱啊！」比丘蘇美多捉摸法師突兀的問話，心想：「可是，這一打斷，剛才的苦究竟跑到哪裡去了？苦，是什麼在苦？巴蓬寺不苦，掃地也不算苦。那麼，製造一大堆牢騷和怨恨的又是誰？」

經阿姜查一句話點醒，比丘蘇美多直下看到了自己的心。

重新掃地的他，動作減慢、兩手使力也均勻了。午後的樹林寂靜，沙沙的竹帚觸地聲，把他帶入平寧的正念觀照中。落葉撇掃成堆，而他的心，正向那經清掃而敞露出的泥沙地，平整、清爽，有著脈絡分明的竹帚掃痕……

藉由外在事件引發的衝突和煩惱，轉化爲對內在心靈活動的客觀檢視；從盲昧糾結的身心活動中，得以正念看清當下實相，放下煩惱與不善；這便是泰國巴蓬寺、阿姜查引導弟子一步步修行、契入佛法的標準模式。敘述上面故事的，正是阿姜查早期重要的西方弟子阿姜蘇美多。

南傳佛法僧侶在泰國，約略可分兩大流派，一是以學習經典爲主的「學問比丘」（Patiwat Bhikkhu），一是從實修下手的「修行比丘」（Patibat Bhikkhu）。阿姜查屬於後者。

嚴守戒律、托缽行腳、日中一食……阿姜查也屬於於泰國東北森林中苦行「森林僧」的傳承。出身於農家的他，雖曾研讀過佛教教義及巴利經文，卻常對人拍著胸口說：「我只讀我心中的這一本書。」

經過多年流浪，他回到故鄉、一處荒僻的樹林落腳，創設

了巴蓬寺。隨著追隨弟子增多，分院也在別處增設。

　　阿姜查的說法與「學問僧」的引經據典大大不同，他善用早年農家生活以及森林雲遊的經驗，以種種大自然動植物的生態進行譬喻，使人了解：外在自然的法則，正足以令我們契入佛陀內觀心法。

　　不脫森林僧本色，阿姜查說法常引人去觀察「樹」這主題。從多次說法中，試摘句如下：

　　「一棵樹，隨順自然因果原則成長。當下，樹正演說佛法，可是我們卻不能明白……如果將樹引領到內心來觀照，我們將了解：樹的誕生與我們的誕生同樣依賴地、火、風等條件而生起，期間並無差別。身體每一個部分如頭髮、指甲、牙齒和皮膚都會依循它的本性而改變，就如樹的每個部分都會改變一樣。如果了解事物的本然，那麼我們也將了解自己。」

　　「此處如果沒有風，樹葉便會保持靜止。然而，當一陣風吹來，樹葉便拍打舞動起來……心，猶如那樹葉，當它與法塵接觸時，便會隨著法塵的性質而『拍打舞動』。只要我們對佛法的了解愈少，心愈會不斷地追逐法塵。感到快樂時，就屈服於快樂；感到痛苦時，就屈服於痛苦，它總是在混亂之中。」

　　「如果依照經典，把十二因緣分析開來，我們說『無明』緣『行』，『行』緣『識』……乃至於『生』緣『老死』純大苦聚集。但事實上，當你接觸到不喜歡的東西，馬上就有苦了。心，奇快無比地穿透十二因緣的鍊環，正如同果實由一棵樹上掉下來，在你覺悟情況以前——『碰！』你已經落地了

……這就是為什麼佛陀勸戒他的弟子要觀照和完全地知曉他們自己的心。這麼一來，在他們『著地』之前，才能掌握住自己。」

「世俗的『八風』──得與失、譽與毀、稱與譏、樂與苦──那八風就好像從你頭上自行掉落的芒果，運用你的專注、定力和平靜去觀照、去採集，知道哪些水果是好的、哪些水果是壞的，這就叫做智慧、內觀……」

今天，我們能讀到森林僧阿姜查的動人開示，全賴他弟子認真的收集、整理。而阿姜查的西方弟子──包括阿姜蘇美多在內，更把阿姜查的教法帶到歐美各地，逐漸形成許多森林寺院。是西方人認識南傳佛法的重要基地。

南傳佛法的重要書籍基本上是以免費及自由助印的方式流通的。阿姜查的一位西方弟子、美籍的甘比羅法師在一九八八年來到台灣，於十年前開始領導翻譯一系列阿姜查的書籍。這些署名「法耘印經會」、「法園編譯群」的書籍便默默流傳開來，得到眾多學佛者的衷心喜愛。如今，更樂見橡樹林文化能出版這本經精心編輯的《森林中的法語》，使讀者能在書店中邂逅阿姜查，得到一份驚喜。

兩千多年佛法在世間的開展，猶如山間涓涓細流，逐漸匯聚成浩闊江河。處身佛法地域的我們，回看南傳原始佛法，自有一份直探江河源頭的清冽、甘甜之感。關愛佛法的人們有福了。記得一位熱愛阿姜查書籍的朋友說：「阿姜查的書真奇妙，放在案頭，隨手翻開，總有立刻能入眼動心的語句。」

　　僅在此地再抄錄一段相關於「樹」、相關於「掃落葉」的阿姜查法語，是有心修行佛法者最好的座右銘：

　　「我們的生命猶如成長和凋落的葉子。當我們對此有了真實體認後，便可以每天清掃著道路，而且在這個恆常變遷的地球上、我們的生活中，擁有無比的喜悅。」

〔推薦序〕

隨順緣起而與空相應

楊郁文

慶幸自己得以拜讀阿姜 查的教授、教誡，這是多生修來的福報，是極其難得的；相距本師釋迦牟尼佛陀般涅槃二千五百多年，純樸的正法愈來愈難得聞，然今可聞，誠然法喜滿腔。接到出版社轉來賴隆彥居士《森林中的法語》一書的漢譯底稿，迫不及待地仔細閱讀一遍，讀者特別受用的部分，再用保羅‧布里特先生的英文原版對讀，可以肯定賴居士的漢譯是信、達、雅兼具，實屬難得！

阿姜 查是現代泰國最著名的法師之一。其教授弟子的法語結集成書，傳播到全世界；於一九九二年以《我們真正的歸宿》一書介紹到台灣以來，好多單位系列性地陸續譯介 查法師的許多著作；對於 查法師本人及其所有著作，大家耳熟能詳，已經不需要筆者再嘮叨了。

有鑑於本書是最近由阿姜 查鍾愛的資深弟子保羅‧布里特先生，從 查法師泰語及寮語重要說法的錄音帶，以前未曾謄錄者，在泰國人士的協助下翻譯成正確適當的英語，呈現活潑生動的、實用的佛法，包含對於佛法的「聞法」、「思法」、「修法」、「見法」，由見法入流而修道「作證涅槃

法」；所以虔誠地特別爲文推薦，冀望十方大德有幸能接受到如此貴重又實用的法寶。

研讀而不但閱讀本書的內文而已，甚至須重視傑克‧康菲爾德先生的序文介紹，以及保羅‧布里特先生的感恩一文；其實這兩篇鴻文，除了感念他們的指導和尙阿姜 查以外，異口同聲地導讀本書。倘若，讀者能體會兩位先生的導讀事項，以此爲增上緣，必定能深入阿姜 查的教法中，領受純粹的法味。筆者本來想要書寫導讀性的文章，因此作罷。

筆者能體會出阿姜 查的種種善巧說法，其正確性、適用性無庸置疑；然而，擔心某些特別重要的說法，閱讀者因爲根器、根性的不同，或許可能產生誤會者，提出一己心得，供養大家理解：

「見法後，則依然未能證入。」（本書26頁）按：《長阿含第二十三究羅檀頭經》說：「見法、得法、獲果、定住、不由他信、得無所畏。」（大正藏第一冊101頁上欄）《Kūṭadanta sutta》 作：「diṭṭha-dhammo（已見法者）patta-dhammo（已得法者）vidita-dhammo（已知法者）pariyogāḷha-dhammo（已深入法者）tiṇṇa-vicikiccho（已度疑惑）vigata-kathaṃkatho（已離猶豫）vesārajjapatto（已得無畏者）aparapaccayo satthu sāsane（於師的教說為不他依者）」（長部第二冊148頁）指出成就須陀洹者的自作證內容。又，《長阿含第二遊行經》說：「斷除三結，得須陀洹，不墮惡趣，必定成道，往來七生，盡於苦際。」（大正藏第一冊第13頁上欄）

在早期的南、北傳佛法中，開示須陀洹「見法、得法……
入法」，在正念、正智下，已能捨斷「三結」，而作證小部分
的涅槃法味。現在，針對阿姜 查「見法後，則依然未能證
入。」的說法，當作如是解：初「見法」的須陀洹，尚未作證
阿羅漢果，所以尚須不斷地「修道」，使貪、瞋、癡淡薄，五
下分結盡，乃至滅盡一切惑、業、苦，才具自作證逮得如實
法——「究竟涅槃」。

「一切苦與不圓滿皆有其原因，因若消失，苦便止息。」
（本書 58 頁）此乃阿姜 查的略說法要，尚須廣演其義；

《雜阿含二八八經》尊者摩訶拘絺羅（Mahākoṭṭhita）答尊
者舍利弗（Sāriputta）言：

尊者舍利弗！「老死」非自作、非他作、非自他作，亦非
非自他作（的）無因作；然彼「生」緣故有「老死」。如是，
「生」……「有」……「取」……「愛」……「（苦、樂、捨）
受」非自作、非他作、非自他作，非非自他作（的）無因作；
然彼「觸」緣故「受」生；……（大正藏第二冊 81 頁上欄）

如是，「（苦、樂、捨等三）受」非自生、非他生、非自
他共生，亦非無因而有；「三受」是「因緣生」，緣「不可意
觸」而生「苦受」、緣「可意觸」而生「樂受」、緣「可不可
意（中性的）觸」而生「捨受」。這就是阿姜 查所說：「一切
苦與不圓滿皆有其原因。」

《雜阿含五六三經》外道異學，無畏離車（Abhaya
Licchavi）說：

「我師尼犍子滅熾然法，清淨超出，為諸弟子說如是道：『宿命之業，行苦行故，悉能吐之；身業不作，斷截橋梁，於未來世無復諸漏，諸業永盡；業永盡故，眾苦永盡；苦永盡故，究竟苦邊。』」（大正藏第二冊 147 頁下欄）

雖然尼犍子（Niganṭha-Nathaputta，耆那教主）已認識到「苦」不能自然消失，可是他執持戒禁取，以爲「苦行」能消滅「苦因及宿業」。尊者阿難（Ānanda）語離車言：

「如來、應、等正覺所知所見，說三種離熾然清淨超出道，以一乘道淨眾生，離憂悲，越苦惱，得真如法（ñāya-dhamma 如實法）。何等為三？如是，(1) 聖弟子住於淨戒，……(2) 離欲、惡不善法……乃至第四禪具足住。……(3) 於此苦聖諦如實知，此苦集聖諦、苦滅聖諦、苦滅道跡聖諦如實知；具足如是智慧心，業更不造，宿業漸已斷；得現正法離諸熾然，不待時節，通達現見，生自覺智。離車！是名如來、應、等正覺所知所見，說第三離熾然，清淨超出，以一乘道淨眾生，離苦惱，滅憂悲，得如實法。」（大正藏第二冊 147 頁下欄）

如是，佛陀教導我們唯以戒、定、慧──「三無漏學」，依正法生活，隨緣受報消滅苦的因緣，又不重造新殃；以正念、正知，修習「一乘道」淨眾生，離苦惱，滅憂悲，自作證得如實法。這就是阿姜 查所說：「因若消失，苦便止息。」的事、理所據。

「了解『只有因緣而無自我』，那才是佛陀傳法的本意。」

（本書 68 頁）釋尊在《雜阿含三三五經》開示：「云何為第一
義義空經？諸比丘！眼生時無有來處，滅時無有去處；如是，
眼不實而生，生已盡滅，有業報而無作者，此陰滅已，異陰相
續，除俗數法。耳、鼻、舌、身、意亦如是說，除俗數法。

「俗數法者，謂：此有故彼有，此起故彼起；如無明緣
行，行緣識……廣說乃至純大苦聚集起。又復，（空，無作
者、受者，謂）：此無故彼無，此滅故彼滅；無明滅故行滅，
行滅故識滅……如是廣說乃至純大苦聚滅。

「比丘！是名第一義空法經。」（大正藏第二冊 92 頁下欄）

「有業、報而無作者（、受者）」指「世俗諦」雖有作業及
受報──緣起的現象；然「第一義諦」即無作者與受者──緣
起的實性。此乃發展中佛教所謂：「二諦說」的根源，龍樹
菩薩的《中論》強調此說。依世俗諦，「隨順緣起」而見道、
修道；以第一義諦，「與空相應」而證道、證法。這是筆者從
《阿含》及《般若波羅蜜多心經》的教授中，「得無所得」。這
就是阿姜 查所說：「了解『只有因緣而無自我』，那才是佛陀
傳法的本意。」

希望每位讀者，透過本書《森林中的法語》，能與阿
姜 查心心相印乃至上契佛意，人人能全面符合「八支聖道」
而過活！衷心祈禱隨順緣起的合理如法的心願，早日實現！

中華佛學研究所研究員楊郁文

序於阿含學園

二〇〇二年十一月十二日

〔推薦序〕

在覺察中安住

傑克‧康菲爾德

　　當第一批西方弟子於六〇年代抵達巴蓬寺（Wat Pah Pong）時，阿姜查並未給予他們特殊的禮遇與照顧，不同於泰國以往對待西方僧侶的慣例。他並未放寬寺廟的要求與訓練，而是坐在位於叢林中央之茅蓬一隅的板凳上，盯著他們瞧。就像錶匠揭開錶蓋，仔細檢視裡面的精密儀器一樣，關切他們是否了解世間之苦與滅苦之道。然後他會笑著邀請他們聆聽，並參與共修，如果他們夠勇敢的話。

　　在那幾年，僧團的人數還不多，很少人聽過阿姜查禪師的名字。二十五年後，他已經成為當代最受敬重的森林禪修大師之一。於一九九三年，在他的寺廟，有近百萬人和泰國國王與王后一起，參與他的葬禮，向他表達最後的敬意。今日，他的影響已經遍及全球，共計有上百座分支寺廟，並且擁有許多傑出的弟子，他們在國際上皆備受尊崇。

　　阿姜查的智慧透過許多善巧方便，自然流露出來，於不經意間將弟子導向解脫。修行之初，他強調持戒與自律。集會時，他常援引軼事與典故，或者提出如公案般尖銳的問題。對於世間或弟子們的妄念，他則抱持幽默與風趣的態度。他的教

17

學親切活潑，以慈悲的了解與睿智的對話爲基礎，與弟子之間完全沒有隔閡。雖然他的修行方式包含了道德、戒律、出離與禪定等嚴格的訓練，但是卻不會給人壓力，自然而然將人導入智慧與解脫。

他的禪定教學直指解脫，從不拐彎抹角。他教導各種正念與禪定的傳統修法時，總是儘量不提三昧、定境或開悟等特殊經驗。禪定不過是一種工具，一種端坐檢視自身的方法，目的只是爲了降伏與拓展內心。他指導學生「在覺察中安住」（直譯爲「安住在覺知者中」），發現內在自然的平靜。他指出在禪定的基礎上，我們將更能看見實相，即事物的「本來面目」。我們將能看出生命無常與無我的本質；發現苦、苦的起因與苦的止息。他認爲禪定是讓我們解脫束縛、停止鬥爭、放下執著與隨遇而安的方法。

每一天，寺院都會定時課誦、工作、坐禪、行禪、止靜與共修，其間都會穿插大師非正式的指導。偶爾，通常是在晚課後，阿姜查會閉上眼睛，針對寺裡的比丘、尼眾與其他在家信眾，進行一次較長時間的開示。這些談話有時會持續一至五個小時，新來的比丘稱之爲「耐力講座」。

如今保羅‧布里特（Paul Breiter），一個阿姜查鍾愛的資深弟子，將其中的一些開示從泰語與寮語翻譯出來，介紹給西方讀者。能夠擁有這些教法，眞是無上的福份，它們都是阿姜查教學的精髓。在這些晚課後的開示中，他直截了當地將生命的實相呈現在我們的眼前，令你不得不正視它。當你閱讀這些

章句時，可以想像自己正身處於森林深處，在傍晚時分，已經經歷兩個小時的禪坐與和諧的唱誦。燭光搖曳生輝，森林中的小生物逐漸安頓下來，發出窸窣的聲響，夜間的知了也一邊啼唱著——此時正是反省的好時機，可以好好探索有關生命的覺醒與實相。

如今大師正誠懇地向你訴說存在的本質，他知道你也一樣會覺醒。「一切事情皆不確定，這就是這個器世間的根本實相。」他接著說：「隨順世間實相而行，不要在欲望中陷溺與迷失，不要被主觀的情緒、意見與計畫沖昏頭。」他以簡單的方式介紹實相：「你並不擁有任何東西，甚至連你的想法與身體也不屬於你；它們絕大多數是你無法掌控的，你必須慈悲地觀照它們，一切事物皆受制於無常法，而非你對它們的意願。當你真正了解這點時，你才能隨遇而安與不動於心。」

在對寺裡的尼眾與比丘們談話時，阿姜查鼓勵他們恪遵佛陀的教誨，活出僧伽的尊嚴。他鼓舞他們堅定修行與自重，勇往直前。此外，他請他們省思：我真的將教法放在心上嗎？我願意去除一切貪、瞋、癡，放下並獲得自在嗎？無論多麼困難，我是否能堅持修善與慈悲？我是否平易近人，不會驕傲與頑固？「不要將教法視為理所當然，」他接著說：「它們不只是哲學或理想而已。檢視你自己，檢視你自己的心，放棄苦與樂的糾纏，安住在中道上，在解脫之心上。讓你身上的僧袍成為佛陀的標幟，向世人宣說寂滅與智慧的生命實相。」

當他對來訪的在家行者、政府官員與軍官們說法時，也是

單刀直入，不會拐彎抹角地說些奉獻與培福等表面文章，那些都已經是老生常談了。他請他們落實佛法，實踐善德與慈悲，並且自淨其意，放下渴愛與煩惱。他認為這些才是佛法中真實的福德與功德。

在開示中，阿姜查提醒我們解脫是可能的。只要秉持善念，不斷努力，我們每一個人都可以覺悟，都能達到佛陀的解脫與寂滅。

請用心閱讀這些教導，慢慢咀嚼，讓它們成為你探索的靈感泉源、心靈的良藥，以及究竟解脫的導師。

願阿姜查的法語為世界注入光明，願它們為讀者帶來喜悅與覺醒。

傑克・康菲爾德（Jack Kornfield）
於心靈磐石中心（Spirit Rock Center）
二〇〇〇年

〔英譯者序〕

教導苦與苦的止息

　　在當代泰國佛教大師中，阿姜查對西方佛弟子的影響無人能及。他的教法之所以能如此普及，關鍵在於它們的清晰與親切，對於具有不同文化背景與佛教傳承的人來說，皆可適用。很幸運地，其中一些開示透過翻譯得以在本書中呈現出來。他的弟子們習慣暱稱他為「隆波」（泰語 Luang Por，即尊貴的父親）。他不只依照傳統的方式講解佛法，還廣泛引用譬喻與寓言，經常舉聽眾熟悉的動物、樹木與日常生活為例。他的態度親切而幽默，但是深度卻絕不打折。「深入淺出」或許是大家耳熟能詳的成語，但卻能極貼切地表達阿姜查的教學。

　　阿姜查的資深西方弟子阿姜蘇美多（Ajahn Sumedho）指出，在經歷過二十五年的教學與訓練過程之後，阿姜查不但能讓完全不識字的農夫了解佛法，也能回答泰國上流人士的請益。此外，他還能吸引並訓練生性好疑的西方人，其中有些人一待就是十年以上，至今仍然持續過著出家的生活。

修行的信念

　　阿姜查經常鼓勵人們超越自我設限。在他的寺院裡，修行沒有一成不變的法則。他有時候會講述自身的修行困境，以及

他如何面對、解決與自我策勵的過程，以砥礪弟子：

> 在投入修行之前，我問自己：「佛陀的教法就在眼
> 前，適合每一個人，但是為什麼只有少數人能依教奉
> 行，而其他人則不能呢？或者，有些人只有三分鐘熱
> 度，然後很快就放棄了；或者，有些人雖未放棄，但
> 是卻心猿意馬，無法全心投入，為什麼會這樣呢？」
>
> 因此，我下定決心：「好！……我將盡形壽，全心
> 全意，徹底遵從佛陀的教誨，於此生達到覺悟。……
> 因為，若不如此，我終將在苦海中沈淪。無論需要承
> 受多少苦難，我都要放下萬緣，精進用功，永不懈
> 怠；否則，疑惑將一直糾纏著我。」
>
> 如此思惟①之後，我便放手修行，無論多麼困
> 難，依然勇往直前。我將一生看成一天，不敢懈怠。
> 「我將謹遵佛陀教誨，依循佛法，覺悟世間之苦。」我
> 希望覺悟，希望看見實相，因此我積極修行。

對於弟子們的缺失，他則抱持容忍的態度，總是希望他們
盡力去做。目標很單純，就是逃離惡魔②（Māra）的糾纏，以
免被困在三界苦海中。他並不認為這件事情可以輕易達成──
「如果修行這麼簡單，大家早就去做了。」他經常這麼說──
不過，它確實是生命中唯一值得做的事。

世俗生活充滿忙碌、紛擾與誘惑，人們總是無止盡地追求

歡樂，避免讓自己無聊。但是一顆紛亂的心，很容易疲累厭倦。當一個人決心投入修行時，他就已經邁向解脫的第一步，擺脫現存的困境。這樣的過程，剛開始或許會讓人感到痛苦與挫折，因爲日積月累養成的習氣、欲念與恐懼，會阻礙心靈成長。阿姜查指出，有些人將出家的生活想像成是一種解放，但是眞正出家後，初次面對自己而無處可隱藏時，才發覺像是捲入一場風暴中。

阿姜查經常提到散漫，即對於生活漫不經心、毫無警覺，它總是伴隨舒適而來。除非人們遠離享受，否則他們很難避免散漫。舒服的生活會麻痹內心，他舉泰國稍早的簡單生活爲例：「過去，當這個國家尚未開發時，人們都將廁所建在屋外，通常位於林邊，如廁時必須先走一段路。但是現在廁所都建於屋內，都市裡的人甚至將之擺在睡覺的地方。」這樣的想法衝擊著他，令他覺得荒謬，他笑著說：「將廁所蓋在臥室內，人們認爲這樣會讓生活更加舒適，事實上卻不盡然，這樣做只會增添人們懶惰的習慣……」

不過，他的訓練方式也不是一味地保守，當他看見弟子們陷入機械化的操作時，就會提出糾正。他對於佛法的要點絕不模稜兩可。佛陀在經歷過無效的苦行後，明白解脫乃存在於內心，身體不過是個皮囊而已，無法覺悟。不過，身體並不邪惡，不會妨礙心靈的發展，因此毋須加以折磨與虐待。過度苦行與追求感官欲樂一樣，都是偏差的行爲。苦行的重點應該放在簡樸與離染上，而非自虐。他所說的「摧毀你的身體！」或

「摧毀世間！」並不是字面上自殺或製造核武的意思，而是一種禪話，是阿姜查活潑的教學，其目的在摧毀人們對這些事物的執著。

有一晚，一位由信眾出家的新戒比丘，前來參加雨安居，在歡迎他的非正式閒談中，阿姜查寓意深遠地談到自己的回憶與觀察。他提起自己的頭陀（tudong）苦行，他曾經以徒步的方式，四處尋找森林與山中的隱居處，參訪明師。「有時候，我一天可以走上四十公里，不是因為我很強壯，而是有了精神上的動力，即使士兵也不可能有這樣的腳程。……有幾天，我托缽只能得到些許米飯，看著吃飯時的心很有趣，當時心裡想著：『還好這些不是鹽巴！』誰能想像得到，即使只是吃著米飯，智慧也能增長？」

阿姜查不怕挑戰自己修行的極限，他視它們為寶貴的經驗。他有時候會將人逼到極限，然後令他超越。這樣的方法並不好受，但是人們卻可以藉此看清心的黏著與限制，並且認清痛苦其實是源自於心的執著與偏見。

他並不鼓勵絕食、禁語或與世隔離，他說：「我們應該睜開眼睛修行，如果隔絕外界接觸可以讓人覺悟，則盲人與聾人早就覺悟了。」智慧應該在感官接觸中尋獲，世間是藉由認知而超越，而非由逃避。在規律的生活中與人互動，日復一日，是其寺院的生活方式。如此既可以揭露自身的習氣，又可以觀察到痛苦產生的方式。他經常說：「如果那裡又熱又麻煩，那就對了，那裡就是修行的好地方。」

教導佛法

　　阿姜查對弟子的指導無微不至，但是他不會經常查探他們的進度。他請他們建立自信，重點在於觀心，以及對禪定過程抱持「不執著也不懷疑」的態度。他經常告訴僧眾，他能做的，只是爲他們提供一個適合修行的環境而已。他說：「就像爲牛兒提供牧草一樣，如果牧場裡牧草鮮美，又有圍籬保護，牛兒就可以在那裡安心吃草。如果牠們是牛，牠們就會吃；如果牠們不吃，那牠們一定不是牛，也許是豬或狗！……」

　　他的禪定教學通常都很簡單。一般來說，他不會單獨教導止與觀，正念與觀幾乎貫穿他的教學，在不同的修行層次中被一再提起。此外，諸如念死③與慈④（metta）等禪法，他不會正式與有系統地教導，而是把它們當成修行的基本心態。他的禪法直指人心，令人印象深刻。一九七九年訪問美國時，他提出面對劊子手的思惟主題：「想像你去找一位預言精準的命相師，他告訴你：『七天之內你一定會死。』你還能睡得著嗎？你一定會放下所有事情，日夜禪修。事實上，我們的命運正是如此，我們每一刻都面對著劊子手的威脅。」他爲聽眾出了一個「功課」，即每天至少思惟死亡三次。

思惟教導

　　本書的結構是遵循阿姜查常說的一段話：

　　　　起初人們先聞法，但是還不懂得思惟；接著他

> 開始思惟，但是不會修行；修行後，尚未見到法的實
> 相；見法後，則依然未能證入。

除非證入法，否則人們無法脫離苦海，也無法完全了解自身的潛能。如今我們正站在佛教傳入西方的一個里程碑上，許多人都已經虔修佛法數十年了，應該不難理解這段話的意思。阿姜查將修行視為一種生活方式，而非只是練習或儀式而已，目標（雖然他很少提及目標或成就）則不外乎解脫痛苦——那是一種清明與寂滅的狀態，從此心將不再受內外事件的影響。閱讀法語時最好能將這些觀念牢記在心，因為它們是修行的根本，會一再出現；由出現的頻率之高，就可以知道它們有多麼重要。阿姜查總是建議他的聽眾，不要輕易相信或否定他的話，而是應該親自檢視這些教法是否符合他們自身的經驗。

阿姜查主要是比丘與尼眾的老師，這些學生都已經捨離世俗的羈絆，追求出家的生活。雖然他不認為修行一定非得出家不可，但是他確實頌揚持淨戒與簡樸的好處。在寺院裡生活，遵循經典的教誡，人們可以因此而遠離世間法的戕害。這是一個理想的社會，奠基於互助、互享與互敬之上。由於少欲知足，因此毋須貪求與爭執。「法是用來生活的」，這樣的觀念充分反映在泰國的修行辭彙中。如此生活數年後，將可養成專注、自制與無私的習慣，為行者帶來意想不到的喜悅。

有時候，阿姜查在談論散漫或斷惡的時候，會給西方人一種道德家的印象。佛陀認為惡即害人與害己的行為，並稱散漫

爲滅亡之路。集中注意力於獨處或與他人共處的一切生活細節，將有助於調整心性，爲禪修奠定堅實的基礎。談論善惡可能會令人覺得厭煩——基於過去主日學校課程的老印象——不過它仍然有其不容抹滅的價值。阿姜查不斷重複道德行爲的重要，其目的在於創造一顆寬鬆的心，與一個和諧的生活環境；而非由於害怕恫嚇與懲罰。在他的所有教學裡，倫理與道德皆有其實際的作用，他不要人們迷信與盲從。雖然他也談到超越善惡的必要性，但是在一切佛教的教派中，持戒行善，絕對有其必要。不只是在最初的時候，它幾乎貫穿整條解脫道。

有時候，他似乎是針對泰國的人民與文化習俗而說，例如談到受戒、聞法、供養，以及其他特殊的民俗傳統時。這其實並不難理解，類似的情況也出現在西方的猶太基督宗教體系。有些做法對於體系內的人來說可能覺得理所當然，但是對於其他人來說，就會有些格格不入了。

如同佛陀的原始教導一樣，阿姜查的話語也經常一再重複。根本的法則絕對不容輕忽，尤其是在珍貴的佛法與世俗根深柢固的思考習慣相牴觸時，更需要一再被提醒。再一次，我們可以問問自己，我們眞的了解嗎？這些看似簡單的觀念，我們又做到了多少？

阿姜查可以說是泰國佛教的改革者。就像佛陀一樣，他以方言教學，挑戰當時迂腐的傳統。他喜歡引用狗、芒果、雞、稻田與水牛等，來說明他所學得的經典術語。他一向主張，教導者必須知道哪些內容最適合聽者，並且認爲，教授佛法是幫

助人們見道的善巧方便⑤。此外，他堅決反對危害泰國兩大教派⑥關係的宗派主義。

教導的架構

雖然本書依據主題區分成數章，但是其中的教導本身是很難如此硬性劃分的，裡面的主旨時有重疊。除非教導禪法，或對僧眾解釋僧規，否則阿姜查通常不會將教學限在單一的主題上。

他的教學經常回歸無常、去執、持戒、中道與放鬆等主題。偶爾，阿姜查會將目光放在彼岸或解脫者的經驗上，不過，多半是爲了處理我們所面對的問題，或說明佛陀的主張。他以盲人推敲顏色爲例，說明佛陀對涅槃的看法：當時的人埋怨世尊，懷疑他是否對涅槃所知不多，否則爲何不詳加描述？阿姜查經常引用巴利語——paccattaṃ 來作說明，即修行的結果只能各自體會，無法言傳，如人飲水，冷暖自知。

阿姜查偶爾會談到有關不生不滅的自性或本心的問題，他的態度頗爲保守。當他聽到從英語粗略譯成泰語的《心經》時表示，此經談論的是超越世俗名言（譯者按：名稱與語言，即世俗諦）的深奧智慧，但這並不表示我們可以摒棄世俗名言；沒有世俗名言的話，我們如何教學、溝通或解釋事情呢？他關切的是訓練過程，而非結果；重點在於幫助眾生清除障礙，以便讓他們看得更清楚。我們應該儘量救治盲人的眼疾，而非只是告訴他顏色。佛陀說：「我只教導兩件事，即苦與苦的止

息。」不需要一直描述涅槃。

正見不斷被重複提起，阿姜查稱它爲解脫道的基礎，伴隨正見而來的是戒（sīla）。八正道的第一支便是正見，它涵蓋知解與經驗兩個層面，也被稱爲智慧。簡而言之，阿姜查認爲正見即明白因果；不執著事物爲安穩、確定與永恆；視一切因緣法（即世間事物）皆具有苦的本質；並且不相信自我本體的存在。就經驗層面而言，正見意指人們不隨內外環境的變化而起伏，如實觀察一切現象，因此能夠滅苦。滅苦不是一片空白，而是一種寂靜、光明與喜悅的狀態——這也是多數人在阿姜查身上驚奇的發現。當我們閱讀他對智慧與超越苦樂的寂滅狀態的開示時，要將這點牢記在心。顯然解脫必有妙樂，絕非世俗經驗可以比擬，那是迷惑與追求欲染的心無法想像的。

雖然正見名爲八正道之首，但是在正確的修行中，它應該是貫通其餘各支。它存在於聞、思、修、見、證的每一個過程中，並且會不斷輾轉增上。闡述正見的另一個方式，是離兩端的「中道」，這也是佛法中常見的主題。

佛陀初轉法輪時，即提出中道的原則，強調修行應該避開縱欲與自虐兩種極端。阿姜查對此作了廣義的詮釋，包括掉舉與昏沈，以及喜悅與哀傷等都屬於兩端。所謂的自虐不必然是指睡釘床或鞭笞自身等無謂的苦行，舉凡非必要加諸於自身的痛苦都算，包括內疚與壓抑等。同理，所謂的縱欲也不一定是指疲於奔命的逐欲者，它們也可能是經驗中曖昧的情緒。中道的見解能夠幫助我們淡然處世，所謂的淡然不是厭倦、冷漠或

反感，而是迴避沒有結果與沒有意義的痛苦；此外，它也能幫助我們去除執著。透過中道，人們可以轉而尋求值得信賴與有意義的事物，能夠自制與正念地生活，得到自在與解脫，回到平靜與喜悅的自然狀態。

明白因果，了解何者應為，何者不應為，牽涉到佛法另一個重要的主題──「戒禁取」⑦（sīlabbataparāmāsa），即採行錯誤的戒律與禁制。它是須陀洹（sotāpanna，意譯為入流，即初果）應該斷除的三結之一，其餘二結分別為「疑」與「身見」。結，即煩惱，眾生由此煩惱結縛，不能出離生死。雖然上座部⑧佛教向來以修行單純著稱，不過在其傳統形式中仍有不少的儀式。有些人便認為，持戒或坐禪也是某種形式的儀式。但是斟酌阿姜查對「戒禁取」的詮釋，此處將它解讀成執迷於儀式、儀軌，或任何靈修的習俗。抱持「戒禁取見」者相信，某些行為與做法本身就能帶來利益，從有益健康，到促進禪定與覺悟不等，完全不須了解其中的原因，或改變以往的習慣。這些行為包括供養、參與皈依與受戒的儀式，或遵守某些生活與禪修的規定等。阿姜查經常提到一些他早年的煩惱與錯誤的態度，他舉他的老師阿姜欽納瑞（Ajahn Kinnaree）為例：「僅只是坐著，縫衣服，他所達到的境界，也遠高於我修習好久的禪定（samādhi，音譯為三摩地，即三昧）。如果我坐一整夜，那意味著我痛苦了一整夜……我看著他經行，有時候他只走幾步就累了，需要坐下來休息，但是他所獲得的利益，遠甚於我走了好幾個小時。」

阿姜查也常提到「疑」，意指一個人思慮不清，因而偏離解脫道。它有好幾種表現的方式，其中有些非常微細，包括對於教法、自己的能力、師長與同修，以及修行方法等的懷疑。阿姜查一再指出，「疑」是如何障礙一個人修行，並讓人陷入世智辯聰的陷阱。至於對治的方法則是直接觀照經驗，包括疑本身的經驗在內。

翻譯與術語

本書中經常可以看到風格與語氣上的差異，撇開譯者的能力有限不談，有好幾個原因。首先，其中使用了兩種語言。在阿姜查生活與建寺的泰國東北，所使用的語言是依桑（Isan）方言，近似寮語。之後有許多人，包括一些曾經在泰國中部學習的西方人，都來向他學習，於是他開始使用較多的泰語教學。寮語一般說來較爲鄉土化，比較不正式，比泰語更具親和力——在阿姜查身上尤然，因爲那是他的母語。在對熟識的人談話時，他的語言較不正式且率直，有時甚至會出現呵叱責的語氣；在對來自泰國與世界各地各行各業的人談話時，他多半使用泰語。有時候，在對來自曼谷的中產階級人士談話時，他會使用簡單的語言，有點慢，像個小學老師；有時候，在教導年輕的外國人時，他像個祖父；有時候，則很輕鬆與幽默。他教導的對象以出家人爲主，不過對於在家人也給了不少指導。

至於哪一種聲音才是「眞實的」阿姜查，見過他的人沒有人敢妄加論斷。他是一個超級演員，以慈悲、智慧與無盡的善

巧方便，回應外界的各種情況。面對眾生，他扮演了許多「角色」。他可以和藹可親，激勵人心，或令人感到害怕；也可以表現出圓融的幽默性格，掌握精準的時機，令人啞口無言，瞬間領悟。在資深弟子早年的記憶中，很難拼湊出阿姜查晚年給予新進弟子的印象。資深弟子們對他的描述是強硬而冷酷，甚至有些兇猛，是一個神祕人物，同時也是神祕力量的掌握者。無論他是個怎樣的人，最重要的是大家都從他長年的教學中感受到大愛。

那些曾經學習過佛教其他宗派，甚至其他上座部教法的人，可能會發現，阿姜查所使用的佛教術語，並不完全合乎傳統的詮釋。他的教學和多數泰國禪師一樣，大都是非學術性與非正式的。他並非根據經書教學，而是運用善巧方便，伺機點出正道的方向，避免學生偏離修行的正軌。因此，如果只是根據字面上的意義去解釋，就很可能會產生誤解。他有時以五蘊，即色、受、想、行、識等經典術語，來解釋心；有時則只提受與想。後者也經常被拿來描述一個人基本的生命觀或世界觀。他經常提到「覺知者」（the one who knows），一個泰國佛教裡常見的主題，有時只是單純指心本身，即同時具有煩惱與智慧潛力的覺心；有時則指已經覺醒的覺知（awakened knowing），甚至佛性（Buddha nature）（一個上座部佛教很少觸及的概念）。

也有些從巴利語衍生出來的泰國佛教術語，它們的意義與重要性均不若相對應於大乘的梵文術語。阿姜查經常非正式與

彈性地使用這些術語，它們在大乘中一直都有特殊的意義。泰語中經常出現源自佛教的語言，往往具有獨特的地方風味。

一個典型的例子即泰語中的「tammadah」，它是從梵文「dharmatā」演變而來，原來意指一切現象之真實體性，通常翻譯成「法性」，或「法爾自然」。在泰語中，它只是作為「平常」的意思，阿姜查經常將它與「tammachaht」（「自然」或「自然的」）連用。自然並不只是指物質環境而言，所謂的「我們不應該嘗試改變自然」，並不是說我們不能拔除雜草，或建設灌溉系統；而是說我們不應該抗拒因果，做出無謂的舉動。泰語聽者通常會從世俗的角度去看待自然與平常，但是阿姜查會將它們導向「法爾自然」的解釋。

將巴利語翻譯成泰語的過程中，經常得使用多重解釋來傳達原文豐富的意涵。「anicca」通常被譯成「無常」，但是阿姜查經常以「存在的不確定性」來說明它。「dukkha」則被翻譯成「苦」或「不圓滿」。三法印中的第三支，即內觀無自我或本體存在的意思，也有多種翻譯，包括：「無我」、「非我」，或「無自性」等。阿姜查有時使用巴利語「anatta」，有時則使用泰語來表示，因此，配合上下文意，以不同的英語加以表現，應該較為恰當。

對於某些佛教術語，有些人習慣根據所學的傳統，使用一些特定的翻譯。例如，巴利文「kilesa」（梵文 kleśa，煩惱）在上座部文獻中經常被翻譯成「defilement」（染污或雜染），其本意為玷污心的原始清淨者。不過，這個譯詞在現代英語

中難免給人說教的感覺。在藏傳佛教的書籍中,它通常被翻譯成「mental afflictions」(內心的煩惱或苦惱)、「emotional afflictions」(情緒上的煩惱),或「conflicting emotions」(煩亂的情緒)。這些不同的詞語,傳達的不外乎造成心情苦惱的因素,不過,他們偶爾也會使用「染污」一詞。

書中的泰語、寮語與巴利語,都已經儘可能翻譯成英語。尚未被翻譯的則置於書末的辭彙表中,表中還包括一些比較晦澀的佛教術語。

接續傳承

雖然阿姜查居住在泰國人跡罕至的窮鄉僻壤,不過從六〇年代末後,就不斷有西方的求道者尋跡而至。他們來到他的寺裡,並且在他的指導之下,一待就是好幾年。這個「看起來像牛蛙而不像聖者的大肚和尚」⑨,具有奇特的吸引力,以及超越文化障礙與社會階層的傳道能力。長期以來,他感動了許多心靈,幫助許多人進步與成長。

在泰國,你會驚訝地發現,只要阿姜查到訪的地方,無論是多麼遙遠的寺院,都有人群蜂擁而至。看著許多成年人,像小孩子一樣從村裡跑出來迎接他的車子,還一邊歡欣鼓舞地叫著「隆波」,是一個令人難忘的場景。無論身在何處,他都是人們皈依的對象,每一個人都能從他身上得到答案。他充滿活力與喜悅的樣子,帶給人們絕對的信任與安全感。

今日在西方,有許多屬於其法脈的僧團,包括一群有機會

跟隨阿姜查生活與學習的比丘。此外，還有許多還俗的比丘、
比丘尼，以及在家弟子，也都曾經向他學習過。在好幾次訪問
的過程中，我們被人們對他的敬愛與感激所震撼。從如此簡單
的陳述：「隆波很棒，不是嗎？」或者，「他是我見過最了不
起的人……也是泰國所曾出現最偉大的人。」即可得知他對人
們的影響有多深。

　　不過這絕非盲目的個人崇拜。他總是小心翼翼地防止弟子
們對他過度依賴，必要時他也會讓弟子嘗點苦頭，以使他們跳
脫出來。如同他經常強調的，佛陀從不誇讚那些盲目信仰者，
他希望他們能透過自身的努力，去發現實相。

　　對阿姜查的回憶及其教學的注解，足以寫上一整本書。因
此，最好就此打住，讓教法本身自己說話吧！

〔英譯者簡介〕

　　保羅・布里特，於一九四八年出生於美國紐約市布魯克林區，於
一九七〇年旅行至泰國時出家。不久之後，他遇見阿姜查並成為他的弟
子。布里特通曉泰語與依桑方言，負責擔任阿姜查指導西方學生的翻譯。
他保有對於阿姜查開示法語的記錄，其中有些被集結成冊，包括與傑克・
康菲爾德共同出版的《寧靜的森林水池》（*A Still Forest Pool,* Quest Books,
1985），他還翻譯了一本《戒律之門》（*Vinayamukha,* Mahamakuta Royal
Academy, 1983）。阿姜查於一九七九年時訪問美國，布里特陪他旅行並擔
任翻譯。之後他出版了一本傳記，記錄了他跟隨阿姜查學習的一些故事，

那本書名為《與阿姜查共處的歲月》(*Venerable Father: A Life with Ajahn Chah*，自行出版，1993；曼谷佛法基金會，1994；橡樹林文化，2006）。

於一九七七年脫下僧袍後，布里特回到美國繼續跟隨日本曹洞宗的千野禪師（Roshi Kobun Chino Otogawa），以及西藏佛教寧瑪派的貢波・贊丹（Gonpo Tsedan）修學佛法。他現在任職於美國郵局。

註釋：
① 思惟：意指人類特有的精神活動，將外在所得的表象、概念經由分析、綜合、判斷、推理等步驟的認識活動的過程。學習佛法的次第即從聽聞佛法，進而思惟法義，明白其要旨，隨後依之進修。
② 惡魔（Māra）：指障礙佛道之惡神之總稱。包括蘊魔、死魔、煩惱魔與天魔。其中蘊魔指色等五蘊，能生種種之苦惱，故名魔；死魔則因死能斷人之命根，故名魔；煩惱魔謂貪等煩惱，能惱害身心，故名魔；天魔，欲界第六天之魔王，能害人之善事，故名魔。見《智度論》五，義林章六。
③ 念死：指人於一切時中常念其身必有死而不放逸於修道也。
④ 慈：指慈心觀，即在禪觀之中向一切有情散播慈愛。（一）願此善者得以脫離厄難；（二）願他得以脫離內心的痛苦；（三）願他得以脫離身體上的痛苦；（四）願他愉快地自珍自重。
⑤ 善巧方便：指順應機宜，善良巧妙地依聽者的需要開示佛法。
⑥ 泰國兩大教派為「法宗派」（Thammayut），意指奉行「法」的宗派，重視學識與戒律；以及「大宗派」（Mahanikai），為重視傳統、禪修與佛教常規及習俗的宗派。
⑦ 戒禁取：指相信與離苦不相干的信仰、宗教教訓。或持某種禁戒，為生天之因，或涅槃之道，如持牛戒者，代牛耕田，死後能生天之類，凡執取此種見解者，皆名戒禁取。
⑧ 上座部：為南傳佛教之分支。在佛陀逝世百年之後，佛教內部由於對戒律和教義看法的不同，開始分裂。先後形成了許多部派。最初分裂為上座部和大眾部，被稱為根本二部，以後又從這兩個根本部中分裂為十八部或二十部，稱為枝末部派。
⑨ 引自史帝芬・貝確勒（Stephen Batchelor）著〈一個泰國森林傳統在英國的成長〉（A Thai Forest Tradition Grows in England），《三輪》（*Tricycle*）夏季號，1994。

〔中譯者序〕

證悟者，離我們不遠

Namo Tassa Bhagavato Arahato SammasamBuddhassa
（皈敬薄伽梵、阿羅漢、正等正覺佛陀）

　　阿姜查，一個實修實證的聖僧、世間的福田與人天的耳目。他所走的是從佛陀傳承下來，未曾間斷過的清淨道、解脫道或古仙人道。覺音論師在他的《清淨道論》裡，開宗明義就引用世尊的話說：

　　　　住戒有慧人，修習心與慧，
　　　　有勤智比丘，彼當解此結。

　　這無疑正是阿姜查最好的寫照：以正見為首，勤修戒定慧，而解脫煩惱者。這首偈頌的精神貫穿全論，在該論結束時，又再次被引用。
　　阿姜查奉行的上座部佛教，或謂南傳佛教，以往在中國被判定為小乘教，他們追求的是阿羅漢的解脫，因此被某些菩薩行者批評為焦芽敗種，認為他們只知自求解脫，而不思利他。但是這樣的觀點到了近代有了很大的改變，從外國學者發現巴

利藏經並著手研究以後，南傳佛教有了一個新的名稱，稱為
「原始佛教」（Primitive Buddhism），它被認為是最接近佛陀語
言與思想者，而大乘反倒有了「非佛說」或「非佛陀本懷」的
疑義。對此我們一則以喜，一則以憂。喜的是佛教追求解脫的
精神重獲重視，憂的則是大小乘間的爭端再起。

　　阿姜查對於大乘佛法並不排斥，至少，他對於禪宗乃至
佛性的思想，曾多次提及與讚揚，這在南傳大師當中亦不多
見，由此也可看出他的視野與胸襟之寬宏。他認為禪宗不思
善、不思惡，向上一著的方法，符合念住或覺知者的精神，只
是所用的語言不同而已。而覺知者，在他看來就是佛性，用白
話來說，就是「成佛的可能性」，是眾生本具的。從這個角度
來看，阿姜查其實已經為大小乘間的溝通與對話，開啟了一扇
門。

　　簡單來說，阿姜查的修行有兩大特色：頭陀行與禪定體
驗，二者皆是延續大迦葉尊者重視苦行的精神而來。

　　頭陀行依《清淨道論》而言共有十三支：糞掃衣、三衣、
常乞食、次第乞食、一座食、一鉢食、時後不食、阿蘭若住、
樹下住、露地住、塚間住、隨處住與常坐不臥。阿姜查的老師
阿姜曼尊者對此終生奉行不渝，由於穿著糞掃衣與不修邊幅，
故而常遭村民排斥，被稱為瘋子或老虎的使者，一直到後來了
解之後才受到接納與尊重。阿姜查早年亦行頭陀苦行，後來創
立巴蓬寺後，才不再強調。這是符合佛陀精神的，佛陀對於頭
陀行亦是讚嘆但並不強制規定，重點在於中道原則，過度的苦

與樂都無助於心的解脫，不過，適度的吃苦絕對有其必要。

　　阿姜查終其一生都住在森林裡，過著簡樸的生活，他經常提醒人們不要貪圖便利與享受，「將廁所建在床邊真的有比較好嗎？只會讓人更懶惰而已。」雖然我們不見得都能住在森林裡，但是回歸自然的精神絕對值得我們深思與借鏡。森林裡的生活單純而自然，少了人為的造作，沒有妄想與貪欲的助燃，心因此能逐漸由粗到細，進入禪定，得到內明與神通，這點在阿姜查與阿姜曼等頭陀行者的身上尤其明顯。鑒諸近代高僧如虛雲、來果與廣欽等人的經驗，我們也可以得到印證。

　　有了堅強的頭陀行做後盾，林住比丘們的禪定經驗個個精彩豐富。阿姜曼出入禪定有如家常便飯，他經常在二禪中為天人與龍王等說法，一如大乘經典之記載。此外，他的「他心智」尤其為人津津樂道，弟子們的起心動念，皆在他的覺照之下，因此每個人都兢兢業業，不敢放逸。阿姜查經常說：「不要以為做壞事沒有人會知道。」其中一層深刻的含意就是源自於此，阿姜曼的弟子們對此都印象深刻。

　　雖然阿姜查很少提及神通之事，不過從他對瑞相（nimitta）的談話不難看出，他是過來人。有一次他問阿姜宛關於「無路可走」的禪境，阿姜宛回答那是「想」的極限，它自己會消失。能夠達到「想」的極限，多麼不簡單啊！我們的念頭如雨後春筍般一直冒出，有可能抵達極限嗎？這正如老子所說：「為學日益，為道日損。損之又損，以至於無為。無為而無不為。」道家談「損」，佛教談「滅」，有異曲同工之

妙。損或滅，用白話來說就是放下、不執著或出離。在都市裡欲望與誘惑太多了，不像森林裡那樣自然與單純，因此不容易入定，這是現代人需要深切體認與反省的。

阿姜查的修禪方法主要有三種：入出息念、五支禪與念佛，三個方法都是以正念、念住或覺知者為基礎。入出息念即安那般那念或數息觀，是最普遍的禪修方式，也是最重要的甘露法門。修行時可以將意念專注於鼻尖或腹部，達到一定程度的安止後，即可轉而觀呼吸的無常、苦與無我。五支禪是身念處的一種，即觀察身體的五個部位，是泰國佛教的根本禪法。對此他說：

「出家進入僧團，有許多話可以對你們說，但是今天我不想談太多。我將遵循從前老師對我們的教導方式，鼓勵大家修習禪法，尤其是關於頭髮、體毛、指甲、牙齒與皮膚的五支禪。只談它們，這看似遊戲或玩笑，但是如果仔細思量，它們卻極深奧。」

「我們來此學禪，而禪就是這五支：『尊貴的頭髮、尊貴的指甲……』它們被稱為根本禪。這五支禪從出生就有，並且一直跟著我們，只是我們沒能認出它們。因此有必要學習這五支根本禪，以作為進入解脫道的基礎。」（參見本書第三章）

有一次阿姜曼的弟子因為生病而退縮，他嚴厲斥責弟子：

「我不是一個摩訶（能夠閱讀巴利經文者），連最低的一級（共有九級）也不是。我所有的只是我在出家那天由戒師所教導的五個禪思主題而已，而你似乎學得愈多就變得愈軟弱，

甚至比一個沒受教育的女人更軟弱。」（參見《尊者阿迦曼傳》〈法的療效〉一節）

　　由阿姜查與阿姜曼的話中，可以看出，五支禪是修行入道的根本，是最切身的。以此為基礎可以觀不淨，也可以觀無常，從而生起出離心而向於捨。另外一個阿姜查常用的方法是念佛，藉由念誦「Buddho」，喚醒內心本具的佛性或覺知者，由此可以令心安住，並獲得佛德的庇佑。當頭陀行者在荒野中遇見老虎或其他危難時，常用此方法克服難關。大乘佛教也念佛，不過念的是阿彌陀佛，雖然念法不同，不過基本精神應該是相通的。

　　具備扎實的頭陀戒行與禪定基礎，要生起解脫慧就不是難事。例如，憍陳如只是聽到佛陀解說「一切事物生起之後，接著會轉變，最後則會消滅。」當下就覺悟了。在阿姜查與阿姜曼的身上，我們可以清楚看見涅槃或解脫真的可能在此世達成。阿姜曼就曾經預言，未來他將有兩位弟子會證得阿羅漢果，依此觀之，阿姜查可能就是其中一位。此外，阿姜曼還說在泰國山區曾出現許多位阿羅漢與辟支佛。這些話都是令人振奮與鼓舞的，這些解脫者離我們並不遙遠，而且他們已經做出最好的示範。

　　學佛或修行的目的是為了證法。證法，就是將自己的心變成法，心就是戒、定、慧、解脫與解脫知見，具足五分法身。換言之，我們應該要活出佛法，以法為身。阿姜查為我們鋪陳了一條道路：聞法、思法、修法、見法、證法與傳法，環環相

扣，別具新意。透過聞、思、修，我們才得以讓法進入內心，
這應該是屬於道的部份，而見、證、傳，則是果的部份，是解
脫的境界。修道之後，就應該證果，這樣的道才是真實的道，
而果也才是真實的果。

有一次世尊在舍衛城時，一位天子為除自身疑惑，提出這
樣的問題：

內結與外結，人為結縛結，
瞿曇我問汝，誰當解此結？
世尊為答此義而說偈曰：
住戒有慧人，修習心與慧，
有勤智比丘，彼當解此結。

如今已經有一位勤智比丘，阿姜查，為我們做了最好的示
範，我們能不趕緊跟上嗎？

〔作者簡傳〕

證入無我達寂境

　　阿姜查・波提央（Chah Phothiyan）於一九一八年六月十七日，出生在泰國東北部烏汶省瓦林姜拉縣吉靠村，一個有十個孩子的富裕大家庭中。十三歲時離開學校，在父母親的允許下出家成為沙彌，三年後還俗回家幫忙農務。然而他還是比較喜歡過修道的生活，因此一到二十歲，又在村落的寺院出家成為比丘，於一九三九年四月二十六日受比丘戒。

　　他早年的僧侶生活較傳統，研習佛教教義、閱讀泰文教典及巴利經文。第五年時，父親得重病而逝，人命的脆弱和不確定的提醒，促使他深思生命的真正目的，厭離感開始在心中生起。於是在一九四六年，經過六年的寺院教育，阿姜查通過了最高級的正規佛學課程考試。從那時起，他放棄學業，開始托鉢行腳，走上另一段尋師訪道的旅程。

　　阿姜查走了四百公里抵達泰國中部，沿途行乞於村落、睡在森林。之後追隨幾位寮語系統的師父修學，過著傳統的叢林苦行生活。他聽說了備受推崇的阿姜曼，渴望能見到如此一位有成就的老師，於是，花了一段時間尋找阿姜曼，才在一九四八年遇見阿姜曼並受到教導：「如果看到在內心生起的每件事物，當下便是真正修行之道。」當時阿姜曼七十九歲，

翌年便逝世了。雖然阿姜查只與阿姜曼相處兩天，但他受用了阿姜曼所教授的法門。這種簡潔而又直接的教法，是一個很大的啓示，改變了他修行的方法。往後幾年，阿姜查經常選擇在有野獸出沒的森林中修行。住在老虎和眼鏡蛇成群之處，甚至叢林墳場，來克服對死亡的恐懼，並洞察生命的眞正意義。

一九五四年他受邀回故鄉，在烏汶省他出生村落旁的巴蓬（Phong Pond）森林裡住了下來。那裡熱病橫行、鬼魅出沒，他不顧瘧疾的困境、簡陋的住處以及稀少的食物，追隨他的弟子愈來愈多。巴蓬寺就是這樣被建立了起來。

阿姜查的教導不強調任何特別的打坐方法，也不鼓勵人們參加速成內觀或密集禪修課程。他教人先觀出入息以調心，等心安住了，繼續觀察身心的變化。保持生活簡樸、自然的生活態度以及觀察心念是他的修行要領，以培養一種平衡的心境，既無所執著，也是無我的。無論是靜坐或是日常的生活作息都是修行，只要耐心觀照，智慧與祥和便會在自然的情形下產生。

一九八一年，阿姜查的健康逐漸走下坡，但他視自己的病爲所謂的「正見」：「如果它可以治癒，就治癒；如果不能，就不能。」他不斷提醒人們，要努力在自己心中找到一個眞實的皈依之所。當年雨安居結束前，他被送往曼谷做一項手術。幾個月內，他停止說話，並逐漸失去四肢的控制，終至癱瘓而臥病在床。一九九二年一月十六日，上午五時二十分，阿姜查在巴蓬寺，於隨侍的比丘們面前，安祥地離開人間。

導論 ◎ 進入法的道路

佛陀說：「見到空性者，死神將無跡可循。」當一個覺者去世時，接下來會發生什麼事？只有四大元素瓦解而已，沒有個人或自我，因此怎麼會有死亡與再生呢？只有地、水、火、風消散罷了，死神只能追蹤到這四大元素，而找不到個人。同樣地，如果「你」始終在尋找問題的答案，那就一直都會有問題，因為有個「你」的緣故。當個人不存在時，問題就不存在。沒有必要尋找答案，因為根本沒有問題需要解決，也沒有一個人可以解決。但是，如果「你」相信自己死了，「你」就會再生。

今天所說的法只適合心智成熟者，當那些心智尚未成熟者聽到沒有自我，或當他們聽到包括身體在內，沒有東西是屬於他們的時，會覺得可笑：「難道我可以將刀刺進肉裡嗎？難道我可以打碎一切杯盤，因為它們都不是屬於我的？」絕非如此。只因為內心已經被扭曲，才會有如此荒謬的想法。

我們如何能讓心貼近與進入法呢？須陀洹（sotāpanna，入流者）的心，已經進入涅槃之流，不會再退轉。即使他們還有瞋念，但是已經不會再重回痛苦與執著的輪迴；即使內心還有貪欲，他們也不會退轉，因為如實認知的緣故。

須陀洹已經進入並看見法，但是尚未證入。當貪心與

當個人不存在時，問題就不存在。沒有必要尋找答案，因為根本沒有問題需要解決，也沒有一個人可以解決。

瞋心生起時，他雖然知道，卻還是會受影響。因爲他雖然知道並看見法，但是還沒有證入，他的心還沒能成爲法。因此，他或許已經聞法、思法、修法與見法，但是還沒能完全與法合一。所有眾生皆可證入法，那樣的境界是完全清淨的。

籠中鳥之苦

我們都像是籠中鳥，無論籠子裡的環境有多好，鳥兒還是不自在。牠總是不斷跳躍，希望能夠獲得自由。即使是被關在金籠子裡的鴿子也一樣，無論受到多麼優渥的待遇，牠們還是想飛出去。

一路從聞法到見法的過程，你都還有苦的感受。除非證入法，否則你永遠無法擺脫苦，仍將受制於各種外在因素，包括歡樂、名聲、財富與物質等。或許你擁有各種知識，但是它們都受到世俗的污染，無法將你從痛苦中解脫出來。你仍然像隻籠中鳥。

正確的修法來自好的老師，而他也是學自另一位老師，傳承就是這樣代代傳承下來的。事實上，實相並不從屬於任何人。如果只是因爲尊敬老師，所以我們就凡事都順從他，這並不如法。不能只是因爲老師在一旁盯著，所以我們才修行，把它看成一項義務；當他不在時，我們就

眾生皆可證入法，那樣的境界是完全清淨的。

鬆懈了。

　　這就像是在工廠裡，我們是為了老闆而工作，事實上我們並不喜歡這項差事，一切都只是為了錢。所以我們會儘量找機會偷懶，這是一般人工作的態度。不能一味地尊敬與順從，我們應該要問問自己：「我何時才能看見實相。」

指南針永指南方

　　佛陀的教學重點在於釐清事實，幫助人們認識自己，進入聖道之流。當我們看見自己的本來面目時，我們就見到了法與見到了佛，從此進入聖道之流。

　　我常說：「見法之後，你將無法說謊與偷竊。」過去，我們會認為說謊與做壞事，可以不讓人知道；但是，當你進入聖道之流後，你將發現，無論身在何處，做壞事不讓人知道是不可能的。認為可以不讓人知道，是一種無知的想法。無論是處於人群之中，或是獨自一人，或是住在水裡或天上，做壞事而不讓人知道是不可能的。當你明白這個事實，你就入流了。

　　尚未入流時，你認為做壞事可以不讓人知道，但那只是欺騙自己；凡是見到法者，無論在何種情況之下，都絕對不會欺騙與傷害他人。佛陀曾說：「如果有人看見它就

當我們看見自己的本來面目時，我們就見到了法與見到了佛，從此進入聖道之流。

是我自己，就是見到了法。」除非親見自己的本來面目，否則一切皆非佛法，都不是佛陀的本意。看見自己的本來面目後，你將無法說謊與做壞事。你所有的修行都將是正確與直接的，就像指南針一樣，永遠指著南方。

有了指南針，當你進入叢林時，永遠都會曉得正確的方向。或許你以為自己正朝東走，但是指南針卻會顯示其實你正向南走，然後你便了解：「喔！我錯了，我以為自己正向東走。」指南針永遠指向正確的方向，因此，你可以不必再依賴自己的猜想。有了指南針，不論身在何處，你都有辦法找到方向。我們的想法或許會引我們到別處，但是別怕，我們有指南針。放下猜想與感受，因為我們曉得，它們只會讓我們迷失方向。

依佛陀的方式修行

人的本性似乎樂於犯錯，雖然我們並不喜歡那樣的結果，但是卻沈迷於這樣的行為。我們不喜歡扭曲的結果，但是我們卻喜歡錯誤的行為模式。這絕非正見。事情不會突然出現，事出一定有因，不可能有果而無因。我們希望做很少的事，卻領很多的錢；我們希望不用苦修，就能悟道；我們希望不用學習，就能擁有知識；我們希望不用努力，就能通過考試。所以我們去向隆波乞求聖水加持，這

放下猜想與感受，因為我們曉得，它們只會讓我們迷失方向。

49

樣做有什麼意義呢？那個水有什麼作用？我們需要的是努力工作，精進修行，用功讀書。但是人們就是喜歡那一套。他們或許能從老和尚灑的聖水中得到一點靈感，但是用俗諺的話來說，那叫做連法的邊也摸不到。

修行一定要有因果的觀念。那些在自己身上下工夫的人，一定可以找到答案，獲得解脫。就像指南針一樣，我們以為自己正向東走，但是指南針會指引我們正確的方向。這就是法的本質，我們稱它為「真實法」（sacca dhamma），或「實相」。

因此，按照佛陀的方式修行，絕對不會出錯。因沒有錯，果也不會錯。

無論正見或邪見，它們都是你的修行根本。只有這兩條路。不過，當你持有邪見時，你不會覺得有什麼不對，甚至你會認為那是正確與好的。你既然受到遮蔽，看不見事實，當然就會出錯。

貫徹簡單原則

對於真實法而言，其實不須學太多，只須貫徹一些簡單的原則而已。對象都是現成的，我們只需要實際去修，累積直接的經驗即可。所須學習的，只是知道要修些什麼，以及如何修：我們應該如此了解，如此修行，然後如

對於真實法而言，其實不須學太多，只須貫徹些簡單的原則而已。

此勇往直前……就是這樣而已。

　　對於教法而言,詮釋與教導是同一回事。我們舉芒果為例,芒果的一切階段與特性,例如酸甜與大小等,都可從一顆芒果推知;只要研究一顆,就可以知道所有芒果的情況。

　　不過,每個人適合的禪修都不一樣,有些人需要多一點研究,如果不研究,他們就無法了解。當我們說有人不須做研究時,其實他們也在研究,他們是直接從修行中去學習。有這兩種方式,我們可以按部就班進行研究,或者我們可以從修行的經驗中去學習。

錯過無常

　　我們可以從觀察事物明顯的外觀與實際狀況,例如頭髮、指甲、牙齒與皮膚等,去了解它們本質上都是不穩定、不可信賴的與不淨的。這是一種方式。如果我們加以研究,就能嚴肅地看待與認識它們,了解實相。雖然我們可能讀到關於頭髮、指甲與皮膚等不淨的文字,卻仍然覺得它們美麗,並受到吸引,因為我們沒有看見隱含的實相。實相從未改變,五蘊與四大不斷生滅變化。情況就是如此,它們一直都是不淨、不確定、無常、苦與無我的,這是它們的本質。

實相從未改變,五蘊與四大不斷生滅變化。

我們讀到「諸色無常，諸受無常，諸想無常，諸行無常，以及諸識無常……」的文字，從某個角度來說，可以說我們已經知道了，這確實是一種知識。但是面對實際情況時，就無法確定了。當時間一到，色法呈現衰頹時，我們可能茫然無措，什麼都忘了；當我們生病，身體受到劇苦時，我們變得沮喪，頻頻怨天尤人。其實，無常一直都在。我們透過讀誦「諸色無常，諸受無常，……」所得到的知識，在實際狀況發生時受到考驗，則變得模糊不清。我們從經典文字中，只能得到一些概念，雖然我們的唱誦悅耳動聽，但是卻可能正錯過「無常」。

有些人嘗試作身體的不淨觀，以體會欲望的無常。不過，當他們說「肝、腸、胃」時，卻想起先前曾經吃過的雞肝、雞腎、豬腸或任何器官，並感到饑腸轆轆。沒有下過苦功，是不可能有深刻體會的。

事實上，實相始終完整地存在於這些事物中，不需要刻意營造。佛陀強調禪修，只要靜下來修禪，就可以看見實相。禪修的巴利文是「bhāvanā」，意思是讓事物實現：未實現者，令它實現；未存在者，使其存在。

事實上，實相始終完整地存在於這些事物中，不需要刻意營造。

不要再等了

無論你身在何處，或境遇如何，都可以修行。趁著年

輕，還有很多事情可以做，不要等老了才去做。現在大家都在想：「等我老了，便會開始去寺廟，並花些時間在法上。現在我不能這麼做，還有更重要的事在等著我。因此，修行的事就等到老年再說吧！」他們將問題留待老年時才解決。

我真的不知道老年有多偉大，你們的生活中有老人嗎？他們是什麼樣了？他們能跟你賽跑嗎？他們的牙齒動搖，視力模糊，聽力也逐漸喪失，起身與坐下時都會發出呻吟。然而當我們年輕時卻想著：「等我老了，我就會去做。」我們可能天真地認為，到了老年我們仍然健壯，充滿精力。村裡的老欽恩先生，年輕時總是拖著一大塊木板到處走，現在則只能依靠拐杖走路。生命就是這麼一回事，請不要再持有這種荒謬的想法。

趁我們還活著，讓我們多關心自己的心。凡是錯誤與惡的，讓我們儘量避開；凡是善的，讓我們盡力去做。就是這樣而已，這些事情每個人都可以做得到，不需要留待老年。嘿！你們都看過老人，不是嗎？他們的感官退化，行動遲緩，難道你們不知道嗎？但是，即使如此，你們仍然關閉眼睛與耳朵說：「讓我先完成這項工作，或讓我先做那件事，等到我老了，就會上寺廟修行。」你知道嗎？等你老了，你可能坐也坐不久，聽也聽不清楚，想也想不

趁著年輕，還有很多事情可以做，不要等老了才去做。

通了。所以，請勿拖延，應該穩定與持續地修行。青春一去不復返，歲月不饒人啊！

出生後就一直在變老

你可能覺得自己還年輕，事實上，從出生以後，你就一直在變老。變老的過程從母親的子宮內就開始了，胎兒的後一刻比前一刻老，接著嬰兒便誕生了。如果沒有變老，你就不會出生，只能停留在子宮中。之後，你慢慢長大，從嬰兒到幼童到成人，你愈來愈老。一旦了解這點，當然可以說你已經老了。你不覺得老，代表你還不了解。如果沒有變老，你就不可能成為現在的樣子。因此最好認為自己已經老了，如此才會有修行的迫切感，最後，才可能解脫。你應該下定決心，從這一刻起開始好好修行，愈早修行，成果就可能會愈大。現在行善，往後就不用再承受苦果，這是一個重要的原則。趁年輕時多修善行，儘量避免造惡，這才是我們應該考量的重點。

如果你認為還有比修行更重要的事須做，那麼修行的時機永遠不會到來。

佛教對於行為，要求先做到身業與口業的清淨，這就是所謂的「戒」。如果能夠保持身業與口業清淨，就會有平靜的生活，內心也將得以安住。這是最簡單的說法。

你應該下定決心，從這一刻起開始好好修行，愈早修行，成果就可能會愈大。

修行重點在不放逸

　　什麼是平靜呢？如果你沒有偷東西，就不用擔心被警察逮捕，可以很輕鬆，因爲你知道他們要找的人不是你。如果你的心是處在這樣的狀態，遠離焦慮，那麼任何想法生起時，你都能夠清楚地認出它們。簡單地說，這就是戒、定、慧的進程。

　　大家都知道，修定需要有老師帶領，我舉我自己的學習經驗爲例。我們得先找個老師，爲他獻上香、燭與花；接著，開始唱誦，向他行禮、祈求與祝禱：「希望這能夠在我身上生效，希望不淨的戒都能變淨，希望禪定能夠在我的心中安住……」之後，我們研究經典，並且完整念誦各個禪支①，包括各種不同的喜與樂等；然後，我們坐下來，邀請禪定來住。但是它一直都沒來，我愈坐愈煩，因爲什麼事也沒發生。因此，我開始想：「唉！這不是正確的方式，如果你邀請戒定慧來，它們就來，那不是太簡單了嗎？……看來還是得靠自己在心地上下工夫才行。」這是我啓蒙的經驗，因此我拋棄了過去所學到的僵化模式。

　　有些修行看起來很簡單，有些則很難，但是無論難易，都不要太在意。佛陀說重點在於不放逸，就只是——不放逸。爲什麼？因爲生命是不確定的。當我們認爲事情是確定的時候，就忽略了不確定的實相。放逸即是心有所

有些修行看起來很簡單，有些則很難，但是無論難易，都不要太在意。佛陀說重點在於不放逸，就只是——不放逸。

恃，認為事物是確定的，執著無常為常，以及不真實為真實。注意！它們在未來隨時可能跳出來咬你一口。

保持中庸之道

因此，無論在處理真或假、善或惡、愛或憎的事物時，都別太在意——重點在於調伏自心，樹立正見，使它合乎正道。切莫忘失正念！不要疊床架屋，錯上加錯，徒增困擾。如果出現挫折或沮喪，知道它是令人不悅的即可，不要讓苦凌駕於實相之上。如果你喜歡某樣事物，切勿沈迷，可以喜歡，但是不要過度。俗話說：「勿沈醉！」當你遇到不快樂的事時，不要沈醉在沮喪中；當你覺得高興或喜悅時，也不要沈滯於其中。我們說「勿沈醉」，意思是指不要陷入過量的事物中。應該保持中庸之道，擁有固然好，失去也沒什麼。如果過度沈迷其中，當失去或遇到挫折時，便會感到痛苦。如果我們緊握著它們不放，便會與實相擦身而過，忘失正念。這不是法，也不是修行者應該做的事。過量，將導致我們偏離中道。

這樣的偏離便是邪見，是苦的起因。解說修行，目標在於明白苦滅；根據這樣的認知而修行，也只是為了滅苦。如果我們具有這樣的見解，便能知道苦與苦的起因，以及苦滅與滅苦之道，這即是所謂的佛教，如此而已。如

無論在處理真或假、善或惡、愛或憎的事物時，都別太在意——重點在於調伏自心，樹立正見，使它合乎於正道。

果我們不了解苦，就很容易偏離中道，陷入痛苦。當我們迷戀某樣事物時，往往不知節制，不思索它是否能帶來利益，也聽不進別人的勸告。沒有人能阻止我們，我們戀戀不捨鍾愛的事物，對於別人的話完全無動於衷，「沒問題啦，我向你保證！」對他來說，只要喜歡就好，完全沒有想到日後可能厭倦的情況；等他感到驚訝與挫折時，已經太晚了。

執苦為樂反被咬

　　因此佛陀希望我們明白：這是苦、苦的起因、苦滅，以及滅苦之道。一切修行都不離這四諦，它們是佛教的精華。法，以最簡單的方式來說，即苦的生起與苦的熄滅，除此之外無它。苦生起，然後苦熄滅。

　　我們為什麼會受苦，在輪迴或緣起的世間中迷失？因為我們不知道事物的實相；我們不知道苦。因此，我們執苦為樂，到頭來卻被反咬一口。例如，一位農夫在田裡看見一隻眼鏡蛇，覺得牠很可憐，心想：「我們應該對眾生慈悲，給牠們一些慰藉。」他不知道牠的實相，不知道這是一個會引發劇苦的生命。因此他將牠抱起來，溫柔地靠在自己身上。當這隻蛇感到溫暖舒適時，牠咬了他。這件事情雖然出自於善意，但是卻缺乏智慧。這是一個會致命

因此佛陀希望我們明白：這是苦、苦的起因、苦滅，以及滅苦之道。

的東西，你應該了解這點。這個情況就像我們不了解苦、苦的起因、苦的止息，以及滅苦之道一樣。

一切苦與不圓滿皆有其原因，因若消失，苦便止息。一切法，無論喜歡與否，皆由因所生。知道這四項——苦、苦的起因、苦滅與滅苦之道——是我們唯一需要的。一切事物皆不離四諦，除此之外，我們不需要其他法。

修行要有清楚的覺知

與外界接觸的入口，接收訊息的器官，包括眼、耳、鼻、舌、身、意等六根。當意根清楚覺知經驗為苦時，它自然會放開，事實上，放開的速度會很快。

因此修行中的你，應該清楚地覺知。覺知，在你的修行中，有著決定性的意義。許多學術研究，對於這點都有詳細地闡述。你們有些人深信經與論的研究，它們對心作了廣泛的討論，而你們也都掌握了其中的要義。這應該是一件好事，但是你們可能只迷戀於討論，卻忽略了其中真實的含意，只會說食數寶而已。

一個最簡單的例子就是學習算術。有些人需要按部就班學習，只有循序漸進，他們才有辦法學會算術。但是有些人則不需要，他們天生就擅長數字，因此不需要學習加減乘除，他們有自己的思惟法則，可以直接推算出答案，

覺知，在你的修行中，有著決定性的意義。

正確度與辛苦學習運算法的人一樣。不同的人有不同的學習方式，殊途而同歸。你可以說具有直觀能力的人，沒有經過標準的學習管道，因此是「非正統」的，但是他們卻能得到相同的結果，絲毫無差。他們的知識也同樣清晰與有用。

萬法存乎一心

　　你的修行可以不需要很多研究，但是依然能覺知得很好。辟支佛，或稱「獨覺」，無師自通，便是很好的例子。他們不會教導別人，但是指導自己卻綽綽有餘；他們只能自知作證，而無法對別人解釋。他們已經達到寂滅與光明的境界，但是卻不會教人，就像啞巴一樣。啞巴會做夢，在夢中他看見田野、山巒與動物，但是當他醒來時，卻無法對別人述說。如果常人夢見蛇，他會告訴別人他所看見的蛇；如果他夢見牛，他會描述所看見的牛。辟支佛就像啞巴一樣，夢見東西卻無法說明，不過，他們確實已經沒有貪、瞋、癡，並且跳脫生死輪迴了。他們已經拋棄身上的負擔，輕鬆自在。啞巴和常人一樣會做夢，並且擁有同樣的知識與經驗，差別只在於表達而已。就知識而言，他們是平等的。

　　萬法皆存乎一心，佛陀希望我們向內尋找，找出實

你的修行可以不需要很多研究，但是依然能覺知得很好。

相。心才是實相之所在。出現骯髒的東西時,有人只會試著躲避,事實上,重點是如何清除它。當你搓洗它時,你將在先前骯髒的地方,看見乾淨。但是有些人看見污點,卻只會逃避,認為乾淨只存在於別的地方。乾淨與骯髒是混在一起的,迷惑的眾生與覺者,以及覺與不覺,一樣是混在一起的。當我們能把它們分開時,我們才能看清楚。

秉持正見修行

檢視佛陀的一生,就知道他從來不走捷徑。他已經做到了,我們卻還遙遙無期。我們的內心剛開始接觸事物時,覺得喜歡,但是最後往往演變成感傷,為什麼會這樣?對於不喜歡的事物,我們可以完全不理睬,卻沒有絲毫感傷,為什麼?這很平常,一件發生在我們周遭再平常不過的事,因為我們已經偏離中道。

讓我們一起秉持正見修行,不再退轉。就像水滴進入水流一樣,讓心傾向趣入於法。若能如此共住,則將鮮少有問題發生。如果我們的心都能趣入於法,彼此之間就能保持和諧,無論別人對我們說什麼,我們都不會像常人一樣做出反應。我們應該彼此忠實,沒有忌妒與摩擦,這是心趣入於法者的行事方式。這些人從哪裡來呢?來自心尚未轉向者,或稱之為「粗人」。具德的覺者,原本也是粗

讓我們一起秉持正見修行,不再退轉。就像水滴進入水流一樣,讓心傾向趣入於法。

人，他們同樣是人類，關鍵在於心是否趣入於法。

　　傳統上以四種德行來描述僧伽，或「真實修行的團體」。我即以此四德總結我們的修行：善行道者、質直行者、如理行者，以及和敬行者②。

註釋：

①四禪定共計十八支：初禪有覺、觀、喜、樂、一心等五支；第二禪有內淨、喜、樂、一心等四支；第三禪有捨、念、慧（智）、樂、一心等五支；第四禪有不苦不樂、捨、念、一心等四支。

②《雜阿含》第 550 經云：「聖弟子念於僧法：善向、正向、直向、等向，修隨順行。」善向即 supaṭipanna（善行道者），正向即 ujupaṭipanna（質直行者），直向即 ñayapaṭipanna（如理行者），等向即 samīcipaṭipanna（和敬行者）。

第一章
◎
聞法

教導法時，需要不斷重複，直到人們真的了解為止。這很平常，是為了讓重點被理解的必要做法。

佛陀的話被稱為「善語」，因為它善良、如法並充滿意義，能引導人心到達實相。當心靈真的接觸到它時，人們便會懂得自制，去除貪、瞋、癡三毒，以免傷害自己與他人。

但是有些人聽了之後，卻斥為無稽之談，因為那不符合他們的觀念與習慣。事實上，符合眾生內心的話不一定好。我們的觀念有對有錯，皆不確定；但是善語則是端正、直接與確定的。善語非關高下，它只是佛陀的語言，目的是為了減少眾生的煩惱與痛苦。

善語不會迎合眾生的喜好，有的人說：「不符合我的話，就不是善語，也不可能是法。」但是，一致的不一定好，不一致的也不一定壞，不能混為一談。聽者習慣性的好惡，只是先入為主的看法與偏見。如果我們希望所有事情都稱心如意，那無異是緣木求魚。我們不想做討厭的事，只想做喜歡的事，從不考慮它所可能帶來的苦患。有毒的食物或許香甜誘人，卻可能會致命。

佛陀與其弟子的語言都是善的，都是法。但是如果方法不當，不能讓法直達內心，則一般人聽到時，可能就無法輕易理解，修行起來也有困難。

善語非關高下，它只是佛陀的語言，目的是為了減少眾生的煩惱與痛苦。

語言與法

每一種語言都是幫助我們理解的工具，語言就只是語言。如果有人對我說了一句英語，我完全聽不懂，即使它現在很流行，對我來說，依然沒有任何價值與意義。無論我們住在哪裡，讓語言成為幫助我們明辨是非的工具，這樣的語言才有用，才是法。

聞法的目的，是為了讓心能夠見法與證法，而不只是增長知識或記憶。它應該有助於我們追隨佛陀的腳步，根據他的教導修行。即使目前無法覺悟，我們仍應該有效地使用與思惟語言。

這其實沒那麼難。例如，佛陀說惛沈與散亂皆非善法，聽聞之後，當你發覺它們即將在心中生起時（那是遲早的事），你應該認出它們並如實覺知。如此，你就能將散亂轉為精進。惛沈一定從內心生起，當它出現時，對抗、降伏與轉化它，讓它成為修法的因。

聞法的目的是為了證入法，讓法在心中生起；若它尚未生起，我們就要努力令它生起。修行並不困難，我們只需要讓心如此專注與運作即可。你應該努力讓心證入法，而不只是口頭說說而已。

不要讓知識停留在你的腦中或嘴邊，讓身口意三門都能如法運作。

聞法的目的，是為了讓心能夠見法與證法，而不只是增長知識或記憶。

法是什麼？

聞法是爲了知道如何修法與證法，而法究竟是什麼？這個世上一切事物都是法，世間並不存在不是法的事物。我們眼中所見到的形形色色無不是法，一切存在都是法。法的其中一個意義是自然，它只是照本來的樣子呈現，沒有人可以塑造或改變。現象的本質即是法，這是指物質，即色法而言。

佛陀說見法、入法，意即如實觀看一切事物。包括世間與物質等外在現象，以及感受與思想等內在現象，全都是法。法可以區分成兩大範疇：可以被眼睛與其他感官認識的物體，以及無法像這樣被認識的心。一切事物皆離不開身與心。但是這個法，不能根據我們的意願而生出，而是由因緣所決定，然後它會變化，最後則會分解與消失。法的力量凌駕於一切事物之上，沒有人可以改變。自然法爾如是，根據因緣而生滅。

我們所追求的法——戒律與教導，是幫助我們了解的工具。教導是語言，法並不存在於語言中。語言是一條道路，爲人們指出方向，引導心去認識與了解法。因此教導本身並不是法。我們用耳朵聽，用舌頭說，但是那都不究竟。這些語言與觀念都不是法本身，如果它們眞的是法，它們應該能超越一切事物獨立存在。因此覺悟法，只是努

語言是一條道路，爲人們指出方向，引導心去認識與了解法。

66

力開發智慧，以便如實看見事物的本質，而非妄加改變或
破壞。

因緣所生法

　　舉身體為例，它是由因緣所生。當它出生時，有一個
特定的力量或法則，支撐著它的存在，完全不受任何人指
使。出生時，我們很小，然後逐漸長大與變老，身體會自
然地變化。無論任何人怎麼說、怎麼想，或怎麼希望，它
還是會隨著時間而成長與變異，哭泣、抱怨或要求都沒
用。它隨著因緣而出生與發展，最後則瓦解，不聽從任何
人的希望或命令。這便是生命的本質，由不變異的（緣
起）法則現行著；佛陀教導我們深觀此點，這非常重要。
皮膚、牙齒、頭髮或其他部位，你能從其中看到什麼？無
常。它們的出生並非依靠外力，而是根據先前所造的業因
與業緣。一旦出生後，就逐步邁向死亡。成、住、異、滅
的過程，不須任何人認可或協助，它自然會發生。我們
沒有任何權力可以主宰它們。這就是色身，它會自然變化
與死亡，這就是「實相法」（sabhāvadhamma，或譯自性
法）。無論在哪一種情況之下，我們都不可能與它爭辯，
或對它說：「嗨！聽我說，注意我的要求，不要變老，照
著我的話去做。」自然原本就是如此。這就是佛陀所說的

這就是佛陀所說的
法。我們既不是這
些事物，也不是它
們的主人。

法。我們既不是這些事物，也不是它們的主人。

如果我們沒有清楚覺知實相，反而還被迷惑，這就稱為妄法。我們視這些事物為自我或我的，因此而區分自己與他人，這就是無明。無明生起時，造作之行也將隨之而起。我們在事物中掙扎，希望能夠控制它們，因此患得與患失，落入好惡的陷阱中──「我喜歡這個，請給我多一點；我討厭那個，請將它移開；這個應該像這樣，那個應該像那樣……」這些都是顛倒妄想。你就像是試圖侵占他人的屋宅與田地者，取走不屬於你的東西。欲望的堆砌永無止境，你不知道它們來自何處，或會將你引向何方。

遠離顛倒妄想

可以被講述與聽聞的法，都不是真正的法。它們只是指出重點的語言，以使你能進入與看見。說話以幫助人們了解，是一種「方便」，或是教學的方式。如果只有語言，像鸚鵡學話一般，而沒有真正地看見，則完全沒有益處。如果你能善用語言，使自己看見實相，了解只有因緣而無自我，那才是佛陀傳法的本意。沒有見法，就會有苦。如果你真的看見了，就不會再有渴愛，也不會再為世間的事物而歡笑或流淚。

從小我們就無休止地哭泣與歡笑，顛倒妄想，無有了

沒有見法，就會有苦。如果你真的看見了，就不會再有渴愛，也不會再為世間的事物而歡笑或流淚。

時。我們總是想得到不屬於我們的東西，總是貪求一些不切實際的事物，一直生活在無法滿足的苦中。如果聞法之後，能夠進而讓心見法與如法，你就能解脫苦。應該了解，一切事物都不是你所能控制與改變的，法爾如是，自然生滅。無論研究或修行，你應該了解佛陀並未教導人們去改變自然，而是希望我們依據事實，如實觀察。如果你希望改變外在事物，那並不如法，也違背自然，那只是人們希望創造與操控的惡習。如果你不能如實觀看事物，就無法修行苦、集、滅、道等四諦。

諸行無常

　　佛陀從來不曾要求聞法者與修行者改變自然，只教導他們覺知與隨順自然。覺知「諸行」（saṇkhārā）無常的實相即是智慧，我們須清楚覺知，一切「行」爲皆具有生滅的本質。否定生滅無常，即爲邪見，是無明的知見，無法滅苦。持邪見者將一直在生死中輪迴，不得解脫。

　　就像昆蟲在水桶邊緣爬行一樣，牠們拼命移動，卻哪裡也去不了，只能一直繞圈。愚癡凡夫的想法也是一樣，沒有止境，也無法解決，陷入窠臼之中。我們以爲自己已經往前走了很遠，卻不知仍在原地打轉，一直回到同樣的地方。我們沒能跳出內心的輪迴，原因在於我們缺乏洞見，

佛陀從來不曾要求
聞法者與修行者改
變自然，只教導覺
知與隨順自然。

誤將妄念當成智慧，因此無法看清身邊的事物。這不是法，在法中，我們可以透過佛陀的話語，產生洞見。真實的智慧即是明白法爾如是，毋須造作，只須放下。

如實觀察

事物原本自然，毋須增添或刪減，但是我們卻經常看不順眼，認為它們不是太大就是太小，為什麼會這樣呢？因為妄想。這都是凡愚的欲貪在作祟，其愚蠢與無聊的程度，就像有人與樹扭打一樣。因此，佛陀建議我們，要以法為基礎，如實觀察。

我們所認識的一切事物，皆自有其存在的因緣，如果能如實覺知，則無論它們如何生滅，我們皆可不動於心。無論身體發生什麼事，我們都不會受到影響，因為我們了解，一切都是因緣和合所成，無法強求。唯有如此，我們的心才得以安住，並保持平和。佛陀要求我們將念頭安住在身、受、心、法上，沒有什麼事物需要造作或解決，只須如實觀察即可。

身體經歷生、老、病、死，片刻也不得安穩。了解這個事實即是法。法爾如是，無可改變、破壞或解決。當你了解這點，就不再需要語言，也將沒有負擔。如果你能夠如實觀察，對於正在做的事就可以保持正念，無論身在何

沒有什麼事物需要造作或解決，只須如實觀察即可。

處，都只是觀因緣生滅，法爾如是。你究竟想找什麼？又
爲何沮喪與哭泣？你是爲誰辛苦爲誰忙？你想擁有或成爲
什麼？你憑什麼說長論短？到頭來，你能對自然說什麼？
這就是輪迴的事實，就是這麼一回事。當你了解這個深奧
的事實，你就會得到平安與解脫，不再有憂傷與衝突。

「我」與「我所」

　　觀察因緣的生滅與變異，即名爲學法。你應該於聽聞
之後，在生活中加以落實。如果內心仍有渴愛，就不是眞
的見法；如果仍有瞋恨與煩憂，也是因爲尙未通達法義，
內心依然被遮蔽，不得自由。只有挺身對抗，才可能解決
問題。一切問題都肇因於「我」與「我所」的信念。當你
如此相信時，當「我」與「我所」的想法生起時，自私與
各種麻煩的問題就會接踵而來。

　　一位旅客抵達旅館後，先向櫃台詢價，並告知停留時
間。但是，他住了一陣子之後，卻開始認爲這裡就是他
的家，而忘了要離開。當旅館經理請他退房時，他拒絕
搬出，並說：「這裡就是我的家，我爲什麼要搬走？」於
是，他們之間起了衝突與爭執。

　　當我們開始認爲這個身體是屬於我們的時，我們就和
那位不肯退房的旅客一樣。我們對於暫住的地方有了錯誤

當「我」與「我
所」的想法生起
時，自私與各種麻
煩的問題就會接踵
而來。

71

的想法，並且發現自己一直處於衝突的情況中。同一對父母所生的子女成天吵架，或同村的村民相處不來，或同一個國家的居民彼此對立，都是因為執著「我」與「我所」的緣故。

法的實相

因此佛陀勸我們回過頭來看這個身體，從其中看出法的實相，而不需要進行改變與破壞。我們說：「一個看見『行』（saṅkāra，造作與遷流之意），並且放下執著的人，具有快樂。」心與身，皆是無常之「行」，不是我或我的。因此，那些看見「行」的人，皆很平靜。他們了解身心皆非自我，只是變動不居的現象。

一切存在的事物，都只是「行」。沒有生命或個人，沒有一個會快樂或痛苦的人，一切都只是「行」。痛苦與快樂都是自找的。如果你像這樣看見「行」，你就看見法。沒有一個實體可以被稱為自我、本體或個人，沒有人在喜悅、受苦、生氣或愛戀，也沒有人死。事物只是存在與遷流變化而已，這就是「行」。行者的見法即是如此。如果你也能如此看，即名為功德。一切功德皆源自於見法，這亦是寂滅之所在。

如果你因為見解不清，而嘗試去調整或改變法，就會

身心皆非自我，只是一個變動不居的現象。

引來苦。例如呼吸，它是持續吸進與呼出空氣，不能間斷，身體賴此維生。它是滋養，就像食物一樣，進入身體，產生支持。空氣進進出出，「行」才得以存活。如果只進不出，或只出不進，就有麻煩了。但是，出生以後，我們就不想變老，也不想死；相聚之後，我們就不想分離；擁有之後，我們就不想失去。只想進而不想出，違背自然，因此我們才會感到痛苦。

一切法都是因緣所生，因緣具足，果便隨之而生。誰創造這些？它只是自然的法則，沒有人創造它。它隨著因緣，自然生滅。這就是法。

法師們的教導，都只是方便的語言，不是真實的法本身，它是引導人們悟入實相的道路。我們卻自以為擁有法、了解法，甚至以為自己就是法。果真如此，我們就不應該還有貪瞋癡。如果我們真的看見或悟入法，就不應該還有這三毒。因此，我們只不過是苦的奴隸，片刻也不得休息。如果我們真的見法，煩惱就應該從我們的眼前消失無蹤。最深奧的法也只是如此，再簡單不過。

戒法清淨

有一套行為準則，人們靠著它彼此自制與體諒。這是一套無諍之法，稱之為「戒法」① （sīladhamma），是清

如果我們真的見法，煩惱就應該從我們的眼前消失無蹤。最深奧的法也只是如此，再簡單不過。

淨的行爲之道。它是維繫大眾和樂所需的法；不過，若未達解脫，這樣的樂也只是另一個苦的起點。

有戒法一定比沒有好，不過，這樣的樂，終究還是會走向苦。單靠它無法讓我們超越。創造超越的因緣，是另外一回事，需要靠定與慧。

涅槃寂滅

因此當你聞法時，不要只是聽而已，要將它放在心裡，並付諸實行。讓它成爲達到涅槃——無死以及寂滅的因緣。

身爲佛教徒，我們需要學習這些，一點一滴地學，並且透過禪定加以落實。雖然心中仍有貪瞋癡，我們仍要保持覺知，知道它們是我們的敵人，同時也知道法。「啊！它們何時才能被斷除呢？」應該透過修行，一步一步加以斷除——而非透過睡覺。修持戒與法的過程，雖然仍有貪著，但是只要清楚知道它們存在即可。如果心裡有苦，儘量不要讓它擴大，應該限制它並保持正念。當你看管牛隻時，牠們可能會走進田裡，因此須加以控制。牠們可能會偷吃一些稻米，只要不吃太多就無關緊要。牠們只能吃一點點，因爲有你在看著。如果你整天都在睡覺，牠們就可能將作物吃光，因此你可不能大意。

如果心裡有苦，儘量不要讓它擴大，應該限制它並保持正念。

　　我們研究與修行的目的，都是爲了見法；當心見法時，我們就能熄滅苦。無須質疑修行的目的，因爲我們擁有完整的眼睛、耳朵與雙足。睜開眼睛，我們就可以看見，不需要等待，或盲目摸索。我們不是聾子，當我們聽見時，就可以進行思惟。領先覺醒，我們便可以提前出發，無須等待那些還在沈睡者。

　　爲什麼？因爲這是一個充滿不安、迷惑與缺失的險境。佛陀教導我們，知道之後就應該趕快離開，而不是留下來陪那些愚癡者一起等待。如果你的雙腿走得動，就趕緊走，不要等那些執迷不悟的跛腳者。爲什麼？因爲必須逐步遠離敵境，直到你確定自己已經自由與安全爲止。換言之，應該逐步開發善德與知識，直到斷惡爲止。你一點一滴所種下的善因，也將成爲其他人的解脫之因。快快覺醒吧！

莫停莫待

　　種在同一個水池裡的蓮花，不會同時盛開。可能有一些開了，有一些還在水裡，另外一些則在水面上。你必須量力而爲，如果隨便停下來等待，一不小心就可能會被魚與烏龜吃掉。

　　火焰即將燒到你的屋子時，你不能視若無睹，或者稍

你一點一滴所種下的善因，也將成爲其他人的解脫之因。快快覺醒吧！

事休息。你必須趕緊抱起財物，向外逃命。貪瞋癡之火的逼迫就像這樣。死亡一直緊跟在後，沒有一天停止。至少，我們應該降低生死輪迴的次數。我們行善與修行時，口裡念著：「願它成為了悟涅槃的因。」我們應該如何創造涅槃的因呢？禪定是最基本的。你不能只是坐在這裡聽講，那無法成為涅槃的因。開始時你聆聽，接著你必須思惟其中的意義。必須捨棄的事物，就捨棄吧！「這個傢伙還不了解……」「我不確定他所修行的方式……」不要自以為是，拿別人當退縮的藉口。如果老虎就在後面追趕，你還會想等別人嗎？危機就在你的眼前！

獲得法益

涅槃不是一個你可以停留或到達的地方，或者換個方式來說，既沒有到達，也沒有停留。那裡沒有前進、後退或停止。當你進入並看見法時，果報自然會現前，毋須索求。見法，並得到你的法益，接著，即使你尚未到達菩提道的終點，也將不會再有疑惑。

這對有心學法的人來說頗為重要。除了導師的法之外，沒有其他事物可以讓我們和諧相處，並且超越苦的經驗，得到寂滅之樂。

法比任何你在家裡能找到的東西都要好，家裡的事物

當你進入並看見法時，果報自然會現前，毋須索求。

通常只會帶來麻煩，難得帶給我們平靜。在家庭與財務的領域中，只有會令我們煩憂與受傷的事物。法比它們有價值多了。

如果置身於家庭事務中，我們一定要有法，不能沒有它。少了法，它們就會不完整。不要輕忽，真的深入思惟法之後，我們就會知道它的價值。家庭事務始終存在，但是我們見法之後，就不會再執著於它們。雖然生活中仍有忙碌與糾葛，但是我們知道它們的本質，便不會再執以為真。就像與小孩相處，他們常說：「媽！看這個。爸！我想要那個。嗨！看看我。」父母親於是對他說：「喔！當然，好！」但是卻不會將它放在心上。你回答是為了讓孩子感到快樂與安全，但是你的心並不會受到影響，因為你有完全不同的思惟模式。因此，你可以善盡家庭與世俗的義務，做你應該做的事，卻不會隨波逐流。你的目標是寂滅與離染，而非屈從與糾纏。這就名為圓滿的成就與受用，即使擁有資產，你也能如實覺知，知道如何使用與駕馭它們。

聞思修

如果你能如此修行，就能知道法的真實價值。不過，一定要透過聽聞、思惟與修行的過程。

你可以善盡家庭與世俗的義務，做你應該做的事，卻不會隨波逐流。

如果你認為事物是真實的，便會衍生苦與恐懼。你會害怕即將發生的事，到處皆令你怵目驚心。其實，你只是害怕自己。只要一動念，恐懼便接踵而來。它欺騙你，創造幻象來誤導你。對於如此驚惶的人，無論他們進入屋內或森林，都很容易遭到鬼魂的驚嚇，即使只是老鼠爬過，也會被當成鬼魂的聲音而嚇破膽。他們動輒感到害怕，其實這都只是意識設下的陷阱。

迷失於假像

或者你有些家庭困擾，經常想哭，你責怪他人：「這個人不關心我，那個人老是找我麻煩。」經常抱著這樣的心態。其實沒有人做什麼，而是你，製造了那樣的假像。你自己創造了那樣的假像，然後迷失於其中，最後再以悲歡收場。當你快樂時，你同樣創造了一個假像。無論悲歡或快樂，都是你自己在導演。「這很棒，這真的很棒！」此時你已經忘記自己，在歡笑聲中迷失了。心揀擇某件事令你感到恐懼；另外一件事則令你憎惡，因此你討厭它；接著，你愛上另一件事物，你為它瘋狂與流淚，沒完沒了。你就這樣反覆不斷，製造假像。

這一幕又一幕不斷在人們身上重演，其實根本什麼事也沒發生。沒有什麼東西可以讓我們歡笑或哭泣，事物本

無論悲歡或快樂，都是自己在導演。

身並不值得我們愛戀或憎惡，而是你自己的心在作祟。因此佛陀說要專注於當下的心，在關鍵點上糾正你的心。法是真實的，它是確定的實相，但是，我們卻不真實。我們只會本能地做出反應，或者歡笑與哭泣，或者愛戀與憎惡。事物被說成非善即惡，我們不自覺地在後面拼命追逐。因為我們相信自我本體的存在，並且認為事物是屬於我所有。這就是被無明染污的邪見。

因此，你不應該把任何事物──健康或生病的身體、興奮或沮喪的心情──看得太真實，這樣做只會害了你自己。佛陀說當快樂來臨時，不要太相信它，它不是讓你歡笑或哭泣的對象，它不是真實的。因緣聚合，所以它發生了。根本沒有什麼事，只是我們的執著，讓它變成那個樣子。由於沒有見到法，所以我們才會一直將不真實的事物看成真實。

不過，當我們說事物不真實時，有人或許會抗議，那是否什麼也不用做了。其實，它不是被動與消極的觀念，只是不走極端，以及不過度相信事物真實而已；反之，它是以中庸之道看待事情。當事物還沒有轉壞，或者當身體還沒有生病時，好好照顧它們，如此才能做最有效的利用。當事物轉壞時，你只是平靜地放下它──不會無端陷入哀傷的情境中。我們總是習慣將身心看成自我，稱它們

當快樂來臨時，不要太相信它，它不是讓你歡笑或哭泣的對象，它不是真實的。

為「我」或「我的」。但是當我們陷入這樣的執著時，我們已經遠離法，唯一的結果就是再繼續受苦。

你們應該了解，一切修行都是為了讓心見法與證法。見法之後，即使你還有瞋恨的壞習慣，縱令它發作起來，能量也會減小。同樣的情況也適用在貪欲上，這都是由於正確修心的結果，它會讓你變得更敏銳。法爾如是，你不需要去改變或調整它。不要嘗試去解決已經完成的事，而是應該去解決還不圓滿的事。你應該嘗試刨平一個凹凸不平的木塊，而不是只會坐在那裡哭泣。如果這個木塊已經很光滑，你就根本不需要再去刨它。與其調整法來適應你，不如調整你自己去適應法。

法即實相

法即實相。心觸及實相時，感覺無大無小，無苦無樂，唯有寂滅。即使仍有思想，心也能保持平靜。倘若接觸外境，則感覺恰到好處，無一物可以增減。見法時，心的特徵即是如此，與法相印。

就像房間裡只有一張椅子，你就坐在那裡，當其他人來時，已經無處可坐。心就像這樣。煩惱可能進來，但是因為心裡已經有法，它們找不到地方坐下，因此只能黯然離開。如果你有正念正知，當貪瞋癡的惡習因為感官接觸

心就像這樣。煩惱可能進來，但是因為心裡已經有法，它們找不到地方坐下，因此只能黯然離開。

或心靈活動而生起時，它們將無法在心裡安坐。那裡只有
一個座位，已經被正念占住了，因此惡習便無法坐下，它
們將會離開房間。它們不能令你離開法。正道與煩惱在內
心激戰，如果沒有人在那裡坐鎮，煩惱就會搶先坐下，成
為主人。這表示你沒有清明的心，不了解法，因此才會讓
煩惱有機可乘，苦難也將永無停止的一天。

掌握正道

正道與煩惱就像這樣彼此抗衡，如果充分掌握正道，
當心中浮現事物時，我們便能見法。這多麼讓人振奮啊！
然而陷入煩惱的人，在這一點上往往容易退縮。此處只有
心與境，如果心不受境的愚弄，還會有什麼問題呢？境是
境，心是心。聞法之後，接著便是讓內心通達。當法進入
心後，就不會再有問題——正道即是以如此的禪修方式斬
斷煩惱。

如果沒有人當家作主，不請自來的客人就會大搖大擺
地進駐，他們坐下來，大吃大喝，搞得一團糟。這是你希
望的結果嗎？因為你不了解法，不知道對與錯、善與惡，
並且不認識心境接觸與反應的方式，才會讓他們喧賓奪
主，作威作福。情況不錯時，你感覺歡喜；但是當情況不
好時，你就沮喪與哭泣，這就和屋內無主的情況一樣，只

如果充分掌握正
道，當心中浮現事
物時，我們便能夠
見法。

能隨著外境團團轉。這就是不了解法的緣故。因此你必須如法修行，讓法進入心裡。所以我們才要在朔、望與其他節日聞法。

無論在何時何地，都要專注於此。當感官對象生起時，要謹記它們是它們，心是心，將二者分開，否則你將無法認出它們。追隨你自以為是的觀點，會將你帶向痛苦。它們都是不圓滿的，無法令你滿足，才會造成痛苦。心已經被境所污染，無法明辨事實，因此請為你自己準備好正念與正知。

我們說舉手投足之間，你都應該在心裡保持覺知，即念佛。佛即「覺知者」，念念相續，念念分明。當境生起時，你清楚覺知它的存在，如此不但可以解決問題，還可以彰顯實相，這就是念佛的功德。讓「覺知者」持續生起，是修念佛的目的。如此，即可名為聞法而解果，知法而起修。你應該先見法與修法，最後內心才能與法合一，如此方可名為悟道與見道。這就是佛陀證果的教學之道。

註釋：
①戒法：為佛陀所施設戒律之法，有五戒，八戒，十戒，具足戒等。

第二章

◎

思法

現在法

我們修行佛法，是因為我們看出高貴寶藏的價值，那是內在的財富。我們以前貪愛物質的財富，但是如今我們希望把它換成內在財富。這種財富沒有四大元素的災禍，如火災或水患，也不用擔心盜賊，那是他們找不到的東西。沒有任何外在威脅可以動搖心的喜悅。這就是佛陀所說的功德。供養與布施是這種喜悅的來源之一，因為我們可以藉此克服貪心與慳吝。

無論修行何種法，包括布施、持戒、禪定或慈悲，佛陀說它們的目的只有一個，即追求寂滅。因此「現在法」（paccupanna dhamma），亦即當下之實相，就顯得格外重要。我們修習各種被稱為法的行為，例如供養寺院以贊助佛教，不過，我們應該了解它的實質意義為何。只是追求福報並無益於「佛陀教法」（Buddhasāsana，或譯「佛教」）的提升，我們需要分辨福報與善巧方便的不同。福報本身缺乏智慧，而沒有智慧就無法解脫痛苦。沒有善巧方便的福報，就像背負重物卻不知如何放下一樣，它最後只會將我們壓垮。善巧方便知道何時應該放下，二者共同

無論修行何種法，包括布施、持戒、禪定或慈悲，佛陀說目的只有一個，即追求寂滅。

撑起「佛陀教法」。我們藉由聞法以增進善巧與喜悅，然後再藉著正思惟來造福自己與他人。我們應該學習放下，因為執著只會帶來苦。苦（dukkha），「生命無所不在的缺憾」，是可以避免的，但是你知道它的因嗎？苦就存在於當下，我們毋須回顧過去。萬法皆有其因，它們不會無端冒出。只有無知才會造成痛苦。一顆大石頭重嗎？如果我們從上面走過去就不重，但是如果我們想要將它舉起來，那就得另當別論了。

苦惱瞬間生起，非內心本有

　　因此如果我們對生、老、貧、富等現象無知的話，則它們皆是苦。佛陀說我們應該了解苦、集、滅、道等四諦。如果了解的話，就沒有什麼可以讓我們痛苦的了。

　　有些人說苦是內心根深柢固的一部份，因此將永遠存在。我今天才和一些人談到這一點，我試著解釋苦非內心本有，而是於當下生起的。當你感到厭惡時，當下就體驗到苦。舉檸檬為例，如果你不去碰它，它會酸嗎？怎麼樣才會有酸味呢？當檸檬接觸到舌頭時，才會感覺酸。如果你沒有經驗過它，它就等於不存在。唯有當舌頭接觸到它的當下，它才生起，接著才有厭惡與苦惱。這些苦惱不是內心本有，而是瞬間生起的。

苦非內心本有，而是於當下生起的。當你感到厭惡時，當下就體驗到苦。

當心達到寂滅時，便是解脫道的終點，這是佛陀希望每一個人都能覺悟的目標。但是在抵達終點之前，我們必須先知道如何修行，以便達到平和的心境。我們的心所以無法平靜下來，是因為它們不了解真實法。心仍然未經調伏與不可信賴，缺乏如實覺知事物的智慧，所以無法看見真理或「實相法」（sabhāva-dhamma，或譯「自性法」）。「Sabhāva」意指「像那樣存在」，或「依照本來的樣子存在」。無論佛陀是否出世，萬法依然存在，它們不會變成另外的樣子。

一步一步把我們帶往涅槃

一般都是從正見學起，接著是正思惟、正語、正業、正命、正精進、正念與正定。雖說有八支，然而，它們都是構成一條道路的實際要素。當見解正確，就會有正確的思惟，接著語言與其他各支也都能步上正道。心如果建立在正確的基礎上，則所行進的道路必然不會偏差，將一步一步把我們帶往涅槃。

佛陀告訴我們要放下。當愉悅的經驗出現時，他說只要覺知愉悅即可；當痛苦出現時，也只要覺知痛苦。沒有一個人在經驗愉悅與痛苦。這些事都是前因所衍生的後果，如果我們修行正確，將找不到任何擁有者。佛陀說只

沒有一個人在經驗愉悅與痛苦。這些事都是前因所衍生的後果。

有樂或苦——沒有自我、個人或本體。這是正見，沒有擁有苦樂等情況的自我或主人。

感覺只是感覺，哪裡有個我？

我們經常說我的腳、我的手、我的朋友，一直都有一個我在。但是根據佛法而言，那是沒有認清自我。了解這些都不是自我，才是認清自我。你只是看見而不去碰它，就像你看見一條毒蛇，只要不去捉牠，就不會被咬。那仍然是一條蛇，但是牠的毒液卻與你無關。因此佛陀說要認清自我，這種說法不只難以聽聞，並且難以理解。世俗的規範或教導，在佛陀清明的心看來，都是顛倒的；而覺者的教導，在世俗人的心看來，也是難以接受。

當世人覺得他們是善惡經驗的主人，而經歷著苦與樂時，他們其實都正受到無常的眷顧。因為一切事物皆不斷在變化，執著它們只會造成更多的苦。事物來來去去，不斷變化，你只能在喜與悲的兩端之間，疲於奔命。不安源自於邪見，它讓你起非份之想。你終究難逃苦樂的輪迴，它們也將持續壓迫你。

感覺就只是感覺，樂就只是樂，苦就只是苦，沒有苦樂的主人，這就是正見，佛陀希望我們如此思惟。如此思惟一段時間之後，心即可慢慢嘗到法味，看清正在發生的

感覺就只是感覺，樂就只是樂，苦就只是苦，沒有苦樂的主人，這就是正見，佛陀希望我們如此思惟。

事。我們所經驗到的樂是怎麼一回事？而苦又是什麼？它們是穩定與恆常的事物嗎？它們有多麼確定？好好檢視這些我們先前經驗過的事物。我們享受過的快樂──它結束了嗎？我們曾經不快樂嗎？它一直存在嗎？當我們慢慢了解現象的本質，不再那麼執著時，心便得以平靜下來，因為我們不再渴望擁有。但是我們仍然可以享受生活，並且利用我們所持有的物品──廚具與家具等，雖然它們並非真正屬於我們所有。我們使用它們，但是清楚覺知它們並非屬於我們所有。我們可以輕鬆自在地使用它們，而毋須受制於它們。我們在深廣與超越的知識基礎上使用它們，如果我們不能站在這些事物之上，就會被它們壓在下面，以渴愛的心背負起它們，聲稱：「這是我的。」自甘受役於它們。這樣的邪見只會把我們引向痛苦，因為事物永遠不可能如我們所願。

無常的本質

　　為什麼事物會毀壞？因為它們存在。了解它們終將毀壞，當它們真的毀壞時，你便不致於太過悲傷。如果杯子不是我的，彼此之間沒有關係，則它是否毀壞就與我無關。你的房子裡有許多器皿，因此你最好如此思惟，不過，你還是必須教導你的孩子們要好好照顧它們。如果你

當我們慢慢了解現象的本質，不再那麼執著時，心便得以平靜，因為我們不再渴望擁有。

只是說：「它不是我們的。」最後你可能連吃飯的盤子都沒有。了解是一回事，說話則是另外一回事，如果你教小孩子成人的觀念，可能沒有人要洗盤子了。

活在這個世上，有許多必須做的事，但是我們應隨時放下，保持內心平靜，沒有苦惱。如此我們才能輕鬆地做事，這便是正命。即使面臨艱難的工作，也不會有問題。

遠離生滅法

佛陀希望我們遠離生滅法，但是我們卻渴望出生。我們希望獲得什麼？我們還不了解其中的利害，沒有看到佛陀所見到的實相。他指出幾種我見，包括「我比他人好」、「我和他人一樣」，以及「我不如他人」。無論何種見解，都有一個我，都是不正確的。如果沒有這些我見，就沒有障礙。

人們想要快樂與財富等事物，他們只想享福，想獲得眼前的利益，而不願意好好追求精神上的進步。算術中有加、減、乘、除，而他們只想要加法與乘法，這是多麼自私與荒謬的想法。人們在修習解脫道時，可能仍然會生病或有其他問題，於是他們就懷疑：「為什麼這件事會發生？修行的功德在那裡？」但是這根本無關功德。積累功德的目的，不是為了讓一隻貓變成一隻狗。你無法改變

活在這個世上，有許多必須做的事，但是我們應該隨時放下，保持內心平靜，沒有苦惱。

「行」（saṅkhāra）的本質，它原本就是不可靠的。無論發生什麼事，你都毋須太過擔憂與沮喪。

我們所稱的善巧或增上，超越世智辯聰的層次，它需要福慧雙運才可得。福就像生肉，一段時間之後就會腐壞，智慧則像鹽巴，能夠加以保存，或者你也可以將它放在冰箱裡！有此一說，智慧像閃電，渴愛（taṇhā）則像河流。因此，佛陀建議，無論行動、飲食或觀看，都不要讓渴愛喧賓奪主。活在世間而不為世間所污染，清楚覺知這個世間，不要讓心被渴愛所淹沒。換言之，要放下。

跳脫生死輪迴

佛陀的教導，是為了幫助眾生跳脫生死輪迴，但是心智低劣的我們卻無法認同。當我們聽到佛法說沒有任何東西屬於我們時，我們便開始害怕失去，它只會讓我們更不舒服。

事實上，我們可以承認它們，認為世間的事物是屬於我們所有，但是那只是世俗的真理，而非解脫的層次。我們需要學習生活中各種約定俗成的事物，例如，我們的名字。我們出生時，並沒有帶名字來，直到出世之後，才被命名，沒有任何舊名字被替換——它原本是一片空白。在空白處，你可以放進任何東西。人們出生時便是一片空

無論行動、飲食或觀看，都不要讓渴愛喧賓奪主。活在世間而不為世間所污染，清楚覺知這個世間，不要讓心被渴愛所淹沒。

白，然後被冠上一個名字，爲其存在定位。因此，我們可以稱某人爲張三、李四或任何一個名字，這是世俗大眾所共許的。他們並非眞實的張三或李四，而是一個假名罷了，沒有實質的意義。事實上，根本沒有一個實體存在，有的只是一堆因緣的聚合。但是，如果我們希望張三前來，我們必須呼喚：「張三！」如果我們想要叫李四，我們就必須使用這個眾所共許的名稱。它們有益於彼此的溝通與運作，僅此而已。

無我之思

出生之後，事物便消逝，消逝之後，事物又再出生，一切因緣法皆如此生滅不已。看清楚事實後，我們就會了解，佛陀所教導的確實是眞理。當我們明白這個實相後，就沒有什麼事情能夠讓我們痛苦，或剝削我們。明白「沒有自我」與「沒有任何事物屬於自我所有」，將能令我們比以往更自在，我們將更能輕鬆自如地處事與生活。

有些人這樣想後，就失去了做事情的欲望，因爲他們無法獲得屬於他們的東西，所以提不起勁。事實上，只有那些擁有欲太強的人才會受到打擊。我們最好只爲了做事而做事，時時刻刻謹記「沒有自我」與「沒有任何事物屬於自我所有」，好好調伏自己的心，使其能放下。無論工

出生之後，事物便消逝，消逝之後，事物又再出生，一切因緣法皆如此生滅不已。

作或行動，都經常提醒自己放下與不執著，以符合實相。

這就是正見與正思惟。我們了解世俗的真理就只是世俗的真理，並且明白事物如何生出，以及往後命名的種種。佛陀說一切名稱都是空虛不實的，他在教導目迦邏伽（Mogharāja，意譯為癡王）婆羅門時，說：「目迦邏伽！你應該觀世間空虛不實。」這些話足以令一個凡夫喪失信心。「觀世間空虛不實，死神就無法追蹤你，他將看不到你。」佛陀如此教導他的弟子。

存在於空性

說這個世間空虛不實，可能會讓你誤以為世上沒有東西。當我們看缽或痰盂時，這些東西確實存在，不能說它們不存在，但是它們是存在於空性之中。它們存在，但自性是空的。我們依慣例稱某樣東西為痰盂，那只是創造出來的名稱，或者我們也可以稱它為罐子。事實上，就名稱的角度來看，它們是空的。但是我們卻會習慣性地加以執著，而誤認為真實。

有兩個人，一個比較聰明，另一個比較笨。後者到市場買東西，他不確定那是什麼——糊裡糊塗買了一個夜壺回家。他將它當作飯鍋，並且覺得很好用，他不知道別人都怎麼使用。

這些東西確實存在，不能說它們不存在，但是它們是存在於空性之中。

聰明人前來看見這個情況，感到驚訝與不解：「這個人在做什麼？真噁心，竟然拿夜壺來做飯鍋。」

一個被稱作笨人，另一個是所謂的聰明人，為什麼後者會感到憎惡呢？那個壺是新的，從來沒有被當作夜壺使用過，所以很乾淨，為什麼會對它感到噁心呢？這是因為觀念上的執著，這樣的執著會引來厭惡與瞋恨。「嗨！看看這個白癡，竟然拿夜壺來盛飯。」這兩個人，究竟誰才愚蠢呢？

其實，夜壺本身什麼也不是，它不過是個普通的容器，是我們將它命名為夜壺，之後如果有人拿它來盛飯、湯或咖哩，別人就會覺得噁心。這些負面的情緒代表什麼意義呢？這只是因為執著於名稱，習慣上大家都說：「這是一個夜壺。」它並非絕對與不可變更的夜壺實體，它的用法完全取決於我們的想法與意願。如果它很乾淨，便可以有許多不同的用途。

性空唯名

如果我們能如此認清事實：所有事物都是性空唯名的存在，我們並非它們的主人──我們就可以自在地使用餐盤、夜壺與一般鍋子，沒有任何罣礙。這些事物自己沒有名字，我們可以賦予各種名稱，只要運作方便即可。

所有事物都是性空唯名的存在，我們並非它們的主人。

93

因此才說語言是一回事，心則是另外一回事。如果其他人稱某物為痰盂，我們也可以隨著他們這樣說；如果他們稱某物為夜壺，我們也可以照著做。換言之，我們可以調整自己，以順應這個世間，隨順世間生活。佛陀與他的弟子們生活在一個大社會中，他們與各式各樣的人一起生活，或善或惡，或智或愚，無論在什麼情況下，他們都能適應得很好，因為他們了解世俗諦與勝義諦的道理。當你這樣了解時，心便很舒坦，很平靜，不再執著，這是正見的自然結果。你知道何者為世俗的慣例，何者為解脫，心不再受到擾動。放下負擔，輕鬆自在。

法即現存的因緣

佛陀希望我們修法，但是什麼是「修法」呢？法是一切事物，是眼睛所見到的色，耳朵所聽到的聲，這些都是法，因為法即現存的因緣。一旦有生，必定有滅，我們不需要對它們期望過高，它們原本就是如此。我們應該內觀這個實相，在身心之中看出它來，而不須向外尋找。身與心的成份皆不穩定，亦無法持久，它們缺乏固定不變的實體，佛陀建議我們不要把它們視為真實，你怎麼能將缺乏實質的事物視為真實呢？一直處於生滅變易狀態的事物，怎麼可能是真實的呢？唯一真實的是，它們的無實體性。

法是一切事物，是眼睛所見到的色，耳朵所聽到的聲，這些都是法，因為法即現存的因緣。

佛陀希望我們看清這個實相，即事物皆是無常、苦與無我
的。缺乏如此的洞見並執著於事物，唯一的結果就是受
苦。唯有正觀並放下，才有可能帶來解脫。

　　為什麼真實修行的人值得尊敬？因為他們皆已見佛。
當他們坐在那裡時，佛陀就好像出現在他們的面前，無論
行走、站立或倒臥都一樣，片刻不離。他們在心裡親自見
證，因此由衷恭敬佛、法、僧，佛陀的教法亦得以因此而
維持興隆。它不可能遺失，因為它存在於心中。無論身處
何處，他們都可以聽到佛陀的教法。

　　當我第一次接觸這個觀念時，非常不解。我前往聆聽
阿姜曼①（Ajahn Mun）開示，他說：「你！獨自修行，
聆聽佛法。當你坐在樹下時，聆聽佛陀開示；當你走路
時，聆聽佛法；連你睡覺時，也要聆聽佛法。」我當時怎
麼想也想不通，因為它無法藉由思惟測度而被理解，只能
由清淨心加以印證。我無法正確思惟這些話，因為其中談
到的是真實見法的經驗。不過它並非遙不可及，因為法是
無所不在的。

　　我們認為佛陀很久以前就入涅槃了，不過事實上，見
到法的人就見到了佛。這並不容易了解。當你見佛時，你
見到了法；當你見到佛與法時，你就見到了僧。它們都存
在於心中。不過，洞見不只是玩弄文字而已，否則，經常

它無法藉由思惟測
度而被理解，只能
由清淨心印證。

可以聽到類似的言論：「佛陀就在我的心中。」然而他們
的行為卻荒腔走板，完全不照佛陀的指示去做。

覺知法的是心，覺知的人則是佛。佛陀教導法，他已
經覺悟法，不過法並不會隨著他的涅槃而消失。假設你是
一位老師，你不會生下來就是老師，你是透過學習而增長
見聞，並從教學之中累積經驗。如此辛勤工作一段時間之
後，有一天你會退休並去世。雖然你死了，但是，老師不
會死，因為讓你成為老師的美德並未消失。同理，讓一個
人成佛的實相，或究竟法，並不會消失。因此我們可以說
有兩個佛陀，肉體的與心靈的。佛陀說：「阿難！善加修
行，充實自己，你一定能在佛陀的教法中證果。凡是見到
法的人即見到我，見到我的人即見到法。」

法就是佛，佛就是法

我們聽到這樣的話，卻無法真正理解，對於「法就是
佛，佛就是法」的觀念，感到困惑。不過，事實就是如
此。開始時，沒有佛，當他覺悟法，即被稱為佛。成佛之
前，他是悉達多‧喬達摩王子。我們也是一樣，被稱為喬
或愛莉絲或某某王子。但是，若能覺悟法，我們也是佛，
與他無異。由此可知，佛陀依然活著。

佛在哪裡？我們的一切行為皆存在著實相。我們認為

覺知法的是心，覺
知的人則是佛。佛
陀教導法，他已經
覺悟法，不過法並
不會隨著他的涅槃
而消失。

做壞事沒關係，反正沒有人看見。小心！佛在看。佛陀仍然持續在協助我們行走正道，只是我們沒有看見，不知道而已。行者們對於善惡沒有疑惑，他們正在見證自己的行為；可是我們卻以為自己做壞事，沒有人會看見。那是不可能的，我們都在看。無論我們在哪裡，或者做什麼，都無所遁形，那稱為業。行為的實相一直都存在，佛陀就是根據這個原則在教導。如果世間上每一個人都能修行並覺悟實相，他們就能轉變成佛，成為傳法者。

所以說佛陀依然存在，你應該為此而感到高興。但是有些人卻感到挫折，他們說：「老兄！如果佛陀還在，我早就成功了，我現在已經開悟了。」不過，他確實在此，在修行的正道或善惡的準則上。

人身難得

佛陀稱人為「特殊的有情」，是能夠覺悟法的眾生。舉例來說，我們具有動物所缺乏的思考能力，經由夠格的教師訓練後，我們就可以修行並了悟實相。比起其他眾生，我們可以說是得天獨厚。

經典上說「人身難得」，這有點難以理解。我們心想：「怎麼會？經常都有人出生，甚至一次就生兩個。」之所以如此，是因為我們不知道真正的人是什麼。我們環

如果世間上每一個人都能修行並覺悟實相，就能轉變成佛，成為傳法者。

顧四周，看見許多人，無德之人是其中一個類型。這些粗鄙之人，只是另一種動物而已，徒具人的名稱。

初來到這個世間時，我們什麼都不知道，不知道如何修行，也不知道人類存在的真實價值。長大後，我們跟隨父母師長學習，逐漸發展美德，並成為完整的人。這時我們才可以說人已經出生。

人類的潛能優於動物，我有時會舉一隻睡在稻穀堆上的狗為例。當這隻狗飢餓時，牠必須出去尋找食物，無論那個稻穀堆有多大，牠完全無法受用。因為狗無法將稻穀去殼，然後烹煮。牠可能四處遊走，卻一無所獲，不得已只好重回稻穀堆上。牠躺在那裡，饑腸轆轆，最後可能就餓死在稻穀堆上。

所以說人類具有較佳的潛能，它可能被使用在善或惡的用途上。一個惡人，一種我們稱為畜生的人，可能會摧毀一個國家，但是我們從來沒聽說過一隻狗會摧毀一個國家。從另一方面來說，一個對法有興趣並且認真修行的人，將可能完成令眾生難以思議的事。

五戒之助

其實，修行善法並不容易。它雖正確，不過做起來卻有困難。一個簡單的例子是五戒。我們在一切時中都應該

一個對法有興趣並且認真修行的人，將可能完成令眾生難以思議的事。

遵守五戒，它們是查驗一個人是否夠格為人的標準。這五戒包括：一、禁止殺害任何生命，並且應該對他們慈悲；二、不偷盜，尊重他人的權利；三、了解正當的性關係，並且知所節制；四、說實話；五、杜絕麻醉品。如果每一個人都能遵守，這個世界將可以減少許多麻煩。即使尚未覺悟，也可以減少衝突，進入真正人的世界。戒律雖然不多，不過持守者，將可獲得許多福報。我們可以坦然面對未來，因為我們未曾對他人造成傷害，死亡來臨時，我們不會懊悔。因此，學習五戒是為了成為一個真正的人。

以「修福」的方式學佛也很好，雖然這僅是一棵樹的表皮與枝葉而已，不過依然很好。樹都需要樹皮，不是嗎？當你供養或參與法會時，是以出於相信因果的善念去做，而非貪染之心。當你回家後，別人問你：「你到寺廟去，有得到什麼功德嗎？」你可以對他們詳加解釋功德所在，這是一種「善巧方便」（upāya），教導也是一種方便。應該知道，這是世俗諦。真實的法是眼睛看不到，耳朵聽不到的。

當一個老師在教導學生時，她舉 A 先生有這些錢為例。事實上，沒有 A 先生這個人，她用粉筆在黑板上創造了這個人，它是 A 先生嗎？是的，是一個假設，一個名稱，但是他無法四處奔跑或行動。為了學習，我們可以

真實的法是眼看不到，耳聽不到的。

99

談論這個 A 先生，但是他無法起身移動。這就是「善巧方便」。沒有 A 先生，我們只是爲了某種目的，用字母 A 來代表這個人。

有正念正知即可修行

只要具有正念正知，我們就可以修行。有些人會想，我沒有時間修禪，我必須做生意。嘿！當你做生意時，要呼吸嗎？只要有時間呼吸，你就有時間修行。禪定無他，警醒與覺察而已。所謂做生意也可修禪定，不知者會以爲是在市場裡閉目靜坐。覺察意指覺知當下正在做的事，你今天說話、行動或思考時有出錯嗎？如果你有正念，就應該知道。

所以不要以爲修行一定得剃度出家，住在寺裡。無論從事商務、家務、寫作或任何事，都可以修行，它就和呼吸一樣 —— 不需要刻意撥出時間來做。即使睡覺也要呼吸，爲什麼？呼吸是生存所必需。事實上，呼吸是極細緻的滋養，我們不能兩分鐘沒有它。我們可以兩個小時或兩週沒有精緻的佳餚，但是我們可以多久沒有呼吸呢？因此佛陀要我們觀察呼吸，進與出，配合反覆念佛。身體各部位都需要它，它是最重要的食物。當你靜觀時，你就了解它對於你是多麼可貴，更甚於錢財、黃金與鑽石。如果它

無論從事商務、家務、寫作或任何事，都可以修行，它就和呼吸一樣 —— 不需要刻意撥出時間來做。

只出不進，你的生命就完了；如果它只進不出，你也一樣
會死。

　　由觀察呼吸，進而觀生命無常，是念死的禪修。只要
明白這個事實──如果呼吸只進不出，或只出不進，你的
生命就完了──如此就足以改變你的心。這個明白會讓你
開始覺醒，你的外表會改變，你的行為也會隨之變化。你
會害怕造惡，並對壞事生起羞恥心，你將不再隨著貪愛或
瞋恨而衝動行事。正念會自然增強，智慧也會及時生起，
教導你許多事物。

　　將注意力放在呼吸上，保持正念，智慧就會生起。它
很簡單，因為我們每個人都要呼吸。當你躺下時，可以集
中注意力直到睡著。這真的很簡單，它會讓心平靜下來，
無論你是出家人或在家人。

　　禪定是幫助我們超越痛苦的良方，藉由它我們可以明
辨是非；但是如果我們沒有修行，就無法看清楚。無論做
什麼，都要明明白白。這便是佛陀對弟子們生活的要求。

獵人的陷阱

　　身體有可能不會疼痛、發燒與生病嗎？我們眾生都被
惡魔的陷阱困住了。當我們被陷阱困住之後，惡魔就可以

將注意力放在呼吸
上，保持正念，智
慧就會生起。很簡
單，因為我們每個
人都要呼吸。

對我們為所欲為，他可以折磨我們的眼睛、耳朵、四肢，或身體的任何一處。

這就和人們為動物設下陷阱一樣，挖掘一個窟窿，或用餌鉤，引誘牠們進來。當鳥兒來食餌，被逮住時，牠能怎麼做？牠的脖子已經被掐住了，還能去哪裡？牠想飛卻飛不開，即使拼命掙扎也沒用。然後擁有這個陷阱的獵人抵達，看見被困在陷阱裡的鳥兒，就和他所計畫的一樣。

他抓起鳥兒，如果牠想反抗，或想攻擊他，他可以輕易就扭斷牠的頸子；如果牠想飛，他就會折斷牠的翅膀；如果牠想逃跑，他會折斷牠的雙腳。陷阱的主人如今主宰一切，這隻鳥兒無論如何都逃不開他的掌握。

我們也一樣被困在陷阱裡。佛陀看見了，並且明白真相。他原本是一位王子，享有一切榮華富貴，當他看見世間的苦後，他捨棄了一切。他清楚看出世間的本質，了解其危險性，因此義無反顧地放下與離開。人一出生之後，便陷於其中，他看見自己像鳥兒一樣被困在陷阱裡。索套環繞著他的頸項，他看出其中的危險，因此放棄一切，子然一身地離開。覺悟之後，他指出此點，讓我們思惟，在不確定的領域中，何者有害，何者有益。他不願自己淪落，也不願被陷阱困住，他選擇出離，讓自己全身而退。在見法與覺悟之後，他教導我們覺知這些事物。

他不願自己淪落，也不願被陷阱困住，他選擇出離，讓自己全身而退。在見法與覺悟之後，他教導我們覺知這些事物。

觀察這齣人生戲碼

雖然他解釋了世間的謬誤與危險，但是人們仍然被無明障蔽，無法看見。心是如此厚重與頑固，並且還不斷在累積痛苦與欲望。在這齣人生的戲碼中，只要我們仔細觀察，不難看出世間的業與苦。如經中所說：「生即是苦。」生在這個世間，你苦嗎？出生之後，我們具有雙手、雙腳、眼睛與耳朵，它們都昭示了苦的存在。我們必須設法活下去，為了一家的前途而打拼。在接觸外界的過程中，我們頻頻陷入困境。除了自己的頭痛與憂慮之外，我們還要擔心孩子的未來，以及財產的問題……

出生之後，我們隨時可能遭受變故。耳朵可能變聾，眼睛可能變瞎，四肢或身體的任何部位都可能受傷。我們無法優悠自在，因為我們都被困在陷阱中，那是獵人設下的陷阱。那位獵人如今握有主宰權，我們成了他的獵物。他可以照顧我們，也可以打爛我們的嘴，或折斷我們的翅膀。這個陷阱的主人，就是身魔（khanda-māra，或譯「蘊魔」）與煩惱魔（kilesa-māra）。

在這裡，許多人不想了解法，只想逃避。他們不往正道著手，只想撿便宜，結果當然只有──苦。它肇因於渴愛，渴望擁有，而不願活在當下。

因此佛陀教導我們，觀察自身，以達到離染與覺醒的

心是如此厚重與頑固，並且還不斷在累積痛苦與欲望。在這齣人生的戲碼中，只要我們仔細觀察，不難看出世間的業與苦。

目標。了解一切都是因緣法，沒有獨立存在的個人或自我。就像我們種田時，裝設稻草人，以防稻穀成熟時，小鳥會來偷吃作物。我們收集稻草與稻稈，紮成人形，並為他穿上褲子與襯衫，小鳥看了就會害怕，不敢來偷吃。稻草人成為我們的幫手，從此之後，稻子有機會成熟，我們也可以收割了。但是其實它不過是稻草與稻稈紮成的假人，一旦我們收成之後，就可以將它棄置在田裡，那裡正是它的來處。

我們就像稻草人一樣，當意識離開身體之後，就什麼也不是——與稻草紮成的假人沒有兩樣。稻草人哪裡也去不了，最後只會被棄置在田裡。

但是現在我們可以活動，可以到處行走，對於事業與旅遊，充滿憧憬。我們想走就走，想留就留，可以恣意唱歌、跳舞與玩樂。用一句俗話說，我們現在只是在等死。收成的時間一到，稻作收割完後，稻米被打包運走，而稻草人則被丟棄在田裡。

走到終點，就得放下

當收成的日子來臨時，我們就得離開。只有不知道事物始末者，才會隨事浮沈，被耍得團團轉。當他生病時，希望自己沒病；當他變老時，希望自己沒老；當他快死

因此佛陀教導我們，觀察自身，以達到離染與覺醒的目標。了解一切都是因緣法，沒有一個獨立存在的個人或自我。

時，又希望自己不會死。但是法爾如是，它們原本就是生滅不已，無法改變。

由於不了解自然的法則，因此才會希望事物穩定而持久。這是我，那是她──每件事都從「我」與「我所有」的角度去看待，而沒有考慮到法。重點是，走到終點時，每個人都得放下。無論名、聞、利、養，或一切苦樂經驗，都無法從世間帶走，它們都是虛妄的世間成就。

我們人與受困在籠中的鳥或水族箱裡的魚一樣，命運操縱在主人的手裡，隨時會被取走。主人隨時可以殺死被囚禁的奴隸。這就是輪迴之苦，求出無門，除非他能了解法，如實認識這個世間。

看看法，不要看太遠，如果看太遠，你將看不見。如果你對法有疑惑，就看看自己，看看這個身體和這個心，它們可靠嗎？你憑什麼把它們當作自己？它們的本質為何？它們穩定嗎？能持續多久？身與心都是因緣所聚合，並無不變的實體。

自然的法則

我們的頭髮會變白，牙齒會動搖與脫落，耳朵會失聰，視力會失明，皮膚則會乾皺，為什麼會這樣？因為我們沒有能力主宰它們。它們有自己的發展因緣，不聽從任

走到終點時，每個人都得放下。無論名、聞、利、養，或一切苦樂經驗，都無法從世間帶走，它們都是虛妄的世間成就。

105

何人的指示。

就像一條向南流的河流②，如果我們希望改變它的流向，可能嗎？當然只會自討沒趣。泰國的河水原本流向南方，而我們希望它轉向北方，有人辦到過嗎？是河水錯，還是我們錯了？這只是自找麻煩而已。自然就是如此，事物皆遵循各自的軌道前進，無論我們怎麼強迫它，它還是會照著既定的路線前進。我們無法改變它，即使想動手腳，也是無能為力，不是嗎？

因此，佛陀希望我們聞法後，深入思惟，如實觀察河流的實相。如果它向南流，就讓它繼續流，不要作無謂的抗爭。一個智者站在河邊，看著它向南流，會欣然接受，因為法爾如是，彼此之間沒有矛盾與衝突。逝水如斯，奔流向南，這是自然之法。人生也是一樣，人生中一定有老、病與死。從出生開始，中間變老，末了則消逝。能夠如此思惟並看見實相者，將可維持平靜與自在。

「行」的智慧

佛陀教導我們「行」（saṅkhāra）的智慧。水即是「行」，川流不息；這個我們以為屬於我們所有的身體，其中的四大元素，也是不停變換。生命從子宮出生之後，就一直向前流——從小孩，到成年，再到老年——川流不

這只是自找麻煩而已。自然就是如此，事物皆遵循各自的軌道前進，無論我們怎麼強迫它，它還是會照著既定的路線前進。

息。逝者如斯，法爾如是。

　　我們應該了解，這個身體不是一個實體、個人或自我，它只是因緣的聚合。無論為它哭泣或歡笑，或是有人想阻撓它，它還是這樣。它不會想討好任何人，佛陀希望我們看清這點。它是無常與不穩定的，由於不了解它的本質，才會造成苦。這個身體只是地、水、火、風的組合，不是一個實體、個人或自我。它最後會消逝，這就是自然的法則。

　　如果我們想要修法，並過如法的生活，就應該看看自然。你們有注意過樹嗎？有大、小、高、矮等不同的樹。當乾季來臨時，它們的葉子就會掉落；當雨季來臨時，樹葉又會再長出來；當倒下的時刻來臨時，它們就會倒下；當生長的時刻來臨時，它們又會再度生長；當解散的時刻來臨時，它們就會解散。我們也是一樣。那是「行」的本質。我們出生、變老與倒下，接著再次出生，就像樹與葉子一樣──沒有差別。

　　森林裡有美麗的樹與醜陋的樹；有些彎曲多節，有些筆直高大；有些樹有木髓，有些則無。人也一樣，有好人與壞人，還有諂曲的人與端正的人，這也是自然。

　　就樹木的情況而言，它們存在的因緣為何呢？是土壤與水分滋養它們，讓它們成長與開花；就人類而言，則是

這個身體只是地、水、火、風的組合，不是一個實體、個人或自我。它最後會消逝，這就是自然的法則。

107

業。業即行為，它讓我們強壯或衰弱，並影響我們的智慧高低。樹隨季節──熱、寒、溼等──而生出，人類則隨業──他們的行為──而出生。

做好事，事情就會變好；做壞事，則只會帶來痛苦。美好的行為讓生命更美好，醜陋的行為則只會讓生命更醜陋。這個存在的實相就稱為業。舉例來說，今天你為什麼會來這裡？你來尋找某種特別的業──你希望找到平靜、喜悅與自在。持戒、修禪與聞法，是根本的因，是創造善業的根源。

聞法後的覺悟

聞法之後，還需要覺悟。有大覺悟，就會有大成果；如果只有小覺悟，就只有小成果。很少的正見，就會有很多的痛苦；如果具足正見，痛苦就會止息，內心將能獲得平靜。

你們今日來此，是為了尋找心靈的滋養。應該藉由內觀來訓練心，這就名為修法。經由身念處，我們可以看得很清楚，不需要向外尋找。

當我們真的清楚看見時，就能保持客觀與離欲，會厭棄世間。雖然過程中會有一點恐懼，不過慈悲的心念會將它撫平。因此佛陀要我們洞見生、老、病、死的實相，如

如果具足正見，痛苦就會止息，內心將能獲得平靜。

實觀察，這就是法。

如實觀察就是修法

　　如果我們能如實觀察，就可以名爲修法。我們將了解一切人類並無不同，無論是來自哪個村莊、省分或國家。如果我們眞的生起洞見，就看不到差別。每個人都一樣，開始出生，中間變化，最後則消逝。因此佛陀希望我們思惟戒與法，了解「他們和我們一樣，我們也和他們一樣」。如此，就會有了解與體諒，因爲我們都一樣是生、老、病、死的親戚，我們都是一家人。如果我們了解這一點，內心就會生起人飢己飢的感受。當我們深入思惟這個身體時，就知道大家都一樣：別人的小孩就和我們的小孩一樣，別人的父母也和我們的父母一樣；我們自己的存在和別人一樣，別人也和我們一樣。如果能夠如此洞察，就能終結傷害、嫉妒、衝突與侵略。

　　這樣的洞察即是正見，具足正見，即解脫道。有正見，就有正思惟、正業、正命、正語、正精進與正定。經由正見，進入解脫道後，便會有正確的連鎖反應。能夠這樣做，無論在哪裡，都是在修法。

　　佛陀教導我們觀察自己，而非遙想天堂、大地、山頂、雲朵或天空。法就在我們的身邊，如果我們能了解自

如果我們了解這一點，內心就會生起人飢己飢的感受。當我們深入思惟這個身體時，就知道大家都一樣。

己,執著與渴愛就會減少,這都是洞見的力量。沒有洞見,煩惱不會減少,我們也無法平靜。

修行人應該知道行為的後果,不能盲目地修行。他應該清楚知道自己正在做什麼,是做對或做錯,以及後果會如何。如果一個人什麼都不知道,他的修行不可能有成果。他可能只是人云亦云,盲目跟隨團體運作,人家叫他做什麼,他就做什麼,完全沒有任何洞見。佛陀希望我們明辨是非,清楚覺知當下發生的事。不是每個人都一定能覺悟,如果我們現在沒有洞見與覺知,以後也不會有。現在,就要看見。

身體的本質

仔細觀察身體,直到離欲為止。我們將了解,我們就和籠中鳥或水族箱裡的魚一樣,獵人或主人隨時都可能將我們帶走,或摧毀我們的四肢、感官與器官。我們的身體隨時都可能瓦解,它的本質就是如此。我們無法阻止它發生,它也不會聽從我們的命令。為什麼?因為它們不是真實的,它們並非真的屬於我們所有,沒有一樣東西值得信任。它們並非真的是,或一定是我們的腳、我們的手、我們的眼睛或我們的耳朵。那是世俗的說法,只是假名罷了,不能說成是我們的。

佛陀教導我們觀察自己,而非遙想天堂、大地、山頂、雲朵或天空。法就在我們的身邊,如果我們能了解自己,執著與渴愛就會減少,這都是洞見的力量。

　　仔細思惟這些事物，它們都是因緣和合而成，是色、受、想、行、識的積聚──你可以稱它們為「五蘊」、「色法與名法」，或「身與心」，這都是就它們的本質而言。你就應該了解，它們不是獨立存在的個體。

　　佛陀說：「比丘！正觀內心者將能逃脫死魔的陷阱。」但是我們真的了解心嗎？它叫我們哭，我們就哭；它叫我們笑，我們就笑；當它渴望某樣東西時，我們就緊追不捨。這些事情並不難理解，心應該不難教才對，但是人們卻不願意教它。如果它生氣，馬上降伏它──拿起棍子，它就會聽話，但是我們卻不願意像這樣訓練自己。如果真的要訓練自己，你怎麼可能睡成那樣？睡覺時，並不是糊裡糊塗掉入夢鄉。每天訓練自己，當頭碰到枕頭時，記得觀察吸氣與吐氣，並且思惟：「真好──今夜我還能呼吸！」每天這樣告訴自己。你不需要反覆唱誦與念誦，只要問自己：「我還在呼吸嗎？」當你早上醒來時，馬上想到：「嘿！我還活著。」到了夜晚，你再一次問自己：「躺下去後，我還能再起來嗎？」小憩片刻後便警醒。當你再度感到疲倦時，再一次問自己同樣的話。你每天都必須這樣做，只要像這樣精進，總有一天你會看見。你會看見自我與他人的實相，以及什麼是世俗的慣例與假名。你會了解它們的真實意義。之後，原本重的會變輕，長的會

它們並非真的是，或一定是我們的腳、我們的手、我們的眼睛或我們的耳朵。那是世俗的說法，只是假名罷了，不能說成是我們的。

變短，困難的會變簡單，一切都會變得不一樣。但是你必須精進，才可能辦得到，如果你惛沈懈怠，就什麼事也做不成。

用心向內看

向外看，你將看不見實相。我們早已具足一切，因此毋須外求。出生之後，一切事實俱在，只需用心觀察。事物出現時，我們馬上看出它們是無常、苦與無我的。我們看見這個，並且認出我們就像這樣，其他人也都像這樣。這是思惟法的第一步，沿著這條路走下去，就可以抵達終點。這是一條終結生死的道路。

只要用心，我們就會知道。就像在田裡工作，只要看太陽，我們就知道，何時是收工回家的時候。

工作時，我們需要知道時機。只要經常保持專注，我們就會知道，上工或收工的時間到了嗎？如果仔細觀察，我們一定能看見並知道……同理，只要持續觀察身與心，我們也一樣會知道……它以前曾經像這樣嗎？它現在如何？它像個小孩嗎？如果我們像這樣思惟與觀察，心就會自然轉向。心情會轉為平淡，在煩惱的生活中，它會感到安靜。持續這樣的思惟，將能令心轉向；如果心不轉向，我們就見不到法。

只要用心，我們就會知道。就像在田裡工作，只要看太陽，我們就知道，何時是收工回家的時候。

創造解脫的因

　　事出必有因，我們精進修行，就是在創造解脫的因。例如，一對經歷過愛情與爭吵的夫妻，當其中一人死亡時，就只剩下孤單的另一半。原本恩愛的一對，如今只剩下一個人，那個人很可能會向寺廟求助。就像一個人生病時，他很快就會想到要找醫師；如果沒有生病，他就不會有這樣的想法。

　　像這樣發生的事情就稱為因，人們的情感運作也類似於此。如果我們的生活既安逸又舒適，就不會想到這些事，心也不可能會轉向。同理，修行時也必須生起出離心，不過我們往往做不到。我們去聽開示，尊貴的老師使用各種方法教導我們，就是為了幫助我們看清楚。頭髮像什麼？牙齒、皮膚與指甲的實相為何？瞧，它們像以前一樣鮮嫩嗎？它們有變老嗎？和以前有差別嗎？佛陀告訴我們，思惟自己的身體。向內觀察，就像它染上病痛了一樣，專注地看。此時，你只會想趕快找醫師來治療它，你很自然會想到醫師與藥方。這很自然。如果高燒與疼痛持續不退，這會變成你唯一關心的事。但是先前，在你生病以前，你根本一點也不關心這些事。如果有人叫你去找醫師，你還會嗤之以鼻呢！現在，因出現了。

　　我們的修禪也像這樣。為什麼我們要針對頭髮與皮

事出必有因，我們精進修行，就是在創造解脫的因。

膚，這些我們原本就有的東西進行思惟呢？它們是因之所在，是出離與行捨的因。它們可以產生智慧，也可以製造煩惱。智慧生起，煩惱則消退；反之，煩惱生起，智慧則消退。洞見生起，無明則消退……佛陀經常要我們思惟生、老、病、死，為什麼？因為解脫之因就在這裡。

「身念處」禪修法

思惟死可以讓我們對於此世生起出離心，如果持續觀察此點，一步一步深入它，對於世間的厭離也會隨之加深。思惟法，最後你將見法，亦即實相。當你見法時，你就能達到寂滅，除此之外，它還能將你帶去哪裡？

這就是因，這種禪法稱為「身念處」，即觀察身體的禪修。從頭頂到腳底，再從腳底到頭頂，反覆觀察。如此禪修，將有助於生起出離心，讓心轉向。

假設你有一個美滿的家庭，一棟大房子，以及許多財產。當每件事都很平順時，心就不容易轉向，因為太舒適與安逸了。就像你乘船出海，如果這艘船很好，水面又很平靜，誰會想到要游泳呢？但是如過這艘船開始沈沒，游泳就變得很重要──或者你還能漠不關心？有人會問：「老是叫我們觀察身體各部份，到底有什麼用？」它的作用就是救命。如果你獨自出海航行，可能不會想到要

佛陀經常要我們思惟生、老、病、死，為什麼？因為解脫之因在這裡。

游泳，但是先將游泳學好可能更安心。如果這艘船開始沈沒，除了游泳之外，你還會關心什麼？

如此修禪，並且真的看見實相，正果就會不請自來。了解無常、苦與無我，由此而發起淨信，你便已經完成思法，而進入修法的階段。

了解這一點後，你接著會了解許多事。只要精通這一點，你的修行就可以輾轉增上，於內在或外在，自己或他人的身體中，看見無常、苦與無我。這是功德的來源，是佛陀的教法，也是你必須深入觀察的地方。佛陀不會教導不相干的事物，包括人們不會去的地方，或人們看不到的事物。他指出的都是我們切身的事物，無論行、住、坐、臥，皆須與不離。

怕什麼？無處可逃啊！

即使這些事物如此貼近我們，我們仍然看不見！就像我們在禪堂裡放置的骷髏（死人的骨架）一樣，世間人只會談論，卻不曾真正見過。有些人見過，卻感到害怕，他們逃離禪堂，一點也不想看。這些都是視而不見的人，如果他們真的看見，就不會害怕。如果害怕，你還能跑去哪裡？骷髏始終跟著你，想想看。即使你跑開，它也跟著你跑，無論你到哪裡，它都跟著你。你到底在怕什麼？根本

了解無常、苦與無我，由此而發起淨信，你便已經完成思法，而進入修法的階段。

無處可逃。

如此了解之後，你才能出離。「喔！事情真的是無常、苦與無我的。」當你看見骷髏時，你知道它就和你一樣。你坐在那裡抽煙嚼檳榔時，骷髏就在那裡；你來回走動時，骷髏也跟著你；你閒聊時，它也在那裡。它就和你一樣。未來你也會和禪堂裡的骷髏一樣，每一個人都會變成這樣。

先前，骷髏和你一樣，也是一個活人；之後，我們也會和它一樣，變成骷髏。你害怕嗎？這是真的嗎？你能逃到哪裡去？

因此看一個人時，你知道他就和你，以及其他人一樣。當你如此看一個人時，你就了解世間所有的人，包括我們自己在內，都沒有什麼差別。整體而言，我們都是一樣的人。

請認清這個事實。

先前，骷髏和我們一樣；之後，我們會和它一樣。藉由這樣的思惟，心將會轉變。持續思惟，你將了解一切事物皆非真實，並且不可信賴。唯一真實的是因果業報，善有善報，惡有惡報。正確的思惟，會引導你走上正道；錯誤的思惟，則會讓你誤入歧途。它正在發生，這是唯一真實的事，果報一定會回到你的身上。

先前，骷髏和你一樣，也是一個活人；之後，我們也會和它一樣，變成骷髏。

正確的思惟

死後，連骸髏也帶不走，更何況家庭、朋友與財產呢？它們都是不可靠的。從我們自己的骨頭開始，沒有一樣東西是真實的。帶領我們轉世的是身口意的善惡業。善有善報，惡招苦果，只有這件事是確定與真實的。

因此佛陀希望我們深入觀察，不要汲汲鑽營，趁著還有一口氣在，儘量行善去惡。一旦死了之後，你就無能為力了。佛陀希望我們了解時間緊迫，趕快起身力行。你還有眼睛與耳朵可用，意識也尚未離開軀體，因此能夠觀察與了解事物。放下吧！及時放下，就可以換來輕鬆自在。何為放下？即捨與觀。當意識離開軀體後，你還能完成什麼事？他們會將你的身體焚化或掩埋，故事就此結束。

我們有尊敬與供奉死者的傳統，還用盡一切諺語來稱頌它的功德。人們拿出米糕，說那有益於亡者；不過，接下來卻是他們自己在享用。亡者此時在哪裡？而他或她又得到了什麼利益呢？

放下執著，生起淨信

功德來自修行，而非供奉死者。佛陀並不稱頌死亡，他讚揚人身難得，趁還活著的時候修行很重要。覺察錯誤，立刻改正；發現善事，立即去做。這是你的兩個好朋

放下吧！及時放下，就可以換來輕鬆自在。

友，你的庇護所。現在它是你的庇護所，未來它也將是你的皈依處。物質的享受不過爾爾，不是嗎？你們看現在的年輕人，他們努力追求享受，最後仍然一無所有。我們已經不再年輕，應該及時住手，轉而尋求平靜與恬澹。我們已經做夠了世間的荒唐事，現在，該是停止的時候了，不是嗎？

雖然還住在家裡，你們應該好好思惟這些事。你們身未出家，但是應該讓心出家，覺悟實相。世間的成就與財物有其限制，無法帶來究竟的利益。它們終將流逝，因此，就讓它們流走吧！佛陀希望我們都能修禪並見法。如此思惟，即是經典中所說的前行，是第一步。它將摧毀我們的身體。摧毀身體——這究竟是什麼意思？經由見到無常、苦與無我，我們就能放下對身體的執著，生起淨信。

請思惟這點，由此你將能生起出離心，停止傷害他人的行為。不害，即是戒。如果不了解這點，你就不知道什麼是業，以及何者是錯誤的行為；如果了解，你的身與口就會停止造惡，這就是戒。斷除惡行，即是戒。

放棄惡行後，心就能靜下來，並入定（samādhi）；心入定後，就能生出智慧。佛陀初次傳法時，弟子們只聽到這樣的話，當下在座位上就開悟了。有一些人達到阿羅漢果，究竟解脫，就在這樣簡單的開示中。那麼，他們什

我們已經不再年輕，應該及時住手，轉而尋求平靜與恬澹。

麼時候持戒？什麼時候修定與入定呢？他們了解輪迴之苦後，便決心出離，那就是戒。之後，心中沒有惡念，只有平靜，那就是定；進入定境後，心便能深入思惟，並生起智慧。

如此聞法與思法後，就能自然生出戒定慧，這就是解脫道。許多人和我們一樣，對此有許多疑惑：「啊！他們背後一定有很多善業，才可能辦得到。」不過，現在仍有人解脫。它眞的可能，只要我們認眞聞法與思惟，就可能解脫。心必須要出離，要放下。如果現在無法放下，可以在明天或稍後的禪坐中放下。今天無法覺悟，可以明天再悟，明天無法覺悟，可以留待明天之後再悟。如果我們眞的對於法有興趣，就一定要覺悟。

聽到法的名字時，不要以爲它是有別於自然的東西。我們擁有它，我們就是它。無論你修什麼，努力讓心如實看見——看見無常、看見苦、看見無我。看見我們這個世間沒有什麼東西是永恆與持久的，如此而已。

內觀實相

當你持有如此的正見時，無論看什麼，都會轉爲內觀的實相；外在現象與你本身沒有差別，持續內觀，每一樣事物都是法。當你看見動物時，法就在那裡。大生物是

心中沒有惡念，只有平靜，那就是定；進入定境後，心便能深入思惟並生起智慧。

119

法，小生物也是法。包括岩石、泥土或青草，它們都是法，因爲一切都是自然。

見法之後，你就能依照所見去修法。佛法就是這樣，它不是離我們很遠的事物。我們說的是道的根源。如果你有信心，並努力求法，你會向哪裡去尋找？無論前往一間寺廟，或再往其他寺廟尋找，或到森林行腳與參訪，它都一直在那裡。法，就在你自身之內——就在你的身上。

聞法的原則也一樣，不需要聽很多，應該爲了覺悟實相而聆聽。過程中，你應該問自己：重點是什麼？應該如何觀察？應該如何修行？應該如何調伏內心？我們希望超越假象，解脫痛苦，然而什麼是假象？這個痛苦又在哪裡？應該如何超越它？

無論樂與苦，或愛與恨，都是你重要的老師。它們是解脫的根源。如果你執著愛的感覺，就會引發痛苦。深入觀察這點，這些感覺將爲你指出解脫道來。如果你執著它們，就永遠無法解脫。深入觀察這點，你就會有所覺悟。

超越愛與執著

無論樂與苦，或愛與恨，都是你重要的老師。它們是解脫的根源。

爲什麼我們說要超越愛與執著呢？回想一下，在你的生活中，無論是在家裡或其他地方，當你非常依戀或鍾愛某人時，是否都會爲你帶來痛苦。如果你有所懷疑，請想

想這點，你必須了解這是份什麼樣的感情。不要迷失自己，不要再沈睡了，不要讓你的心陷入惛沈。鍾愛某人，或執著錢財，都只會爲你帶來痛苦。切記！如果你無法記取教訓，就把它寫下來！看著它！這就是實相。

當你有愛與恨的感覺時，你必須看著它們。它們正在教導你，提醒你不要落入極端的方式。衝動有可能引你陷入放縱或壓抑兩種極端的模式，即經典中所說的縱欲與自虐兩端。佛陀剛悟道時，就是教導弟子不要陷入這兩端。它不只在佛陀的時代有效，即使到了現代依然有效。

應該從哪裡觀察起，才能了解這個實相呢？就從你自己的心裡。習慣上當我們喜愛某人時，會一直想和他們在一起，但是當我們討厭某人時，則甚至不想靠近他們。你們有過這種感覺嗎？請仔細觀察並教導自己，你看見它們是如何引你走向痛苦嗎？這裡談論的是苦聖諦與苦集聖諦，即渴愛與執著。仔細觀察你的生活，你就會了解這個事實。你的貪著與焦慮能帶給你什麼好處？不要讓你的心被非理性的貪欲所絆住。這就好像你吃香蕉時，會將皮剝掉，但是當小雞或其他動物想去吃它時，你卻又覺得那是你的，這就是貪念在作祟。得到時感到高興，失去時則感到沮喪，這就是佛陀所說應該避開的兩端。告訴你的心，讓它避開。

當你有愛與恨的感覺時，你必須看著它們。它們正在教導你，提醒你不要落入極端的方式。

貪愛與憎惡都是深淵

因此修法者，聽到教導後，應該仔細觀察這些愛憎的情緒，當它們生起時，要努力降伏內心。仔細觀察並避免落入極端的反應中，將有助於心的提升。不要讓自己陷入深淵！貪愛是一種深淵，憎惡也是一種深淵。

佛陀了解這些事，他透過修行，看見它們是無常、苦與無我的。貪愛生起時，將它放在一邊，憎惡生起時，也將它放在一邊。如果你無法將它們放下，就應該訓練心如此做。這些事本身無法讓心平靜。

這就是法，這就是佛陀的教法。你必須向這裡觀察，必須向這裡尋找平靜，因爲這是涅槃之道。「你想追逐那些事嗎？你將因此落入惡道。」這樣告訴你的心。不要陷入執著，或爲這些事巧立名目。

你下過田嗎？你應該知道怎麼鞭策牛，好讓牠聽從你的話，到達你想去的地方。因此，爲什麼不鞭策你自己，抓穩心的方向呢？

沒有業因之處

我們談論的是到達一個沒有業因的地方，在那裡業因已經耗盡。如果有貪愛或憎惡，意味著有因存在，有因就會有果。如果有生，就會有滅，這就是自然。當貪愛與執

不要讓自己陷入深淵！貪愛是一種深淵，憎惡也是一種深淵。

122

著存在時，就會有憎惡與反感。如果有天堂可達，未來就有地獄可入，反之亦然。生與有的領域就是這樣，因此佛陀希望我們仔細觀察，這不只適用於少數人而已，它們放諸四海皆準。因此你應該去哪裡修定？你修定的對象是什麼？當你看見時，就應該迅速放下。

　　就在當下精進。以善巧方便調伏你的心，使它柔軟，就像鐵匠把鐵熔化後，再把它塑造成各種有用的器具一樣。就像這樣，我們以戒律、禪定與智慧調伏我們的心，使它柔軟與降伏，獲得平靜。

註釋：

①阿姜曼‧普里塔（Ajahn Mun Phurithat）1871 年出生在湄公河西岸空將鄉的坎崩村，1886 年，十五歲的阿姜曼出家為沙彌。在為期兩年的沙彌訓練結束後，他還俗返家幫忙農務。1893 年，當他二十二歲時，再次出家成為寮族傳統的僧侶。是一位公認具有極大影響力的教師。阿姜曼卒於 1949 年。

②南亞的河皆向南流。

第三章
◎
修法

寂滅之道

我們修行是為了去除貪、瞋、癡，那是我們每一個人內心都有的煩惱。把我們困在生死輪迴中，讓我們的心無法止息。

不只是讓心止息，還包括身與口。在你修身與口之前，一定要先修心；不過如果只修心，而忽略身與口，也行不通。修心，直到它變得平順、細緻與光亮為止，就像木匠刨製木器一樣。要想擁有一根光滑的柱子，你必須先砍樹，接著，切下粗糙的部份 —— 根與枝，然後進行裁鋸。修心也是一樣，你必須先從粗糙的部份下手，從粗到細，循序漸進。

修法的目標是降伏與淨化心，不過做起來卻不簡單。你必須從外部的身與口著手，再逐步向內，直到它完全平順為止。你可以拿完工的家具，例如椅子與桌子等做比方。雖然它們現在看起來很光滑，但是它們先前也曾經是帶有枝葉的粗木，必須先經過計畫與處理的步驟。這是你得到美麗家具的方式，也是你淨化心的方式。

到達寂滅的正道，或佛陀所揭示獲得真正安樂的方

修法的目標是降伏與淨化心，不過做起來卻不簡單。你必須從外部的身與口著手，再逐步向內，直到它完全平順為止。

式，是戒（sīla）、定（samādhi）與慧（paññā），這是修法之道，也是徹底斷除貪、瞋、癡之道。這條道路必須得對抗我們好逸惡勞的習性，因此，必須作好奮戰的準備。

從迷惘到覺悟

佛陀說這是適合我們所有人的修行之道。他所有證道的弟子，先前都和我們一樣是凡夫。他們和我們一樣，有手、腳、眼、耳，以及貪、瞋、癡，沒有任何異於我們之處。他們藉由修行，從迷惘到覺悟，從醜陋到莊嚴，從無用到獲得大利益。你們必須了解，你們也有同樣的潛能。你們和他們一樣，都是由五蘊所組成，你們也有身體、苦樂的感受、想念、意行與識；此外，你們都一樣有一顆不安的心。面對相同的情況，你們一樣都有分辨善惡的能力。佛陀時代的覺者，和我們沒有兩樣，都是從平凡與迷惘開始，有些人以前甚至是強盜與凶手。佛陀鼓勵他們修行，獲得道果。過程中，他們也一樣是修戒、定、慧。

如果能將心看好，則看管身與口的行為，就不是一件困難的事，因為它們都受到心的驅策與監督。心是一切行為的根源，你們應該時時維持正念，將心從惡轉向善。如此，透過覺察與自制，你們的語言與行為，就能獲得改善。在戒律的保護下，你也得以輕鬆自在。

佛陀時代的覺者，和我們沒有兩樣，都是從平凡與迷惘開始，過程中，他們也一樣是修戒、定、慧。

　　保持自制，注意你的語言與行為，並對自己的行為負責，這就是戒。堅持正念正知，這就是定。這樣的定有助於持戒，因此可稱為「定共戒」，不過它仍與戒不同，有其內在與深刻的一面。

　　在心投入修行，建立起穩固的戒與定之後，你就有能力觀察各種內外現象的經驗。當心接觸色、聲、香、味、觸、法時，「覺知者」便會生起，清楚覺知愛憎、苦樂，以及各種心所與心境。

　　持有正念，你就能看見事件在內心生起，以及你對它們的反應。「覺知者」會自動將它們當成思惟的對象。在意識的領域中，能分辨一切現象的善惡與是非者，就是智慧。這只是初步的智慧，隨著修行的進步，它會更加成熟。這是修習戒、定、慧的第一個階段。

執取善法的煩惱

　　修行的過程中，新的執著與煩惱會陸續在心中生起。這意味著你開始執取善法，並且害怕內心的污點與過錯，擔心它們會影響你的禪定。在此同時，你變得更加精進，喜愛並細心呵護修行。每當內心接觸外境時，你便戒慎恐懼。此外，你也會注意別人的過錯，包括一些小細節。這是因為你很關心修行，這是修行的一個層次，建立在合乎

在意識的領域中，能分辨一切現象的善惡與是非者，就是智慧。

佛陀基本教法的見解上。

　　你持續這樣修行，甚至到挑剔與批評的程度。你經常
對周圍的世界表現出喜愛或憎惡，並且對於一切事物充滿
不確定感，喜歡探討修行的理念，好像入迷一般。不過，
不需要太擔心，此時，修得多總比修得少要好。多修行並
且留意自己的身、口、意，關於這點，永遠不嫌多。

具備基礎，持續修行

　　具備基礎之後，內心會生起強烈的羞恥心，並且嫉惡
如仇。無論在何時何地，或者在公開與私下的場合，都不
會做出傷害自己或他人的事。保持正念，節制身、口、
意，以及明辨善惡，都是此時用功的焦點。你專注於這樣
的方式，毫不動搖，此時的心，已經成為戒、定、慧。

　　如此持續修行，德業自然與日俱增，不過，這樣的
修行程度還不足以生起「禪支」，它還是太粗糙。雖說如
此，心其實已經相當細密——相對於修行粗淺的人而言。
對一個尚未觀心與修定的凡夫來說，這些已經夠細密的
了。就像一個窮人，擁有幾百元已經算很多，但是對一個
百萬富翁來說，根本沒什麼。當你貧困時，幾百元就很多
了，同樣的道理，修行初期，你或許只能放下一些較粗的
煩惱，對於未曾放下並且尚未覺悟的你來說，這已經相

多修行並且留意自
己的身、口、意，
關於這點，永遠不
嫌多。

當深刻。在這個階段，你可以從努力修行中，得到一些滿足。

戒定慧轉化提升

　　果眞如此，這意味著你已經進入正道。你正在經歷第一個階段，它很難維持很久。當你的修行更深入與細密時，戒、定、慧會從原地，從原來的素材，轉化提升。這就像椰子樹，從土地吸收水分，再由樹幹往上送，當水分抵達椰果的時候，已經變成乾淨香甜的椰汁，而它原本只是地下水而已。椰子樹被粗糙的土與水的元素所滋養，它同時吸收與淨化，結果將它們轉化成比原先更清淨與甘甜的物質。同樣地，修行從粗糙開始，經由禪定與內觀的淬煉，它將變得愈來愈微妙。

　　心愈微細，正念就愈集中。事實上，當心愈往內集中時，修行就愈簡單，你不會再犯大錯或嚴重脫序。當疑惑在不同情況下生起時，例如不知道應該怎麼說或怎麼做時，你只須暫停心的活動，努力往內集中，禪定就會愈來愈堅固，智慧也會增加。這時你就可以輕易看清楚狀況。

　　之後，無論從何處著手，你都能清楚看見心，以及與其對應的法。你看見身體需要依賴心才能運作，而心也經常受到外緣的影響。持續內觀，智慧就會持續增長。最後

修行從粗糙開始，經由禪定與內觀的淬煉，它將變得愈來愈微妙。

你將心與法的思惟也拋開——這意味著你開始體會到身體是虛幻不實的，身體的質感漸漸消失。

心的真實狀態

　　現在，檢視心的本質，你可以看到在自然狀態下，原本是無為的。就像旗桿上的旗子，或樹梢上的葉子一樣，原本是靜止的。如果它飄動，那是因為受到風的影響。心的自然狀態也一樣，只是受到愛憎，或其他情緒的影響。本身是獨立、清淨與光明的，其自然狀態是平靜的，沒有樂與苦。這就是心的真實狀態。

　　因此，修行的目的就是向內尋找，持續觀察，直到找到本心為止。本心也稱為清淨心，是沒有執著的心。它不受外境的影響，不會追逐喜歡或討厭的現象。此外，它一直都是覺醒的，完全明白它的一切經驗。

　　當心處於自然狀態時，不會變成任何東西，也沒有什麼事可以動搖它。為什麼？因為覺醒的緣故。心知道自己是清淨的，它已經達到本身原始獨立的狀態。這是止觀雙運的結果，洞見一切事物皆是因緣和合所生，沒有任何人能主宰它們。

　　過去，因為貪、瞋、癡的根已經深植於心，當你的眼光觸及喜歡或討厭的事物時，心都會立即反應。你會執著

修行的目的就是向內尋找，持續觀察，直到找到本心為止。

131

它，並經驗樂或苦，時常陷入這樣的經驗中。透過內觀，你將了解，你是受制於舊有的習慣與反射作用。心本身事實上是自由的，因爲執著而有痛苦。這都是因爲心不了解自己，缺乏光明所致。心不自由，是受到外在現象的影響，換言之，它缺乏庇護，無法眞的信賴自己。

本心超越善與惡

相反的，本心則超越善與惡。當你偏離本心時，每件事都變得不確定，有無盡的生死、不安、焦慮與艱苦在等著你，沒有任何止息的方法。

通常如果受到批評，你會覺得很沮喪。在缺乏正念的情況下，接受感官印象的刺激，就像被人刺了一下。這就是執著。一旦有了被刺的感覺，接著就會一連串的反應，衍生出下一段輪迴。但是如果你訓練自己，不要在意那些事情，心裡就不會有疙瘩。就像有人用外國話罵你——那些話對你來說沒有任何意義，因此你收不到負面的訊息，也就不會爲此而感到痛苦。

禪定就是把心穩固地集中在一點上，修得愈勤，它就愈穩。你愈勤於內觀，就愈有信心，愈容易看出前識與後識的變化。無論發生什麼事，心都能保持安定，並且很有信心，任何外力都無法動搖它。心經驗到善惡或苦樂，都

透過內觀，你將了解，你是受制於舊有的習慣與反射作用。心本身事實上是自由的，因為執著而有痛苦。

是因爲被外境污染的緣故。境是境，心是心，如果心沒有
被境污染，就不會痛苦。清淨心堅若磐石，它是一種覺醒
的狀態，一切現象在它看來，都只是四大元素的生滅變異
罷了。

　　雖然如此覺知，不過還是可能無法完全放下，無論能
不能放下，都不要讓它困擾你。無論發生什麼事，都要保
持覺醒，堅持信念。透過淨信與精進的力量，逐步降伏煩
惱，往更深入的地方修行。

超凡入聖

　　如此觀察法之後，心會暫時退到一個較不集中的層
次，經典中稱此爲「逆流」（譯者按：須陀洹之人起無漏
智，證見正理，永逆生死之流轉，而漸趣涅槃之道，故稱
逆流。）的過程。這表示心正進入超凡入聖的過程，不過
它仍處於凡心的範圍之內。這樣的人，已經修行到某種程
度，獲得短暫的涅槃經驗。暫時退下之後，準備展開另一
個階段的修行，因爲他還沒有完全斷除煩惱。這就像有一
個人正要渡河，他清楚知道河的兩岸，不過因爲無法完全
渡過河，所以先退回來。

　　了解河有兩岸，與「逆流」很像。這表示你已經知道
超越煩惱的方法，只是還無法到達彼岸，因此，先退回

清淨心堅若磐石，
它是一種覺醒的狀
態，一切現象在它
看來，都只是四大
元素的生滅變異。

133

來。一旦你清楚知道超越的狀態確實存在，這樣的認知在你修行時便會經常浮現出來。你很確定往後的目標與捷徑在那裡。

簡單來說，這個已經浮現的狀態就是心本身。只要如實觀察，你就會了解，只有一條路，除了遵循它之外，沒有其他方法。你明白這點，並且對正見充滿信心；但是，在此同時，你還是無法完全放下執著。

與苦樂保持距離

因此你必須採行中道，亦即清楚覺知苦樂的各種狀態，並與它們保持適當的距離。當心執著苦與樂時，對執著的覺知亦隨之而起。對於正面的狀態，你不需要刻意強調或凸顯，即使你正持有它們；相反地，你也不需要鄙視或畏懼負面的狀態。這樣你就可以如實觀心，並隨時以等捨（譯者按：巴利原文為 upekkhā，舊譯為「行捨」，略稱「捨」，指遠離惛沈、掉舉之躁動，住於寂靜而不浮不沈，保持平等正直之精神作用或狀態。）的中道為心之所緣。等捨在解脫道上必然會生起，你必須逐步前進。

最後，當心完全覺知正面與負面的各種狀態時，就可以放下樂與苦，以及喜與悲，拋開世俗的一切，成為世間的覺者。屆時，充滿覺知的心就能獲得安頓，這都是你步步

當心完全覺知正面與負面的各種狀態時，就可以放下樂與苦、喜與悲，拋開世俗的一切，成為世間的覺者。

為營，如法修行的結果。你知道必須做什麼才能抵達解脫道的終點，而你也持續精進，斷除執著。

時時刻刻保持正念，不需要有老師耳提面命，或做任何特殊的修行；只要在心執著苦與樂時，清楚覺知這樣的執著是煩惱即可。這樣的執著是對世間的執著，放不下世間的事物。是誰創造了這個世間？是無明。因為無明，所以我們一直賦予事物價值與名稱，並創造「行」。

修行愈來愈有趣

到了這個時候，修行變得愈來愈有趣。只要 有執著，你就會持續注意那一點。你正處於完工的階段，心不會放過任何一個經驗。沒有一件事能禁得起正念與智慧的照射。即使心陷入不善法中，你也清楚地覺知，而不會漫不經心。這就像踩在荊棘之上，你當然會試著避開它們，不會想踩到刺，但是有時候你還是會不小心踩上去。當你這麼做時，感覺如何？一旦你了解修行之道，你便了解什麼是世間，什麼是苦，以及是什麼將我們束縛在生死輪迴之中。雖然你了解這些，但是還是無法避免會踩到刺。心仍然會有喜悅與悲傷，只是不會迷失其間。你繼續努力破除內心的執著，以使心能完全出離。

此時，一切外在事物皆被拋開，你只專注於觀察身

一旦你了解修行之道，你便了解什麼是世間，什麼是苦，以及是什麼將我們束縛在生死輪迴之中。

心，觀察心與境的生滅。了解它生起之後，就將消滅；而消滅之後，則又將生起——生而復死，死而復生，輾轉輪迴，生滅不已。最後，你只專注於滅。

內心經過這樣的修行與體驗後，再也不需要遵循或追求其他的事物。它以完全的正念，覺知一切生起的現象。見就只是見，覺就只是覺，心與境皆如實呈現，不再加油添醋，創造無明的印象。

繼續如此修行，逐步降伏內心。無論是否有念頭生起，都沒有關係，重點在於保持心的覺醒。

戒帶來快樂——於松克朗（泰國舊曆新年）的開示

戒是喜悅之舟，

戒是財與寶藏，

戒是行捨之筏，

願具清淨之戒。

見就只是見，覺就只是覺，心與境皆如實呈現，不再加油添醋，創造無明的印象。

我們今天來此皈依佛、法、僧三寶，發現自己此時坐在這裡，時間就一分一秒地從我們的眼前流逝。佛陀教導

我們：「日夜無情地流逝，我們是否善用時間？」這是佛陀的叮囑，他諄諄告誡我們，要好好觀察自己。不過，仍然有一些佛教徒，不知道自己曾經做過什麼，或正在做什麼，或即將做什麼。無論是缺乏正念地消磨時間，或不在乎行善與做惡，或不知道自己的行為與動機是善或惡，這些都不對。雖然如此，還是很少有人思惟或察覺此事。

　　依照舊曆而言，今天我們又過了一年。事實上，我們不需要太在意過去的一年，也不需要用星期天、星期一與星期二等時間的尺度來思考。我們只要想著從今天開始，無論它是哪一天。一年有十二個月，從哪一天開始都沒有關係。雖然這不符合世俗的習慣，不過事實就是如此。

　　我們依照傳統，選擇這個時節在此相遇。這是一年的結束，這一年來我們大家都努力地修法，我們將因為誠實與戒律而得到喜悅與和諧。在一個團體或大社會中生活，我們將因為修行戒與法的功德，而感到快樂與滿足。

恭敬與謹慎

　　我年幼時，在這一天，村中的長輩會帶我們到其他地區，進行所謂的「換水」。我們會飲用同樣的水，並對著同樣的水發誓，保證對每一個人都要誠實與正直。例如，在這個地區、這個城鎮與這個省分，我們會說：「雖然我

這是佛陀的叮囑，
他諄諄告誡我們，
要好好觀察自己。

們居住在不同的村落，關心的事也不一樣，讓我們以眾人的快樂爲共同的目標，讓我們都堅定地活在美德與性靈中。」我們用這樣的方式建立互信，確保自己忠於上司，包括村莊、國家、宗教與皇族等。它的目的是灌輸恭敬與謹慎的觀念，對每一個人都抱持覺醒與謙虛的態度。如此，我們的村莊與國家才能有平安與快樂的生活，因爲有戒法（sīladhamma），即身、口、意的正直行爲的緣故。這樣一來，大家才能和睦相處。

如果我們缺乏誠實與正直──嗯！只要看看最近我們周遭發生的事，隨便瞄一眼，你就會發現：同一個村子裡的人彼此爭吵，同一對父母生的小孩相互爭執，同一個國家的人民相互鬥爭，這都是起源於妄想。我並非指責任何人，只是因爲妄想才會發生這種事。事實上，有許多兄弟姊妹，盲目地互相口角、爭鬥甚至殘殺，爲什麼會這樣？因爲邪見。人們缺乏正確的知見，沒有想到美德與性靈的意義。

佛教的科學

因此，尊貴的導師創立了佛教。它可以被稱爲佛教科學，它是一套優於其他知識的完整體系。我們所學的世間學問，即使讀到博士學位，依然未達究竟。這些學問都是

因為有戒法，即身、口、意的正直行為的緣故。這樣一來，大家才能和睦相處。

有限的，存在於貪欲與執著的領域，會帶來痛苦。它們無法幫助我們解脫苦，這種知識名為科學，不過佛教科學卻迥然不同。在佛學裡，如果學得正確，我們會學到解脫、放下與止息。如果某件事有害，我們會學著去看那個害處。我們學習放鬆與放下，學習捨，這就是佛教的科學。

佛陀的教法從各方面來說，都是真實與正確的知識體系。它必須被教導，因為它不會自己來到我們跟前。這套知識無法被轉換為其他概念，不過它的有效性卻是毋庸置疑。例如，佛陀說善有善報，惡有惡報，這是不變的法則。它是確定的，是出自清淨的智慧，因此，可以稱它為實相。不過，還是有人認為行善不一定有善報，他們可能有修善法，但是卻沒有得到好處。「我有行善，為什麼得不到任何利益？我們可以看到許多人，做壞事卻得到好的結果，而許多人做好事，卻一直在受苦。」

如實觀

這是真的，不過卻是邪見範圍內的錯誤理解，並不符合實相。如果我們真的能夠如實觀，就會了解佛陀的教導是不變的法則。佛陀覺悟的一切實相，都是不變與確定的。實相就是實相，只是因為人們的誤解，它才會變得不真實。

實相就是實相，只是因為人們的誤解，它才會變得不真實。

　　例如，A 先生因為某項罪名被逮捕，他是完全無辜的，不過卻沒有任何有利於他的證據。警察舉出一連串不利於他的證據，而唯一有利於他的證據只有他自己的覺察與正直。在這種情況下，他不可能贏，因為他無法證明其他證據是錯誤的，最後只得去坐牢。雖然如此，他還是對的，只有他的身體被監禁，他的心並不會受到捆綁。

　　如果這件事情發生在我們身上，我們可能會覺得十分冤枉與沮喪；但是根據佛陀的觀點，根本沒什麼好冤枉的。如果發生這樣的事，我們明明沒有錯，卻必須付出痛苦的代價，那一定是過去的業（kamma）出了問題。雖然我們今天沒有犯錯，但是並無法保證昨天，或過去沒有錯。我們可以推論過去一定做錯了什麼，現在才必須承受苦果，因為事出必有因。所謂無風不起浪，一切現象的發生都有其原因——如果能夠如此思惟與處事，則生活必可悠然自得。

相信並實踐佛法

所謂無風不起浪，一切現象的發生都有其原因——如果能夠如此思惟與處事，則生活必可悠然自得。

　　要找到真正像這樣相信佛法的人很少。例如，二十多年前，我與在家居士以及出家弟子共同創立這座寺廟，你們可能都聽過巴蓬寺 ①（Wat Pah Pong）的歷史。這些年來，我們歷經萬難，建立這座寺廟，全仗人們對於實相的

信念與無畏的勇氣。這不只是口頭說說而已，我們許多人
身染癘疾三年，無法獲得治療。我們經常缺少蠟燭、電池
與燈油。過去這裡的蛇與毒蟲比現在更多，因此，我們晚
上行走時，都會念誦慈悲偈與庇護偈。如果必須死，就死
吧！如果還能活，就再活。我們就是抱持這樣的態度。因
爲我們遵循的是正道，並且我們相信自己的心。

　　因此佛陀教導我們，要深入觀察、覺知與訓練自己。
不要急著訓練別人，應該先管好自己。如果別人說我們
好，那不是我們衡量自己的標準；如果別人說我們不好，
那也同樣不能作爲標準。不要因爲別人的說法而高興或沮
喪，向內觀，並找出內在的實相。當他們說我們不好時，
到底哪裡不好？是否眞的有什麼缺點？如果有錯，趕緊更
正。應該放下錯誤，而不是爲別人的說法難過。如果他們
的說法不確實，別放在心上，是他們看錯了，你對自己的
行爲仍舊充滿信心。

　　你應該相信自己，而不是隨著外界的讚頌或批評起
舞。無論別人的說法對或錯，都別在意。如果事情是對
的，你有什麼好沮喪或爭辯的；如果它是錯的，你又怎麼
能沾沾自喜呢？如此一來，你就不會患得患失，而心將會
因爲修行而得到喜悅與滿足。故經云：「戒是喜悅之舟，
戒是財與寶藏，戒是行捨之筏，願具清淨之戒。」

如果別人說我們
好，那不是我們衡
量自己的標準；如
果別人說我們不
好，那也同樣不能
作為標準。

五戒是基本道德標準

我們應該思惟這點，了解五戒是做「人」的基本道德標準。你們在家弟子，曾經立誓守五戒嗎？你們真的下定決心了嗎？好好想一想。這是真實與美好的事，但是有些人卻說：「我做不到，因為世間法與戒法格格不入，社會將迫使我犯戒，我必須隨順社會的行事法則。」

從我見過與接觸過的人來看，如果人們擁有快樂的生活，他們多半不會對修行感興趣。只有那些年老體衰的人，我才能夠真正與他們溝通。只有弱勢者，才會前來此地，並願意持戒；那些時髦的人，看不出它們的價值，因此不覺得有持戒的必要。就是這樣，我們的社會才會有愈來愈多的麻煩、衝突與不幸。

這就像一塊火紅的木炭，我們以為它不燙，但是接觸之後才曉得燙。中間有些誤解，當然，它是很燙的。今日的眾生，就像這樣，是熾熱與不安的。看看你周遭的人，看看老師和他們的學生，看看父母和他們的子女，看看領袖與人民，彼此之間都潛藏著許多問題。為什麼？沒有人知道。只因為我們缺乏戒律，缺少誠實與正直，當每個人都像這樣時，就只有惱火。這個火是地獄之火。生活在地獄般的環境裡，人們犯下各種惡行，成為地獄眾生。這就稱為活地獄。

只因為我們缺乏戒律，缺少誠實與正直，當每個人都像這樣時，就只有惱火。這個火是地獄之火。

德行不滅

　　失去誠實與正直——它們可以說已經遺失泰半——因此到處都充滿混亂與衝突。這都是戒與法淪喪的結果，取而代之的是追求歡樂與刺激。美德一直流失，苦難與麻煩則一直增加。不快樂的情況出現，我們卻找不到解決的方法。「我們應該怎麼辦？到底發生了什麼事？」這就是世間的情況。

　　戒與法都是眞實與正確的，其中沒有任何瑕疵。不只窮人可以修行，富人也可以修行，各種人都可以修行善法。這個善就像人類的脊骨，是生命的中樞。以善法爲基礎的人生，將會發出燦爛與尊貴的光芒。我們不需要擔心行善是白費工夫，即使死後，我們所創造的功德仍會留在世上。這是我們可以觀察得到的事情，德行不滅，我們的子孫仍可保有它。當其他人遇見我們的子孫，或與我們有關的事物時，他們將會聯想到我們的美德，而心生喜悅。以這樣的方式，我們仍然可以庇護與協助世人。

　　慈、悲、喜、捨等「四梵住」（brahmavihāra），是覺醒的基礎。我們應該以慈悲心，平等對待一切眾生，不能因爲她不是我們的親友，就不關心她。事實上，我們生下來就都是親戚與朋友，沒有「外人」。雖然來自不同的城市或省份，我們就像稻穀一樣，都是源自同一株植物或同

以善法為基礎的人生，將會發出燦爛與尊貴的光芒。

一塊田地，當它成長與增生後，就會散播到其他地方去。一顆穀粒長成一株植物，一株植物再長出許多穀粒……雖然傳播得又廣又遠，不過它們都是源自同一棵植物。

我們人也一樣，源自共同的祖先，之後才分道揚鑣，散布到四方。流傳久遠後，我們開始忘了自己的起源，因此遇見其他人時，才會認為和自己沒有關係。當我們去到其他村落時，心想：「這不是我的家鄉。」事實上，我們都是生、老、病、死的親屬。因此尊貴的導師才會教導我們，將心轉向法，並以法為我們生活的基礎。這意味著我們應該彼此互助，沒有例外。無論誰在受苦，或誰有困難，我們都應該盡力幫忙。請如此思惟，並試著這樣去做。共同生活在這個世上，我們應該視對方為父母、親屬或子女，只因為失散多年，所以我們才忘了自己是誰，開始像動物一樣彼此鬥爭，這都是因為遺忘的緣故。遺忘成了彼此爭吵、對抗與傷害的原因，其實我們都是一體的，都是親屬或兄弟姊妹。

無量的慈心

讓我們以如法的慈心對待眾生。當你遇見女性長輩時，應該想：「這是我的母親。」當你遇見男性長輩時，則應該想：「這是我的父親。」如果對方稍長於你，則視

一顆穀粒長成一株植物，一株植物再長出許多穀粒……雖然傳播得又廣又遠，不過它們都是源自同一棵植物。

他們為兄姊。像這樣，每個人都是你的父母、兄弟姊妹或子女。請努力建立這樣的態度，並平等幫助一切眾生。

慈就是愛。愛有兩種，一種是選擇性的，即有目的的；另外一種則無所不包。在第一種方式中，我們只愛自己，以及與我們親近的人，不關心自家以外的人，對他們毫無興趣。關心自家人是好事，但是人狹隘了，它也是愛，不過不是「梵住」的愛。佛陀希望我們擁有無量的慈心。無論人們來自何處，我們都應該同樣關心，無論親疏遠近，都應該給予相同的愛。如此，我們平靜的心，才可以包容無量的法，應該讓它成為一種自然的反應。

我們人類，無論處境如何，都一起生在這個世間。因此，當其他人在受苦時，我們不可能獨自享樂。例如，當有人挨餓時，我們不可能獨自囤糧，我們畢竟和動物不同。如果你丟一團飯給一群狗，牠們不會想到要分享，只會衝上前去搶奪，因為牠們只知道自己的飢餓。強者欺凌弱者，打輸的就落荒而逃。如果你希望平均分配，就得將食物搓成小球，撒在牠們的周圍，這時，每一隻狗都有各自的進食範圍，就可能不會爭吵。人類也有這樣的傾向。

為什麼現在的社會日漸腐化？因為缺乏無量的慈心。我曾經見過一個村子，村裡的小混混先是搶奪鄰村，最後則在自己的村莊偷竊。於是村裡的長者將他們聚集起

愛有兩種，一種是選擇性的，即有目的的；另外一種則無所不包。

來，教導他們：「喂！年輕人，不要在我們的村裡偷竊，要偷的話，到遠一點的地方偷，去其他地方，不要在這裡偷。」他們是這樣教小孩的。唉！長者非常重要，他們是智慧的寶庫，不過，竟然說出這樣的話。事實上，他們非常自私，如果其他村裡的長者也這樣教他們的小孩，情況會如何？「這是我們的家，不要在這裡做。」我們都以為長者具有智慧，不過這卻是黑暗的智慧，完全違背法。它們只是對少數人狹隘的慈心而已，不過，人們的傾向就是如此。

如果生活缺少法，我們就和動物沒有兩樣。也許像雞一樣，只會吃飯、睡覺與生育。人們養雞時，只是一味地餵牠，不過只有一個目的。雞則毫無概念，高興地被餵食。主人每天餵牠，常常將牠抱起來然後秤重：「兩公斤了沒？三公斤了沒？」雞還以為主人愛牠。最後，市集的日子到了，然而雞還是一無所知，像往常一樣輕易地被捉住，然後被放在後車廂——喔！坐上卡車多好玩，以前從來沒有經驗過！即使被賣掉，上了砧板，屠夫用刀抹牠的脖子時，牠還在享受按摩的樂趣呢！

以法為食

如果我們沒有法，只是懷著嫉妒與惡意生活，社會將

如果生活缺少法，我們就和動物沒有兩樣。也許像雞一樣，只會吃飯、睡覺與生育。

永無寧日。生長在這種環境裡的小孩將很難教導，在家裡進行溝通既困難又緊張，這都是因為缺乏法的緣故。但是愚蠢的人卻會問：「法能吃嗎？你能從寺裡得到什麼？你帶回什麼？你得到的法在哪裡？它能餵飽你的家庭嗎？」事實上，沒有嘗到「法味」的話，我們就只會自找麻煩。真的嘗到法味的人，只想單純的持有法，並根據法來生活，那是一個正直而喜悅的人。這才是正確的方式，不會在事後懊悔，這才叫做「法食」。如果不以法為食，社會就不得安寧，只有衝突與鬥爭。

　　無論去哪裡，你都不應該驕傲與固執。你可能不熟悉某些地方的方言與習俗，不過，無論如何都不要擺出臭架子或自命不凡。不了解別人的做法又自以為是，只會讓你一事無成。

　　舉阿姜曼（Ajahn Mun）為例，他在巴托（Pak To）的山地部落間修禪。有一天他坐下後，一個村人前來問他：「小子，你從哪來？」

　　「我從烏汶（Ubon）來。」他回答。

　　「那麼，小子，你吃過了嗎？」

　　「是的，先生，我吃過了。」

　　村人以略帶輕蔑的語氣，隨意地談話，那是我們一般認為不太禮貌的方式——尤其是對出家人而言。但是村人

真的嘗到法味的人，只想單純的持有法，並根據法來生活，那是一個正直而喜悅的人。

卻認為這是最佳的談話方式，如果我們不了解他們的習俗，可能會因此而生氣。如果村人問我們：「小子，你從哪來？」我們可能會覺得受辱，而不想回答。我們的喉嚨會變僵，不過阿姜曼卻不然，他了解人們的內心，而我們卻無法像他一樣。當別人用這樣的方式和村民說話時，他們並不以為忤，在他們的生活圈中，這是最佳的說話方式。但是對於不了解這個習俗的我們來說，可能會因此而感到氣憤。

最近我一直在思考一件事。我到各地去演講，也有許多人來此，在成千上百的人群之中，可能只有四五個人真的在用心修行。因此，我喜歡對小團體談話，如此更容易教導與勸誡那些真正具有淨信者。如果一千人中，只有五十個人左右具有正念並努力修行，這樣成不了什麼事。這就和你的工作一樣，當你在田裡工作時，連續好幾天辛苦地插秧，祈求來年能豐收。但是，如果有人一路跟著你，把你插下去的秧苗拔出來，無論種下多少，一律被她拔掉，這樣還能有什麼作為呢？明天你再種，她再拔，你能成功嗎？它能創造出利益嗎？當你回頭看見有人在破壞你的工作，把你插下去的秧苗拔出來，丟在地上，你會怎麼做？你的辛勞有何代價？我們已經來日無多，為什麼要讓那些愚癡的人困擾我們呢？

在成千上百的人群之中，可能只有四五個人真的在用心修行。

戒帶來快樂

佛陀說不要做無益的行為。「戒帶來快樂」是真的，但是人們卻不快樂。如果我們試著談論戒與美德，人們就避之唯恐不及。近來在這個社會上，想成為一位道德高尚的人，似乎頗為困難。但是，如果人們真的有在行善積德，並且具有淨信與成熟的心智，他們就可以深入思惟法，具備放下的智慧，進行有效率的修行。

「戒是寶」，一切財富與享用皆源自戒律。除了財富的寶之外，還有眼、耳、鼻、舌、身、意的寶，我們現在擁有的一切事物都是寶與成就，它們都是從過去的戒行──戒寶中，衍生出來的。

我們過去所認為的寶，只是眼睛看得到的財寶，諸如金錢、財物、珠寶與黃金等，而沒有考慮到我們自己的眼睛、耳朵、鼻子與身體。試想，如果這些肢體與感官不是一個整體，我們如何享用物質的財寶呢？我們應該好好照顧自己，應該關心我們的眼睛、耳朵與四肢，而非錢財。如果有人拿幾千元買你的手臂，你願意切下來賣給他嗎？或者有人拿一萬元換取一個眼球，你有興趣嗎？它們對你的價值是什麼？你是一個整體，因此得以受用戒所帶來的各種財寶，這是你不曾想過的事。身體是從戒律出生的財富，但是我們卻看不見這些財富。

如果人們真的有在行善積德，並且具有淨信與成熟的心智，他們就可以深入思惟法，具備放下的智慧，進行有效率的修行。

請用心思惟這點。在座者中，可能不乏「半人」或「四分之一人」。日夜不停地流逝，問問你自己：「今天我做了什麼？是具足正念或漫不經心？我是怎麼進行工作的？現在究竟是怎麼一回事？」我們每一個人都需要如此反省。唯有如此，才可能解決自身的問題。不要急著想解決別人的問題，先審視自己的問題。如果你無法管好自己，你怎麼幫助別人；只有先解決自己的問題，你才有能力幫助他人。也許他無法善用你的幫助，你也毋須沮喪。你還是保持平常心，因為你並沒有任何損失。

佛陀如此教導我們。因此，戒可以說是諸法之母，就像呼吸對於身體一樣。如果呼吸中斷，我們還能存活嗎？戒就像這樣，用來淨化身與口的行為。我們可以說戒占了解脫道的五成，當然它還需要其他法來配合，尤其對於一個口是心非的人來說，單靠戒是不夠的。不過，為了達到道、果與涅槃的目標，還是必須將戒列為首要。

因此，我們的標題是「戒帶來快樂」。

世尊鼓勵他的弟子們修持淨戒。一切法，一切善與高尚的事物，皆是由戒所生出，就像我們是由父母所生一樣。每次新年，我們都談到這點，因為它是孕育以及生出善法之母。不過，人們卻不怎麼信賴它。

不要急著想解決別人的問題，先審視自己的問題。如果你無法管好自己，你怎麼幫助別人；只有先解決自己的問題，你才有能力幫助他人。

真實悟法

如果人們能夠實際修行並覺悟這點，讓實相擴散內心，那就是無上的功德。我會很高興看到人們像這樣真實地悟法，並且我會覺得，這樣才沒有辜負這個難得的人身與難聞的佛法。但是，如果一個人具有一切知識概念，就像我們多數人一樣，但是卻不去實行，那又有什麼用？

請了解這點，我們今年只聚會這一次。要等到明年此時，我們才會再聚在一起，舉行傳統的新年慶典。但是，這並不確定，不是嗎？我們無法確定今年在此慶祝的人，明年的新年還會出現在這裡。簡而言之，我們無法對任何人抱有任何希望，下次我們就可能無法再和人一起潑水了。為什麼？因為事物不停流逝，無常不斷追趕與迫害我們。有時候，人們來問我：「隆波！難道你不怕共黨游擊隊嗎？」嘿，我們為什麼要怕共產黨？他們有從一出生就開始迫害我們嗎？我不是那麼害怕共產黨。在這個與生俱來的生命與身體中，有許多事更可怕。因此，不要想太多遙不可及的事。

因此，讓我們所有佛教徒，遠離沒有意義的活動，積極行善。尚未生起的善法，要努力令它生起；已生起的惡法，即使只有一點點，也要努力斷除。如果我們具有大美德，應該持續令它增長，直到脫離輪迴為止。在修行戒與

具有大美德，應該持續令它增長，直到脫離輪迴為止。

法的過程中，願你們都能得到三寶的庇佑與支持；希望你們都能快樂與長壽；也希望你們的修行，都能帶領你們離苦，獲得涅槃。請提起正念，不要放逸。

今天，我已經說得夠久了，我只希望提醒你們，現在就修行。你們應該下定決心好好修行在此巴蓬寺所學到的戒與法，以做爲親朋好友的榜樣，這是難得的福份。現在，我祝福大家都能如願。

修習禪定

入出息念──內觀禪定學會閉關講座 ②

我想問問你們修行的情況，你們都已經修行一陣子了，對於自己的修行確定嗎？近來，周遭出現各種禪師，因此我擔心你們可能會無所適從。事實上，沒有比你們正在修行的內觀更高的法了。如果你們對它有清晰的了解，它將爲你們帶來平靜。

讓心平靜即是所謂的「定」（samādhi）。心是非常善變與不穩的，你們注意到了嗎？有時候，坐下來修禪時，心沒有一刻是安定的；有時候，坐下來，用盡一切方法，心還是靜不下來，它一直想逃開。有時還不錯，有時則糟

如果你們對它有清晰的了解，它將為你們帶來平靜。

透了。心以各種面貌呈現在你的眼前。

　　你們應該了解，八正道的每一支都離不開戒、定、慧，只能從這裡面去尋找。換言之，為了圓滿修行，一定要有節制、專注與內心的洞見。因此修禪是創造解脫之因的捷徑。

　　坐禪時，你們常被告知要閉上眼睛，如此才不會被外界繽紛的萬象所影響。閉上眼睛時，你們的注意力自然會轉向內心，那是各種知見的源頭。靜坐，眼光內斂，並專注於呼吸。覺知呼吸比什麼都重要，專注於入出息念，久而久之，你就會掌握覺察的焦點。當戒、定、慧一起運作時，當下你就能看見呼吸、感受、心與法。最後，達到止觀雙運的境界。

出入息念

　　修定時，集中注意力於呼吸，想像你獨自坐著，沒有任何事物會干擾到你。擴大這樣的想法，直到心完全放下外在的世界，只剩下呼吸的進與出。心一定要遠離外在世界，不要想到旁邊還有什麼人，不要讓心有擾動的機會，最好將它們完全拋開，空無一人——只有你獨自坐著。擴大這樣的想法，直到一切人與事的記憶與思想完全褪盡，對外界絲毫不感興趣，只專注於入出息念。正常地呼吸，

當戒、定、慧一起運作時，當下你就能看見呼吸、感受、心與法。最後，達到止觀雙運的境界。

讓入息與出息自然進行，不要強制它變長或變短，變強或變弱。保持呼吸平順，看著它進出身體。

心放下外在事物後，你將不再受到外面噪音的影響，不會被外界干擾。無論是形色、聲音或其他外在事物，都不會成為影響你的因素，因為心不再注意它們，它只專注於呼吸。

如果心受到擾動而無法集中，試著深呼吸。先把肺吸滿空氣，然後完全吐出，幾次之後，再回到原來的禪修上。調整一段時間後，正常的話，心會重新恢復平靜，不過，它一定會再度跑開。當這樣的情況發生時，把心再拉回來，深深地吸氣，然後把肺部的空氣完全吐盡，再吸氣，重新回到入出息念上，再度專注於吸氣與吐氣。

解脫外在束縛

技巧純熟之前，一定要先下一番工夫，最後，心一定能摒除外緣，安定下來。當外緣進不了你的心，無法妨礙它時，你就能看見心。心是覺察的對象之一，其他還包括呼吸與法，它們都將呈現在覺察的範圍內，集中在你的鼻尖，正念則專注於入出息上。如此修行，你將漸入佳境，不只心安定下來，原本粗糙的呼吸也變勻細。身與心都能放下外緣，感到輕安。

當外緣進不了你的心，無法妨礙它時，就能看見心。

　　此後，覺察由外在世界，轉而向內心集中。心集中後，保持覺察於集中的點上，你將清楚地看見呼吸的進與出。正念將更敏銳，也將更清楚覺察內心的對象與活動。此時，你將看見戒、定、慧的特徵，以及它們融合的方式。當這些覺支合而為一時，你的心就能遠離一切擾動的形式。它會集中在一點上，這就是禪定。當你的焦點集中時——此處是集中於入出息念——你就能因為正念的力量，而獲得洞見與覺醒。你持續清楚地看著呼吸，正念會增強，心在各方面也會變得更敏銳。你將在呼吸之中，看見集中於一點的心。外在世界逐漸脫離你的覺察，心也不再對外界做出反應。

如實覺知

　　你就像回到自己的家一樣，一切感官機能都集中在一起。你感到自在，心已經解脫外在的束縛。覺察一直跟著呼吸進出，愈來愈深細，最後幾乎覺察不到呼吸。你可以說，是對呼吸的知覺不見了，或者也可以說，是呼吸本身不見了。換言之，呼吸已經細到難以察覺。

　　事實上，呼吸仍然還在，只是太細了，就像消失了一般。為什麼？因為心也變得太細了，只剩下純然的覺知，一種非常特殊的覺醒狀態。雖然呼吸不見了，心仍然清楚

你持續清楚地看著呼吸，正念會增強，心在各方面也會變得更敏銳。

地覺知它不見了。持續保持這樣的覺醒。

此時，你可能會開始懷疑，因爲會出現所謂的「瑞相」（nimitta，或譯「定相」與「似相」，修禪定時出現的徵兆或心靈景象）。它可能有很多種，包括各種影像與聲音。在這個修行的階段，會發生很多意想不到的事。如果真的出現瑞相——不是所有人都會——如實覺知即可，覺知它們也是無常的現象。不要懷疑，或讓自己陷入驚慌。

這個時候，你應該保持內心安定不動，並且格外覺醒。有些人察覺呼吸不見後，會很震驚。當呼吸消失時，你會痛苦，甚至害怕自己是否會死掉。因此，你必須了解，這是修行過程的自然現象。觀察呼吸消失的感受，並且繼續以此作爲禪觀的對象。佛陀稱此爲最堅固與不可動搖的禪定形式，它也只是心的一個堅固的對象。當你達到這樣的境界時，你將會察覺心中許多不尋常與微細的改變與轉化。身體會變得很輕，甚至完全消失，你會覺得自己像是飄浮在空氣中，完全沒有重量。你會覺得自己好像位於太空中，並且對應不到自己的感官。

制心一處

當你繼續修行時，你應該了解，沒有什麼好擔心的，

如果真的出現瑞相——如實覺知即可，覺知它們也是無常的現象。

把心安立在輕鬆與安全無虞的狀態。一旦制心一處後，就沒有任何事物可以影響它，你可以想坐多久，就坐多久。可以自在地維持禪定，沒有任何痛苦或不舒服的感覺。

修習禪定到這個層次，你將可以隨心所欲地進入或離開。你是在輕鬆自在的狀態下離開，而非因為疲累或厭倦。這就是禪定，放鬆而舒適，你可以毫無障礙地進入或離開。如果你真的擁有這樣的禪定，只要坐禪三十分鐘或一個小時，你就可以維持好幾天的平靜與祥和。達到這樣的禪定境界具有淨化心靈的效果，你所經驗到的一切事物，都會成為禪修的對象。這才是真正修行的開始，它是禪定成熟的結果。

禪定有安定內心的作用，戒、定、慧都各自有其作用。修行的各個層面彼此連結，形成一個循環。一旦心靜下來，智慧與禪定便會彰顯出來，它就會更加自制與沈著。這種情況出現後，便能為淨化行為注入力量；行為愈淨化，禪定的力量也會更強與更深細，接著智慧也會更加成熟。它們就像這樣彼此支持，每一種修行都是其餘二者的助緣，最後，它們都成了同義詞。

這三者彼此相互提攜，形成一個完整的循環，即是「道」（magga）。道是持續而一貫地修行三者的集合。好好守護這個能量，它是產生「觀」（vipassana）的能量。

達到這樣的禪定境界具有淨化心靈的效果，你所經驗到的一切事物，都會成為禪修的對象。這才是真正修行的開始，它是禪定成熟的結果。

到了這個階段，智慧會在內心產生作用，無論心是否安定，智慧將為你的修行提供一貫的動能。你了解當心不安定時，你毋須執著於它；即使心是安定的，你也不應該執著。放下這種負擔，心將更加輕盈。無論你經驗到喜歡或討厭的情況，都可以保持自在。心就是這樣維持安定。

出禪之後

還有一點很重要，必須要了解，結束正式的禪修之後，如果智慧不起作用，你可能因此而放棄修行，不再內觀、覺察或完成其他訓練。因此退出禪定之後，應該清楚知道自己已經退出，接著即以平常心處事，於一切時中都保持正念。修定不只在坐姿時，禪定的意思是指心穩固不動，當你活動時，讓心維持穩定，並且以正念正知，隨時保持心的穩定。無論遇見喜歡或討厭的情況，都如實覺知它們是無常與不確定的，以這樣的方式，保持心的鎮定與平常。

有兩種平靜，一種是由禪定引發，另一種則是由智慧引發。禪定引發的平靜，仍有煩惱，這樣的平靜是藉由隔離心與境而來。當心沒有接觸外緣時，可以很安定，你可能因此而貪取禪定的喜悅；不過，當感官刺激生起時，心很快就動搖了。它害怕樂或苦、稱讚或詆毀，害怕色、

修定不只在坐姿時，禪定的意思是指心穩固不動，當你活動時，讓心維持穩定，並且以正念正知，隨時保持心的穩定。

聲、香、味、觸。只透過禪定獲得平靜的人，害怕一切事物，不想牽涉任何人與事，因為他們害怕心受到干擾。這種人只想躲到安靜的地方，享受禪樂，不想離開。

這種禪定隱含許多痛苦，人們發現自己很難脫離它，與人相處。他們不想看或聽任何事，一點也不想接觸外界。他們只想選擇一個偏僻安靜的地方住下來，以避免與人交談，受到打擾。

由止起觀

單靠這種平靜無法成事，如果你已經達到必要的安定，就應該先退出，以它作為觀想的基礎。觀想禪定本身的狀態，將心與不同的外境連接起來，並作反省。由止起觀，觀察色、聲、香、味、觸與法，思惟無常、苦與無我等三項特質。

當你充分觀察後，便可以再次入定。你可以透過坐禪，重新進入，然後再以新的定境，進行觀察。以禪定訓練與淨化內心，並挑戰它，當你正見增長後，再用它來對抗煩惱。如果你只是入定並待在那裡，將得不到任何洞見，你只是讓心安定下來而已。不過，如果你由定起觀，從接觸外界的經驗開始，這個禪定將逐步深入內心，直到它體會到最深奧的涅槃為止。

以禪定訓練與淨化內心，並挑戰它，當你正見增長後，再用來對抗煩惱。

159

由智慧得到的平靜與禪定所得不同，因爲當心出定時，智慧可以讓它不畏懼色、聲、香、味、觸、法。也就是說，出現感官接觸時，心很快就覺知正在發生的事。接觸外境時，你可以很快就拋開與放下，因爲正念夠敏銳的緣故。

了解心的力量

當你像這樣訓練心時，它比你只修定時更加微妙，心變得更強而有力，並且不再逃避。帶著這樣的能量，你將無所畏懼。過去，你害怕經驗事物，不過現在你了解它們的實相，因此不再害怕。你知道自己心的力量，因而可以不怕。無論眼睛見色，或耳朵聞聲，你都可以進行思惟。你對於萬法的思惟，愈來愈嫻熟，並且對修行愈來愈有自信，因此可以勇敢面對任何情況。無論是形色、聲音或其他，你都可以在它們出現時，立刻就認出它們，並迅速放下。無論是什麼，你都可以放下。你清楚地看見快樂與痛苦，並任由它們離去，無論在哪裡看見，你當下就可以放手。持續放下，當它們生起時便拋開，因此沒有事物可以停駐並左右你的內心。你放下它們，以維持內在平靜。一切現象此時已無立足之地，不能影響到你，這就是內觀（vipassana）的力量。當這種覺醒在你的內心生起時，這

無論是什麼，你都可以放下。你清楚地看見快樂與痛苦，並任由它們離去，無論在哪裡看見，你當下就可以放手。

樣的修行就可以被稱爲「內觀」，它是對事物清楚而如實的認識，這是最高層次的平靜。

今天晚上我們一個小時的共修，現在暫時告一段落。你們的內心可能已經完全停止修行，並且不再繼續反省。這並不正確，我們停止的只是禪坐的形式，而非禪修。

維持內在止觀

隨時維持內在的止與觀，只是散步以及看見地上的落葉，都能提供我們思惟無常的機會。我們和葉子一樣，老了，就會凋零與死亡，其他人也和我們一樣。我們應該像這樣，無論行、住、坐、臥，都努力提升內心思惟與覺醒的層次。這才是正確的修禪，隨時隨地都仔細看顧當下的心念。

我常說，如果你的修行沒有連貫性，那就像是水滴，而非滔滔不絕的流水，無法維持均衡的正念。重點在於心，是心在運作，而非身體或其他事物。如果你清楚了解這點，你就會知道，內心的禪定不一定需要禪坐的形式。

明白這點之後，你在任何時間、任何姿勢，都可以訓練覺察。如果你持續持守正念，則所有小水滴都會匯聚成一條平穩的河流。正念分分秒秒不斷顯現，對內心萬法的覺醒也隨之而生。如果內心的正念不斷，隨時保持自制與

重點在於心，是心在運作，而非身體或其他事物。如果你清楚了解這點，你就會知道，內心的禪定不一定需要禪坐的形式。

安定，你就會清楚知道善與惡的生起，並且會知道心是處
於安定或混亂的狀態。無論去到哪裡，你都持續在修行。
如果你這樣修心，你的禪修將可以進展快速，達到圓滿。

請不要誤會，最近很流行為期幾天的閉關，在那裡禁
語，除了禪修之外什麼也不做。也許你完成了一兩週的密
集修行，然後重新回到平常的生活。你可能認為自己已經
「完成內觀」，因為你覺得你知道那是怎麼一回事了，然
後又再恢復從前縱欲的老習慣。當你這樣做時，會發生什
麼事？不用多久，內觀的成果就會蕩然無存。如果你做了
許多蠢事，大肆揮霍，然後隔年再回來，進行另一次為期
幾天或幾週的閉關，出來之後，又繼續吃喝玩樂，這樣有
用嗎？這絕非心靈成長之道。

正確的修行之道

因此你需要思惟，直到你了解這種行為的弊病為止，
這也正說明出離的重要。看看飲酒與出城作樂帶來的傷
害，想想積小惡為大患的後果，這將有助於你怯步與改
變；接著，你才能得到真正的平靜。你必須看清這些行為
模式的弊端與陷阱，才能了解心的平靜是什麼。這才是正
確的修行之道。如果只是閉關幾天，在那裡你不需要說話
或接觸任何人，之後，在其他七個月裡，則縱情談話、閒

你必須看清這些行
為模式的弊端與陷
阱，才能了解心的
平靜是什麼。才是
正確的修行之道。

聊與玩樂，你如何得到那七天禪修真實而持久的利益呢？

　　我鼓勵你們所有人試著了解這點。這麼說是為了幫助你們看清以往的陋習，如此你們才可能放下。你們可能會說來此的原因，是為了學習如何避免未來再犯錯。犯錯會怎麼樣？它會帶給你苦惱，使內心失去善法，這絕非寂滅之道。事實就是如此，但是許多禪修中心並沒有掌握住這個要點。真的，你必須維持日常生活一貫的安定與自制。

　　這是對你們所有人的提醒。在此我要請求你們原諒，你們有些人可能覺得我是在罵你們——「這個老和尚又在嘮叨了！」——不過不是這樣。只是你們可能需要提醒，因為禪修的過程中，你們經常需要把注意力放在修行上。請努力維持一貫的修行，想想不連貫與不認真修行的弊病，並嘗試保持一貫的修行熱誠。如此，你才真的有可能斷除煩惱。

身念處——與戒子之談話

　　這些僧袍是佛陀的標誌。想一想，明天你們就要去村裡托缽了，人們會很歡喜地供養與頂禮你們。即使是老人，髮已灰白、背已佝僂，也將禮敬你們。為什麼？因為僧袍的力量。這些僧袍代表無上的力量，如果你們沒有正

請努力維持一貫的修行，想想不連貫與不認真修行的弊病，並嘗試保持一貫的修行熱誠。如此，你才真的有可能斷除煩惱。

確地使用，村裡的人們會認為你們迷失了內心，「瘋狂」將會是他們唯一的看法。

出家進入僧團，有許多話可以對你們說，但是今天我不想談太多。我將遵循從前老師對我們的教導方式，鼓勵大家修習禪法，尤其是關於頭髮、體毛、指甲、牙齒與皮膚的五支禪。只談它們，這看似遊戲或玩笑，但是如果仔細思量，它們卻極深奧。

我們來此學禪，而禪就是這五支：「尊貴的頭髮、尊貴的指甲……」它們被稱為根本禪。這五支禪從出生就有，並且一直跟著我們，只是我們沒能認出它們。因此有必要學習這五支根本禪，以作為進入解脫道的基礎。研究根本禪並思惟它的意義，有助於你們建立正見。有些人抱怨他們早已知道它，並質疑為什麼需要學習這種東西。事實上，他們並不知道，他們並不真的知道自己的指甲與頭髮，他們沒有如實地看見它們。習禪者常聽到這樣的話，但是卻不為所動。

頭髮是從頭皮生出來，並由體液所滋潤，體毛與指甲也一樣。它們沒什麼好令人著迷的，當人們裝扮它們時，他們是背離實相而行。只有不美的東西，才需要掩飾與裝扮，你看過他們如何在禪堂裝扮即將出殯的屍體嗎？在這裡我們可以清楚看到，人們試圖把不美與不淨的東西，裝

關於頭髮、體毛、指甲、牙齒與皮膚的五支禪。只談它們，這看似遊戲或玩笑，但是如果仔細思量，它們卻極深奧。

扮成好看一點。

　　事實上，這個身體是不淨的，認爲頭髮很美是一種迷惑。頭髮怎麼會美麗呢？它是乾淨的東西嗎？頭髮不會自然呈現美麗或乾淨。把一撮「美麗」的頭髮放在人們的食物中，他們會喜歡嗎？誰會想吃它？

不淨實相

　　把頭髮放在地上，誰會去撿呢？在托缽的路上，如果你看見一些皮膚或頭髮，你會被吸引而想去撿嗎？這就是它們的實相。但是人們卻想盡辦法裝扮它們，這只會讓我們更加迷惑。

　　我們很容易被迷惑，不知道頭髮與指甲的實相。因此，出家時，我們就被告知它們的本質：髮毛是不美的、指甲是不美的、牙齒是不美的、皮膚是不美的，它們都被說成是不淨與不具吸引力的。但是人們卻總想去美化它們，我們因此而被愚弄了。

　　看不見它們的實相，我們就看不見佛，這些東西阻礙我們見佛。因此，有必要澄清我們的知見，想想它們，深入思惟。你可以坐下來，重複念誦並思惟：「皮膚……膚膚膚……皮膚包覆身體與裡面的所有東西，剝下皮膚後，我們會看見什麼？有誰會想接近我們？」剝下皮膚後，只

看不見它們的實相，我們就看不見佛，這些東西阻礙我們見佛。

165

剩下肉貼著骨頭，小沙彌會嚇得奪門而出，一刻也無法停留。因此，哪裡有美？徹底檢視這五者，你將會了解它們眞的不美，你將對它們失去興趣，而信賴這五支禪。

餌與鉤

但是人們很容易被誤導，我們被世間所依賴的裝飾與美化所欺騙，包括：髮型設計、皮膚化妝、指甲美容與牙齒漂白等，每一件事都經過包裝，讓原本不美的事物變得吸引人，這就是迷惑的因。你如果沒有看清楚，就會被愚弄。就像一條魚，你看過魚吞下魚鉤嗎？事實上，魚不是吃魚鉤，而是吃餌。如果牠只是看見魚鉤，牠就不會咬下去了，牠沒想到會吞下魚鉤，而是因爲被魚餌誘惑的緣故。當牠咬下去時，就被鉤住嘴巴，無法掙脫了。

我們人也一樣，被毛髮與指甲所誘惑。我們不應該貪著它們，爲什麼你會想要這些無常與不確定的東西呢？那些執著這些事物者，都被迷惑了，認爲它們是美好的，就像魚吞下魚餌一樣。

魚不知道牠在做什麼，牠明明是吃餌，但是最後卻被鉤住。接著，無論如何拼命，都無法掙脫，牠被捕了。髮毛、指甲、皮膚與牙齒，也用同樣的方式困住我們。一旦我們貪著它們，喔！當我們最後終於了解是怎麼一回事

一旦我們貪著它們，喔！當我們最後終於了解是怎麼一回事時，已經很難逃脫了。

時，已經很難逃脫了。屆時我們可能會想出離這個世間，但是我們會擔心我們的子女、財產，以及充塞於身邊的各種事物。最後，我們只能坐困愁城，直到死亡。

我們就是這樣被迷惑了，就像魚被餌所迷惑一樣。我們被困在這個世間，因為我們認為那五樣事物是迷人與美好的，所以一輩子都愛戀不捨。事實上，這只是小事，沒什麼大不了，就和鉤住魚嘴的鉤子一樣小。請想想這點。

因此當你們出家，並如此研究法時，你們可以很自在。即使你們因為某些原因脫下僧袍，你們也應該謹記這點，並謹慎行事，記取魚鉤的教訓。無論你是出家或在家，它都能帶給你平靜。現在時間快到了，不過沒關係，不要分心。思惟這些事情，這是你們應該學習與了解的，同時也讓你們有所警惕。人們肆無忌憚地行事，因為他們不了解這個事實。這是一個你們應該學習的簡短禪法。

禪定體驗

過去我對禪定有些疑惑。我記得有一次我嘗試越過一道障礙，好像要前往某個地方，來到一個定點後，發現前面已經無路可走；另一次，則像是碰到什麼東西，所以我停下來，再試一次，還是會碰到，一次又一次，不斷碰

我們認為那五樣事物是迷人與美好的，所以一輩子都愛戀不捨。事實上，這只是小事，沒什麼大不了，就和鉤住魚嘴的鉤子一樣小。

壁。最後，我因爲害怕而放棄。

在第一個例子中，雖然沒有碰到東西，但是還是有阻礙；在第二個例子中，當你來到這個障礙時，你因爲害怕而回頭。心因此而質疑：「這是什麼？」在你坐禪與行禪的過程中，你一直在思考這個問題。不過，管它是什麼，一段時間之後，它就會消失。接著，它又會再出現，你還是一樣會懷疑：「這究竟是怎麼一回事？」這樣的不確定感，眞的會讓你受不了。

這個情況是在禪定中發生，事實上，它是對禪定經驗的執著。我們對所出現的這些感覺與經驗感到懷疑，是因爲我們的了解，還未達到放下的程度。

討論與分享

有一次，我去拜訪一位名爲阿姜宛 ③（Ajahn Wang）的禪師，他與一位比丘及兩位沙彌住在山頂上。我沒有遇見他，但是卻感覺到，像這樣生活的人，一定有其獨到之處。當我終於見到他時，他很高興。他已經知道，他知道有一位認眞修行的人即將來到他的住處。他了解禪修比丘，他很高興能遇見修行人。

到了晚上，他與我們討論修行，他是阿姜曼（Ajahn Mun）的弟子，屬於阿姜李 ④（Ajahn Lee）的傳承，他們

我們對所出現的這些感覺與經驗感到懷疑，是因為我們的了解，還未達到放下的程度。

都是認真的修行人。

　　我對他說：「尊貴的阿姜，這似乎是個適合向您請教的時機，我想知道禪定究竟是怎麼一回事。」接著，我說出自己遭遇到的困境。

他山之石

　　他說：「喔！不是那麼一回事，那只是它很小的一部份。」他根據自己的經驗如此說。

　　有一次，在行禪時，他停下來，集中注意力，發現自己的身體正沈入大地。他覺知此點——他怎麼會不知道正在發生的事？——他看見自己的身體愈陷愈深。保持覺知，他只能看著它下沈，任由它去。最後，它終於觸底，他不知道底是什麼或在哪裡，但是他知道身體已經停下來。接著，他的身體開始上升，它升到地面，但是沒有就此停下來，還是繼續上升。

　　他對這一切過程都很清楚，對於所發生的事情震驚不已，他不曉得怎麼會發生這種事。他的身體一直飄浮，來到一棵樹上，接著爆炸開來，蹦！他的腸子像花環一樣掛在枝頭上。我不禁問：「阿姜，這是夢嗎？」

　　那不是夢，嗯！乍聽之下，確實很奇怪。但是這些事真的發生過，當你親身體驗時，你就會知道那是真的。

如果你持有正念，你只能看著它發生。如果身體爆炸了，你只知道它爆炸了；如果腸子飛出去，你也知道它飛出去了。

如果這事發生在你身上，你的身體爆炸後，掛在樹上，你會怎麼想？如果你持有正念，你只能看著它發生。如果身體爆炸了，你只知道它爆炸了；如果腸子飛出去，你也知道它飛出去了。你必須堅信這些都是「瑞相」，然後深信沒有東西會傷害到你。維持正念，瑞相在心裡出現之後就會消失。然而，在它消失之後，你還是會問，那究竟是怎麼一回事。

想的極限

我進一步問阿姜：「我想不透，我沒有你所說的經驗，但是，在我身上發生過其他的事。就像站在橋上，我試著過橋渡河，但是到了某個點之後，就再也無法前進，前面已經無路可走，所以我只好回頭。接著，我再嘗試，但是都無功而返。這是在禪定中發生的事，而不是在平時。我觀察前面，有時候會看見有東西阻攔著我。我很想找人幫助我，不知道到底應該怎麼辦。這是怎麼一回事，阿姜？」

「這是抵達想（saññā）的極限，」他回答，「當你到達極限時，只要站住，注意當時正在發生的事，待在那裡。如果你保持覺知，想會自己消失。它自己會改變，不需要強迫它。你只要注意它發生的過程，並覺知當時自己

如果你保持覺知，想會自己消失。它自己會改變，不需要強迫它。你只要注意它發生的過程，並覺知當時自己內心的狀況即可，它將會改變。

內心的狀況即可，它將會改變。

　　這就像是從小孩的想，轉變成大人的想。小孩著迷於玩具，一直想玩它們。但是他們長大後，看到同樣的東西，卻沒興趣了。她會想玩別的東西，這就是想的轉變。

　　我從他的解釋中得到一些啓示。

無常的內心活動

　　接著他說：「別說太多，不要有這麼多疑惑！可能會出現許多情況，但是你只需要知道，在定中什麼事都可能發生，這樣就夠ㄌ。什麼都可能發生，但是別太在意，不要懷疑所發生的事。當你具備這樣的見解時，這些經驗生起後便會消失，不會造成你的障礙。它們都是無常的內心活動，本身沒有實質的內涵。如果你隨著現象起舞，那麼當你看見鴨子時，牠可能會變成雞，而雞則可能會變成狗。這會讓你非常困惑，並且沒完沒了。

　　「專注於生起的現象，並看著它消失，但是不要以爲它就此結束了，不要自滿，」他警告，「很快地，還會有更多，但是你已經具備正見，不再被迷惑，可以放下它們。因此，它們不會再對你構成威脅。

　　「像這樣觀察，讓你心裡有個底，不要被它們牽著走！當你禪修時，保持警覺，你將逐漸熟悉，可以內觀這

你已經具備正見，不再被迷惑，可以放下它們。因此，它們不會再對你構成威脅。

些經驗，並覺知它們。如此對待它們，解除內心的疑惑，智慧會逐漸生起，你處理問題的能力也會自然增長；這些現象會自動消失。

謹守正確知見

阿姜說：「未來將和過去一樣，你還是應該用同樣的方式修行。你的經驗可能多一點或少一點，但是無論經驗到什麼，無論多麼特殊，你都應該謹守這樣的知見。

「小心！」他說，「有些人的修行似乎很平順，沒有什麼障礙與苦難，這是他們前世的業報。心入定時，業就會侵入與湧現。侵入內心的不一定都是可怕的經驗，也有可能是令人愉悅的經驗，讓心感覺光明與清晰。有害的事情會令人害怕，不過它們也可能會以迷人的形式出現。無論如何，所有的經驗對心而言都是危險的，千萬不可執著它們！」

我連續三夜向他學習，接著便下山離開，照著他所建議的方式去修行。接連幾天，我禪坐並如此內觀，思惟許多不同的事。它非常好，它讓我相信，雖然可以自己修行，不過進度可能會很慢，如果沒有人指出修心的要訣，前途會比較迂迴崎嶇。

人們的情況，就是像這樣，一旦陷入之後，就會愈陷

雖然可以自己修行，不過進度可能會很慢，如果沒有人指出修心的要訣，前途會比較迂迴崎嶇。

愈深……

　　就心而言，如果我們走向極端，就會發瘋。心的問題並不容易解決。這個地區有位住持，他有一位新出家的弟子跟隨他修行。他不知道究竟發生了什麼事——他不是禪修者——但是他的弟子卻修禪。

　　經過幾個月的修行之後，這個弟子開始大肆議論佛法。這當然很有趣，他從來沒有學習過那些經典，但是卻能夠談論那些議題。這似乎有些不可思議。這位住持聽他的言論都正確無誤，開始認為他可能是一位阿羅漢。

　　這名弟子能夠正確地解釋法的各個層面，並且以非常詳盡善巧的方式表達。他的阿姜沒有禪修經驗，無法真正理解這些解釋，因此他相信他的弟子已經獲得甚深智慧。他認為這名弟子已經斷除煩惱，因此才可能如此談論。

　　有一天，他們發現這名弟子的屍體吊在樹上。他事實上已經瘋了，最後以自殺收場。此時，這名阿姜才了解他的弟子是瘋了，而不是阿羅漢。當一名禪修者不知道如何正確修行，並且無法獲得適當的指導，以解決自身的問題與障礙時，結果就可能像這樣。

　　此處出現的情況是對生命感到厭倦，他看不到活著的價值，所以不想再繼續走下去。不過，這是情感上的厭倦，而非智慧。他不了解生命的意義，因此才會覺得死比

當一名禪修者不知道如何正確修行，並且無法獲得適當的指導，以解決自身的問題與障礙時，結果就可能像這樣。

173

較好。

這種事情之所以會發生，是因為人們只相信自己的想法。相信你的心，也可能奪去你的生命。當它墮入邪見時，情況可能會很糟。

超越並放下世間表象

我對這件事情的看法是——這只是我個人的意見——你一點也不應該嚮往神通。當心安定下來時，應該思惟這個身體，保持正念等待適當的時機，開發內在的智慧，而非追求神通。進入正道後，修習內觀禪，以開發洞察無常的智慧，這才有益於你。

有些人不這麼想，他們希望把戒律與禪定都修到極限。至於極限在哪裡，或何處是終點，他們也不知道。事實上，一個有智慧的人，不需要事事都要求完美，重點在於看破並放下世間的假象，以獲得解脫。超越並放下世間表象，即是解脫。表面上，事物似乎是確實存在並擁有某些特質；當你不再被迷惑時，就可以解脫表象的束縛。這就是覺知你自己的心，不須執著任何事物，這樣就夠了。

但是這也可能成為一個麻煩的問題。修行對某些人來說變得很困難，因為他們陷在自己的想法裡。他們熱過了頭，因而偏離正道，總認為一定要做得很多，或修得很

當你不再被迷惑時，就可以解脫表象的束縛。這就是覺知自己的心，不須執著任何事物，這樣就夠了。

難，才能獲得偉大的成果。從「很多」或「偉大」就可以看出，他們其實一點也不明白。

問答錄

學生：您曾經說過，當心達到相當程度的定後，應該轉而觀察行（saṅkhāra）。我們聽您談過好幾次，例如關於身體三十二個部份的禪修指導。藉由如此的觀察與憶念，是否就能夠達到真實的智慧？

阿姜查：你們首先確實需要藉助這樣的觀念。事實上，實相無法藉由臆想與推度而達到。無論是何種觀念，善或惡，都不究竟，不過它卻是教導人的唯一管道。我們說話以便讓小孩理解，他們應該做那些事。當你抵達終點後，就再也不需要遵循任何的形式。如果你相信你的觀念就是智慧，你就會經常被它們耍得團團轉。它們只是行，因緣法罷了。「覺知者」亦無自性，連它也應該被放下。識就只是識，並非個人、實體或自我。放下吧！讓它隨風而去。

學生：禪定應該開發到什麼程度？

阿姜查：足以思惟事情，那就夠了，持守正念以便進行觀。

「覺知者」亦無自性，連它也應該被放下。識只是識，並非個人、實體或自我。放下吧！讓它隨風而去。

學生：這是否意味著要專注於現在，而不要想過去或未來？

阿姜查：你可以想過去與未來，只要不執以為實即可。心可以想各種事情，但是不可以信以為真。了解思想是什麼，以及它們只是思想即可。重點在於不要執著思想並跟著它走。

如果你跟著思想走，你將會一直都有意見與問題，最好能避免涉入這樣的表象。心就只是心，它不是個人、實體或自我。這就稱為心的覺醒。它不是你的，樂只是樂，苦只是苦。當你能夠如此看事情時，就不會有疑惑。

所謂的觀或思惟，都要用到想的功能去看事情，但是最後你會超越思想，產生洞見。因為當你修行時，你學習不去注意或相信這些想法。想與受就只是想與受。

我們所談論的事物，既無生，亦無滅，法爾如是。換言之，沒有出生，也沒有死亡。

舉心為例，我們稱它為心，是為了表達對它的概念，知道它的活動。但是談到真實的心——嗯，難道還有另外一個心嗎？心從哪裡來？當我們看著它時，我們看到了生與滅。會生滅的東西，其實不是心本身，而是某種感受，即內心的印象與概念的活動。究竟的實相絕不會像那樣生滅，不過，在語言與慣例的用法上，這些會生滅的事物被

你可以想過去與未來，只要不執以為實即可。心可以想各種事情，但是不可以信以為真。

稱為心。

在世俗諦的用法上，我們認為內在的活動是它的呈現，並稱它為心。但是這個心從哪裡來？由於長久以來，一直習慣相信那就是心，因此現在我們一時無法接受心也是不實的，不是嗎？

首先，我們必須看見心的本質是無常、苦與無我。不過，其實它真的沒有什麼，它是空的。我們看見生與滅，事實上沒有東西在生滅，那都是我們的想像與概念而已。但是，我們卻把想像當成智慧，執著內心的活動為智慧。真正的智慧是看破與放下，不會有糾纏。我們覺知受與想而不涉入，因為我們明白，追隨它們不是正道。

學生：我們應該如何修行才能夠達到這點，看見真正的心？

阿姜查：首先，你必須覺知這個世俗認定的心，了解它是不確定與無常的。看清楚之後，你就不會再執著，並且會放下。由於覺知，而放下，世俗概念的因從此消失了，此後，不會再有疑惑。

一切事物的名稱都只是世俗的慣例罷了，是表象的範疇，它們是為了幫助人們認識事物而設，而事物的本質則始終不變。例如，在這座建築物內，我們有地基與上面的

真正的智慧是看破與放下，不會有糾纏。我們覺知受與想而不涉入，因為我們明白，追隨它們不是正道。

樓層。事物所在的基礎不會生滅，只有上面的東西會有生滅。有時候，我們稱它為心，或想，或概念等等。不過以最簡單與直接的方式來說，根本沒有色、受、想或行，它們都只是名稱罷了。五蘊生了又滅，都不是真實的存在。

你們聽過舍利弗指導弟子富樓那（Puṇṇa-mantāni）的故事嗎？我是在剛出家時聽到這個故事的，它從此就一直留在我的心裡。

有一個比丘想要修阿蘭若苦行，因此他的老師舍利弗給了他一些指導。舍利弗問他：「富樓那！當你從事阿蘭若苦行時，如果有人問你：『佛陀死時發生了什麼事？』你怎麼回答他？」

這個比丘回答：「如果有人問我，我會說色、受、想、行、識，生起之後就會消滅。」

就是這樣，那是正確的回答。舍利弗在讓他修苦行之前，先檢驗他的見解。他具有正見，五蘊有生就有滅。他是一語道破。

了解這點之後，你應該進一步思惟並開發智慧，以便看得更清楚。它不只是生與滅而已，最後是要認出你真正的心。你還是會經驗到生與滅，但是你不會再陷入快樂之中，當然痛苦也無法再跟著你。貪愛與執著都會消失。

以最簡單與直接的方式來說，根本沒有色、受、想或行，它們都只是名稱罷了。五蘊生了又滅，它們都不是真實的存在。

學生：你似乎在暗示，五蘊之外還有個什麼東西，它是本心或……？

阿姜查：它沒有名稱，一切都結束了。有人想要稱它為本心或其他名字，不過，所作皆辦，不受後有。原來的東西都滅盡了。

學生：因此它不叫做本心。

阿姜查：依照世間的慣例，我們可以那樣說。如果沒有任何慣例，就無法談論事情，沒有原本、舊、新，或其他概念。我們談論的任何事情，例如舊或新等名相，都是約定俗成的慣例。沒有慣例，就無從溝通與了解，但是你應該知道它的界限。

學生：需要達到多深的禪定，才可能達到像這樣的理解？

阿姜查：達到足以控制心的程度即可。沒有禪定，你能做什麼？沒有專注的心，不可能達到這點。

應該到達足以觀，讓智慧生起的程度。我不知道如何衡量心需要達到「多深」的禪定，可以說達到不再有疑惑的程度即可。我就這樣回答你的問題。

舊或新等名相，都是約定俗成的慣例。沒有慣例，就無從溝通與了解，但是你應該知道它的界限。

學生：「覺知者」與「本心」是一樣的嗎？

阿姜查：不，不。「覺知者」是會變化的事物，它是我們的覺察……每個人都有這樣東西。

學生：所以不是每個人都有本心？

阿姜查：本心潛藏在每個人裡面，每個人也都有「覺知者」。不過「覺知者」是你永遠無法論斷的；本心雖然人人都有，不過不是每個人都看得到它。

學生：「覺知者」是自我嗎？

阿姜查：不是，它只是生起的覺知。

像這樣提問，只會引來無盡的疑惑。你無法只從別人的話裡，得到清晰的見解。窮追不捨的發問，無法讓你了解實相，你需要自己去體悟。往話語指出的方向去觀察，而不要陷在話裡。

學生：您經常教我們，心定下來後，便觀察身體的三十二個部位。我們應該照著公式，一一去觀察這三十二相嗎？

阿姜查：不是那樣。心定下來後，觀自己會生起。這是定中的觀，而不是心裡想：「這應該是像這樣，那應該是

本心潛藏在每個人裡面，每個人也都有「覺知者」。

像那樣……」那是一般的內心活動，是定外的觀想。心入定時，沒有思想，定中只有觀照。日常生活中散漫的思想是粗糙的，雖然粗，不過仍可與禪定配合。

重點在於，於一切時中持守正念，如實覺知事物。為什麼佛陀沒有憎恨與妄想？因為他有這樣的覺知，所以瞋恨與迷惑都無從生起；由這樣的覺知統理你的一切經驗，煩惱根本就一籌莫展。除了覺知之外，不需要再做什麼，該做的都已經做了。以全然覺知的心，你可以將煩惱完全拋開。你不需要刻意將注意力放在任何事物上，因為心自己會完成，它會自然發生。

此時，你不需要再修定，因為它已經存在。事情仍會呈現出對與錯，你也一樣會有好惡的感覺，但是你都會毅然放下。無論發生什麼事，都以無常的認知，隨它們去。你終於了解事物的起源，直抵「本心」，那裡沒有什麼東西是永恆的，空即是一切。那就是實相。

從無常之流溢出的事物黏住你時，斬斷它，讓它流開。你不知道是什麼一直不斷地在奔流，但是當它黏住你時，你只需要放開它，讓它流走。那些都是受與想的現象，當現象生起時，你持續堅壁清野；當事物淨空時，你便維持等捨之心。

只用說的很簡單，不是嗎？

從無常之流溢出的事物黏住你時，斬斷它，讓它流開。你不知道是什麼一直不斷地在奔流，但是當它黏住你時，你只需要放開它，讓它流走。

181

　　這很像戒、定、慧的修行，傳統上，佛教都是教人先持戒，再修定，最後才修慧。這是一套有用的分級法，值得謹記在心。但是，對某些人來說就不適用，例如美國人，他們不需要一開始就教戒律。他們修定，很快就可以把心安定下來，不需要依序解釋戒、定、慧的過程。首先，讓他們坐下來，靜心，接著敏感度便會提升。這就好像有一條毒蛇在籠子裡，被布蓋著，若是有人從旁邊走過去，他不會害怕。因為他不知道裡面是什麼，他沒有感覺到危險。

　　嘗試教導戒律就像那樣，你必須覺知不同地方人們的習慣與性情。對西方人來說，你最好從教授禪定開始，心安定下來之後，自然會有一些改變，人們看事情也會不一樣。一開始，即使裡面有毒蛇，人們也不會關心，因為不知道牠的存在。持戒就像那樣，不需要一一遵守，戒律不只是念誦：「我發誓不殺生，我發誓不偷盜⋯⋯」那樣太慢了，沒有掌握到要點。就像一根木棍，它有前、中、後段，當你撿起後段時，前段也會一併被提起。你可以從後段往前提，也可以從前段往後提。你不能堅持告訴別人，這是前段，一定要從前段提起來才可以。如果有人被修定吸引，就讓他們先把心安定下來，接著他們會更敏銳，並擁有全新的視野。從後段提起來，自然會推演到前段，因

戒律不只是念誦：「我發誓不殺生，我發誓不偷盜 」那樣太慢了，沒有掌握到要點。

為它們原本就是同一根木棍。透過禪定，他們會看得更清楚，智慧也會逐步地滲入心中。對於善惡的判斷，自然會增長。

戒、定、慧三學輾轉相生，無論從何處著手都很好。傳統上大都從戒、定、慧談起，這是有用的方式，不應該被捨棄，但是你不能執著它為唯一的方式。何者能讓心清明，它就有助於覺知毒蛇的存在，有了覺知之後，就會謹慎。這就是所謂殊途同歸，教者必須善用合適的技巧。

當真實的理解生起

當城裡的小孩第一次到鄉下時，他看各種東西都很陌生。看到鴨子時，他會問：「爸，那是什麼？」看到水牛時，他會大叫：「媽，看那隻大動物！」不管看到什麼，他都像這樣驚訝不已，直到他的父母懶得回答為止。無論他們怎麼解釋，這個小孩還是問個不停，因為他先前從來沒看過這些東西，因此才會這麼著迷。最後，他們只能隨便敷衍他，這個小孩卻仍然興致勃勃地問：「這是什麼？那個東西是什麼？這個動物可能是什麼？」他的好奇心與問題就這樣源源不絕。但是當他長大以後，他就會知道這一切事情，不再有神祕感。

禪定的過程就是如此，我也經常像這樣。但是，當真

何者能讓心清明，它就有助於覺知毒蛇的存在，有了覺知之後，就會謹慎。這就是所謂殊途同歸，教者必須善用合適的技巧。

實的理解生起時，問題就會終止。透過止與觀的進步，問題會自己化解開來。

因此，你們應該經常觀察自身，每個人都應該誠實面對自己。當你發覺正在自我欺騙時，就應該馬上警醒。

思想只是概念與想像的產物，如果我們沒有充分覺知，就會誤將它視為智慧。我們因此認賊作父，最後只能落得不圓滿與痛苦的下場。如果它真的是智慧，怎麼還會帶來痛苦呢？

不造作即是解脫

雖然如此，它仍然可以帶來智慧，它能引發我們去看與了解。不要以為智慧遙不可及，只要有概念的地方，就有智慧；有造作，就有不造作。造作即是概念，不造作即是解脫。

不同的老師，透過不同的方法，指出這點。例如禪宗，就有他們自己引出智慧的方法。當你回答對方的提問時，他們會打你。砰！他們再問，這次你不回答，他們還是照樣打。「咦……這是怎麼一回事？再這樣下去，我可能會沒命，我應該如何回答？我應該怎麼做？」這些問題可以引發出智慧。怎麼辦？往前不對，往後不對，站著不回答也不對，無論怎麼做都會挨打。你似乎從這裡體會到

不要以為智慧遙不可及，只要有概念的地方，就有智慧；有造作，就有不造作。造作即是概念，不造作即是解脫。

什麼，開始更深入去尋找答案，這就是我所讀到的禪宗的方法。很奇怪，不是嗎？它確實能幫助人們獲得智慧。無論回答或不回答，你都會挨打，你開始失去對與錯的概念；既不能動，也不能站著，你怎麼辦？你已經瀕臨極限，但是好像還可以往前再更進一步，於是心會試著找出一條路來。我認為這個方法很好。它很神祕，但是對我們來說，我們也只能猜想它而已。我們知道一些事情，但是那都是別人告訴我們的，因此總是有更多的事情可以發問與學習，並且一直都會有更多的疑問。解釋得愈多，我們就離實相愈遠，為什麼會這樣？是什麼在阻撓我們？是這個知識本身在阻撓我們。

幻想的產物

因此你真的需要向內尋找，當你持續內觀時，你的見解也會愈來愈精妙。這種微妙的覺知似乎不錯，但是禪宗的老師卻不這麼認為：「遠離精妙！它毫無用處。」你又挨了一棒。微妙生起時，你必須設法將它排除。你不知道該怎麼辦，不知道該留或該走，你無從選擇。最好是完全放下。

經典上說，我們的思想與感受，都只是心策畫出來的幻想世界，那不是真實的知識。它是幻想的產物，但是我

解釋得愈多，我們就離實相愈遠，為什麼會這樣？是什麼在阻撓我們？是這個知識本身在阻撓我們。

們卻覺得它是真的,那是執著的知見;如果是真實的覺知,人們會懂得放下。

禪定也有其難處,即人們很容易走上岔路。「當我坐禪時,我有許多經驗,我看見光,還看見繽紛的色彩……」他們真的被這些經驗所迷惑。當他們告訴我有關他們的禪定經驗時,我實在沒有什麼好說的,那都是一些幼稚的玩意兒。它真的很像小孩子迷上動物,一直問個不停,那是小孩子應該做的事,因為他不了解那些東西。當他長大以後,自己就會知道,毋須再多問。

覺、觀、喜、樂、一心

當定中生起樂支時,那是內心無法形容的快樂,只有達到的人自己知道。覺、觀、喜、樂、一心等五支,都匯集到一點上,它們的特性雖然不同,不過卻是一個整體,一起被經驗。就像一個籃子裡的水果,雖然它們各不相同,但是都位於同一處。禪支共同生起,並在內心被體驗,要描述它們是不可能的——喜像什麼?樂如何發生?覺像什麼?——但是如果它們發展出來並被體驗,便會充滿內心,你一定會知道。此時,修行已經產生變化,你的禪定變得不一樣,甚至有些奇怪。你一定要有正念正知,不要被當下的現象所迷惑,它只是內心的經驗,一個心的

我們的思想與感受,都只是心策畫出的幻想世界,那不是真實的知識。

186

瞬間，心的本質正在展現它的潛能。

　　不要懷疑修行中發生的這些事情，無論是飛到天上，或是沈入地下，或是好像快死了，都別在意。只要直視你內心的狀態，並保持覺知，這就夠了，你會在那裡找到支撐。於一切行、住、坐、臥的姿勢中，都保持正念正知，不執著任何出現的經驗。當你經常對發生的事保持覺醒，無論是喜歡或討厭、高興或生氣、懷疑或確定，都能持續觀察與覺知，你就能掌握修行的心要，並獲得修行的果實。不要只注意表象，應該了解它們「不過如此」——只是受與想的瞬間呈現，是會生滅的無常法，是無我的，沒有什麼可以執著。

開始厭離

　　透過智慧如此觀察身與心時，我們便能覺知舊的習慣與形態，看出身與心的無常，以及看出一切苦樂與愛恨等整體感受的無常。當我們明白它們不過如此，或就是這樣而已時，心便會轉向。會開始厭離身心等生滅法，了解它們都是不可信賴的。無論到哪裡，我們都明白這點。當心出離時，它唯一關心的是找到一條出路。我們不會想再和以前一樣生活，因為我們已經看見世間法的不圓滿與業苦。我們看見此生的業苦，帶著這樣的見解，無論去到哪

當我們明白它們不過如此，或就是這樣而已時，心便會轉向。會開始厭離身心等生滅法，了解它們都是不可信賴的。

裡，我們都能看見諸法無常、苦與無我的實相，因此對任
何事都不再執著。無論坐在樹下、山頂或曠野，我們都聽
到佛陀的教導。我們對於欲界、身心，色界與無色界等，
都將看得更清楚，更清楚地了解它們都是無常、苦與無我
的。

抵達終點

只要我們執著事物為永恆與真實的，痛苦必迅速來
臨；但是，當我們了解身心的實相時，痛苦就不會發生。
沒有貪著，痛苦就無從依附，智慧在一切情況下都會生
起。即使看見一棵樹，智慧也會經由這樣的思惟而生起，
或者看見田裡的植物，或看見昆蟲，智慧都會生起。歸結
到底 —— 在不確定這點上 —— 它們都是法（Dhamma），
亦即實相。它們都是無常的事物，唯一恆常與確定的是，
出現之後，它們便是短暫與不可信賴的，無法停止轉變，
完全停不下來。就是這樣，如果真的了解這點，你們就已
經抵達終點了。

根據佛教徒的觀點，如果認為「我比別人好」，不
對；「我比別人差」，也不對；「我和別人一樣」，還是不
對，因為根本沒有我這個東西。別再大言不慚地說「我」
怎麼樣，你們應該如實覺知這個世間。見解若真，則心也

沒有貪著，痛苦就
無從依附，智慧在
一切情況下都會生
起。

眞，你將擁有實際而完整的智慧。生的因被斬斷，輪迴也
將就此結束。

　　因此應該像這樣進行修行：先從打好地基開始，做一
個正直與誠實的人；其次，對於惡行具有慚愧心；第三，
保持謙卑，少欲知足。少欲者，必能節制語言與行爲，並
具有自知之明，不受誘惑。

活在戒定慧中

　　這些元素就是修行的基礎，當它們圓滿時，內心就只
有戒德、定力與智慧。只有它們充滿內心，除此之外，再
也沒有其他事物。這樣的心一定是活在戒、定、慧之中。

　　因此我們修行人一定要時時保持警覺。這些話並不常
聽到，不過這個勸誡適用於一切事物。即使事情是好的，
你也是對的，一樣要警覺。警覺適用於善、惡、苦、樂等
一切情況。佛陀爲什麼教導我們對一切事物都要警覺呢？
因爲它們都是不確定的。

　　心的情況也是一樣。如果它靜下來，不要執著那樣的
狀況，順其自然就好。如果因此而感到喜悅，那是正常的
反應，只要保持覺知即可。無論是善或惡的情況，都只要
保持覺知。

　　一個老師可以解釋修心的方法，但是這件事卻只有你

見解若真，則心也
真，你將擁有實際
而完整的智慧。生
的因被斬斷，輪迴
也將就此結束。

自己能做。除了你自己之外，還有誰能完全了解你的心？如果你持有如此的正見，就可以無往而不自得。但是這是指真正的修行而言，若非真實與誠懇地精進，則毫無助益。真實的修行不累，因為它是透過心去完成。如果你對自己持有正念，你就會知道正在發生的事，以及事情的對與錯，並且知道如何修行。你其實並不需要很多東西。

法的良友

關於法的良友，有兩件事需要考慮，用白話講就是範例與本質。經上說不要執著範例，而應關心本質。阿姜通拉（Ajahn Tongrat），這位上一代的大師，就是一個例子。那些不夠聰明的人得不到他的法，因為他們都只看他的範例。口無遮攔──這就是他的範例，他經常要求俗家弟子。當他公開責罵某人時，他其實是在接引他。他的範例就是這樣，但是他的本質則是空──真正的空。那些都只是方便，而他的話則是法。事實上，他說的一切都是針對法，但是人們卻常誤解他的做法。他的動機是給人法，而不是給人傷害，他也沒有帶給任何人傷害與損失。但是在來去之間，他的話語與行動，卻似乎毫無節制，他的範例就是如此。有些比丘想要模仿他，結果卻是自討苦吃。

過去，阿姜通拉與他的弟子們去托缽，那裡有一戶吝

一個老師可以解釋修心的方法，但是這件事卻只有你自己能做。除了你自己之外，還有誰能完全了解你的心？

嗇的人家，他們並不想布施。不過村裡的每一個人至少都會給一些飯，因此他們總是會找一些藉口，例如他們不知道比丘們要來等等。因此，每次阿姜通拉到他們家時，都會以震耳欲聾的聲音大叫：「喂！飯煮好了嗎？」並在房子前面等待。裡面的人無奈，只好拿一些飯放在比丘的缽中。

其他比丘每天看著阿姜通拉這樣做，之後就有一位老比丘開始模仿他。他每到一處托缽，就會對著房裡大叫：「喂！飯煮好了嗎？」

最後阿姜通拉注意到這件事。有一天，在集會中，他當眾指名責罵這名比丘乞食的方式。

「您是什麼意思，阿姜？」這名老比丘茫然地問。

「人們告訴我，你在乞食時都會大叫：『喂！飯煮好了嗎？』這對一名比丘而言，完全不合適。」

當然，這名老比丘認爲他是對的，他只不過是遵從老師的範例。

但是，他不知道阿姜通拉這樣做的原因，而他也沒有和老師一樣離染的心。

阿姜是爲了喚醒這個嗇的人家，培養慷慨的心，而不只是爲了塡飽他自己的肚子。

但是，他不知道阿姜通拉這樣做的原因，而他也沒有和老師一樣離染的心。

修行之難易

修行與證悟大致可以分成容易與困難兩種。前者已累積功德並開發波羅蜜（pāramitā，意譯為「度」或「到彼岸」），那是覺悟必備的資糧，並非一般人可以企及，可作為衡量修行能力的方法。有些人說：「我有好的動機，也想開發，但就是做不到。」那麼，你就得再加一把勁。

對一些人來說，修行很困難，無論做什麼，都遇到層層阻礙，並且覺悟得很慢。這意味著他們過去只累積了一點點波羅蜜，因此他們現在要做得更多，不能就此放棄。如果有一個窮人心想：「好吧！我很窮，事情就是這樣，因此我不需要嘗試工作，或改變現狀。」那他就真的有大麻煩了。他應該想：「我很窮，所以我應該更認真工作，或至少和別人一樣地工作。」同理，如果我們精進修行，努力向善，我們一樣會進步。

有一種人修行很困難，但是覺悟卻很快。他們拼了命似地修行──不斷掙扎與奮鬥──但是他們很快便覺悟了。雖然吃很多苦，不過沒關係，這些苦很快就過去。

第三種人，修行很容易，但是智慧卻增長得很慢。他們沒有遭遇到太多的困難，修行得很順利，但是卻要花較久的時間，也許一直到死，都還不一定能見道。

第四種人，修行既簡單又愉快，那是一條快樂的解脫

無論做什麼，都遇到層層阻礙，並且覺悟得很慢。這意味著他們過去只累積了一點點波羅蜜，因此他們現在要做得更多，不能就此放棄。

道，也能輕鬆地覺悟。也有人像這樣。

　　無論是哪一種情況，結果來得快或慢，能力強或普通，精進修行都是值得的，必定功不唐捐。善能掩惡，正能去邪，或許現在看不到結果，但是未來一定可以看得到，這就是業。一個業正在受報時，另一個業就會蟄伏著。我們現在受的是過去的業果，而非現在的業報。不過，因果絲毫不爽，報應會一個接著一個來。因此，我們現在修行，等到時機成熟時，就可以有所收成。

在家修——別讓猴兒燒了你的房子

　　佛陀教導我們要努力工作，但是我們的行為不能混雜貪念，應該是以放下與離欲為目標。我們做我們應該做的事，但是不可執著，這就是佛陀的教導。

　　不過這似乎很無聊，缺乏熱切投入的誘因，世人做事就是為了獲得某些好處——例如人們來看你，是因為你的醫生或官員的職位，想要從你這裡得到一些好處。一般來說，無論做什麼，人們都想從中得到一些好處，貪愛與執著因此成了一種生活方式。但是我們則不然，我們秉持正見，善盡職責，勇於任事，因此可以生活得很自在。

　　如果你想正確地種樹，收穫果實，那麼你應該怎麼

我們現在修行，等到時機成熟時，就可以有所收成。

做？你只需要做你應該做的事：拿起樹苗、挖洞、種植、施肥、灌溉與驅蟲，這些都是你的職責。就是這樣，然後就此打住，至於它長得快或慢，就不是你的工作了，這個部份你應該放手。你已經把樹種下去，並好好照顧它，這些都是它成長的因緣，你不應該再想：「它什麼時候才會完全長大？什麼時候會結果？……」這不是你的事，是樹自己的事。如果你想：「我已經澆水並做完其他的事，現在我應該怎麼加速它長大呢？」那一點都沒有幫助。它並非你的職責，你和樹的關係是，你只需做好份內的工作，至於樹的成長就看它的本質了。如果你這樣想，就會很自在；如果你在辛苦工作之後，期待它一兩天後趕快長大，那就是自尋煩惱。該放下的時候，就應該放下。

正命

這就是造因，若是因不錯，果也應該會不錯，因為事出必有因。我們有我們的任務，所以應該盡力去完成，但是不應該執著，照顧好手邊的工作就可以了。如果我們想去管樹的任務，那就是自找苦吃。重點是，種好因，才會得好果。如果我們這樣想，就會很輕鬆；否則我們將會越俎代庖，今天看樹，明天不放心再去看，看個沒完。

這就是所謂的「正命」，不過還是會有許多小事干擾

該放下的時候，就應該放下。

我們。蚊蟲會來叮咬照顧樹的人，造成他的困擾。當事務
繁多、人群雜沓時，會出現許多情況——像人與人之間的
摩擦等等——會在我們想將事情做好時，影響我們。

　　這很正常。例如，責難與稱讚總是一體的兩面，沒有
批評就沒有稱讚，沒有稱讚也沒有批評，我們必須能夠妥
善應付兩者。我們應該了解這些事情都是幫助我們，讓我
們清醒的。它們就是警鐘，但是我們卻不這麼想。如果有
人毀謗我們，我們馬上氣得跳腳，如果受到稱讚，我們則
心滿意足。就像這樣，我們不曉得它們是相依相生的。我
們現在可以把事情做好，但是以前我們不知道怎麼做才
對，直到有人從另一邊來，指出錯誤的一面，我們才曉得
什麼是對的。這真的很自然，如果能夠這樣了解，我們自
然就能放下。這是每一個人都應該努力思惟與修行的。

面對障礙

　　佛陀教導正確的行為，但是只有少數人會照著修行，
其他人不是沒興趣，就是缺乏智慧，甚至反向而行。這可
能會困擾你，但是你只要想，這個世間就是這樣，它必須
像這樣。現在，當別人批評或毀謗我們時，我們無法忍
受，然而它很快又會發生。有稱讚，就會有批評，它們是
一對的。了解這點之後，我們再回過頭來解決問題。我們

責難與稱讚總是一
體的兩面，沒有批
評就沒有稱讚，沒
有稱讚也沒有批
評，我們必須能夠
妥善應付兩者。

不能只擁有其中之一，那是不可能的。此生之中它們經常會發生，那是我們必須面對的障礙。

工作時，我們必須通過考驗，如果做什麼事都一帆風順，就不會有苦了。沒有痛苦，我們就不會反省，不是這樣嗎？因此佛陀提出苦諦。

自在的心

如果你根據法來思考，就會有自在的心，慢慢教育你自己，一點一滴地想這些事情。你帶著渴望的心情種下芒果樹，不過是否每粒結成的芒果都可以吃呢？喔！當你吃下成熟的芒果時，你是否想過它們有多少是掉落或被拋棄的呢？

如果你因為考慮這些事情而感到沮喪，一開始你可能就不會想把樹種下去。有些芒果長得很好，但是許多芒果在成熟之前就已經掉落或腐爛，這有什麼用？嗯，事情就像這樣。有些掉了，有些則必須丟棄，但是你還是會種下並照顧這棵樹。你今天能夠吃到芒果，就是因為你有把樹種下去。「誰會想種下果實成熟之前就掉落的芒果樹？」這樣想的話，你將吃不到任何芒果。

你必須時常回頭尋找事物的因，但是由於身處於安適的環境中，所以你不會想這樣做。你最好活在一個不是那

如果你修行正確，問題總是會有解決之道。當別人誹謗你，你必需要忍受，如果你無法解決，一直到死都會被它折磨。

麼便利的地方，事實上，如果你修行正確，問題總是會有解決之道。當別人誹謗你，你必需要忍受，如果你無法解決，一直到死都會被它折磨。

最好是你停止

有人問我：「隆波！如果不殺生，我們怎麼生存？如果不殺蚊子，牠們就會咬我們。」

嘿！你已經殺了幾年的蚊子？

「從孩提時就開始了。」

那麼，蚊子都不見了嗎？即使你一輩子都坐在這裡殺蚊子，牠們也不會結束。

如果蚊子不會停止，那麼最好是你停止，這樣就不會有事。如果你想持續頑抗，輸的將總是你。動物界的生存方式就是覓食與吃，牠們看事情的方式和人不一樣，因此讓我們提升自己的心，超越動物的層次吧。如果我們一直像這樣和蚊子廝混，輸的總是我們。

我只是提出想法供你們思考，如果你們想殺就去殺吧！但是我保證，你們永遠也殺不完。如果你們冀望一件永遠無法完成的事，那麼何時才有結束的一天呢？殺蚊子並無法徹底解決問題，像泰國這種蚊蟲滋生的地方，我建議既然牠們無法止息，就讓我們停下來，這樣事情就結束

讓我們停下來，這樣事情就結束了。遠離這樣的是非。

了。遠離這樣的是非。

「如果不殺蚊子，我們應該怎麼做？」我們可能認為佛陀的教導不切實際，竟然教我們不要殺蚊子。「蚊子有什麼用？」對，那是我們的想法，如果站在蚊子的立場想：「人有什麼用？」我們怎麼回答？

我只是脫口而出這麼說，但是我們應該考慮得更仔細一點，這樣才能有更深入的理解。蚊子有什麼用？牠們只是來吸我們的血，這就是牠們的用處，牠們必須覓食。

假設我們為自己蓋了一間房子，其實那不只是我們的房子。蜥蜴會來停留，老鼠也會來居住，牠們不知道這是誰的房子。牠們只看到一處遮蔽的地方，所以牠們就前來居住。我們因此而生氣：「嘿，老鼠在咬我的枕頭與草蓆！」老鼠不知道那是什麼，牠們只看到一些有用的東西，可以拿來作培育下一代的巢穴。那就是牠們的方式，牠們不是想偷我們的東西。如果我們具備超越動物的智慧，我們就應該約束自己，並得到一些啟示。根本沒有什麼問題，法應該像這樣深入事物的根柢。

那無法滿足的

> 根本沒有什麼問題，法應該像這樣深入事物的根柢。

「taṇhā」是渴愛，如果我們能像這樣思考事情，我們就能平息它。經典上稱它為渴愛，但是在我的禪修體

系中，我稱它為「張開」，開而未合，這就是禪修中的「taṇhā」。經典上說：「未有河流如渴愛。」張開而沒有關上──苦永遠無法停止。貪欲不是嘴巴或胃，它們無法被滿足。如果胃空虛，只要吃些飯就可以了，渴愛則不然，它沒有形式或自體，它就是「張開」。

我用狗來作比喻。一隻狗被餵食米飯，一、二、三，甚至五碗後，牠的胃滿了，但是渴愛仍在，張開。放更多飯在牠前面，牠會守護著它，當另一隻狗出現時，牠會發出咆哮──格ささ，一隻雞接近時也是格ささ。這顯示出胃或嘴巴都不是渴愛的所在，它們可以被填滿，但是渴愛的想法與感覺則持續張開，因此佛陀說：「沒有一條河流像渴愛一樣。」它一直開著，永遠無法被滿足。如果關著，水很快就可以注滿；但是如果一直開著，水會一直流失，永遠都注不滿……它就像這樣，無法被滿足，一直都想要。

想想一個迷戀生命的人，不曾想過死。生重病時，她呻吟並懇求：「請再多給我一點時間……不要現在就取走我的生命，等到未來再說。」接著，他康復了，然後又一次生病並乞求：「可以再多給我一點時間嗎？請不要現在就取走我的生命。」當我們健康與強壯時，我們沒有想過死亡，不覺得有什麼危險。當然我們無法超越危險，因為

解脫渴愛的人，還是會有欲望，但是他可以被滿足。

我們沒有死過。接著我們生病了：「拜託，我需要多一點時間，不應該現在就死。」這種事會反覆發生，我們的說法依然是：「拜託，還不是時候！」事實是，我們害怕，我們不想死，就是這麼一回事。這是一種盲目的渴愛，人們對生命戀戀不捨。這是一個欲望的例子，如果我們無法開發出覺知渴愛的智慧，我們就會一直陷在痛苦中。

解脫渴愛

渴愛被稱為欲望，亦即沒有被滿足，這是較好的描述方式。解脫渴愛的人，還是會有欲望，但是他可以被滿足。渴愛無法被滿足，我們一路帶著它，還不停抱怨，我們嫌它太重，卻又放不下來。如果我們想要許多東西，它會變得很沈重，矛盾的是，人們想要很多，卻不希望它變得太重。這是逃避事實，如果我們了解，其實也沒什麼大不了，要放下並不難。

我認為法是困難的事，很麻煩，但是如果真的深入思惟，它卻能幫助我們解決問題。佛陀所教導的不是不可能的任務，沒有一個修行方法是不可行的，他只教導有益眾生的法，從來不說無益的法，請想想這一點。

當你的日常生活出現痛苦時，你應該檢討它為什麼會發生。可能是你的小孩不聽話，那麼，是誰讓他們變成這

集中注意力，找出原因來。事情不可能憑空誕生，它一定有原因，只是我們沒有認真找過。

樣的？如果你是因爲你的小孩感到痛苦，那麼其實問題是出在你自己身上。你應該像這樣想，回到起點上。如果你想迫使他們聽話，那將行不通，一定會以眼淚收場。爲什麼？你應該集中注意力，找出原因來。事情不可能憑空誕生，它一定有原因，只是我們沒有認眞找過。

明白實相便能安心

　　佛陀教導我們像這樣去了解這個世界，他能夠安心，是因爲他明白事物的實相。我們舉一個例子來說明，你們看過猴子嗎？牠們安靜嗎？有安靜的猴子嗎？猴子就是這樣，總是四處攀爬，靜不下來。也許你會因此而感到沮喪，你覺得牠們應該乖乖坐好，不應該到處攀爬與跳躍。你可能氣得想殺掉牠們，但是你看過靜止不動的猴子，能夠像人一樣打坐嗎？不可能，除非那隻猴子死了。

　　那麼我們應該怎麼辦？你應該強迫牠們變成另外一個樣子嗎？你應該了解猴子就是這個樣子，宇宙裡的每一隻猴子都會繼續像這樣。如果你看過一隻，並清楚地了解，你就會知道所有的猴子。你會隨順自然，因爲那就是猴子的方式。無論猴子安靜與否，你的心是另一回事，它能靜得下來。讓猴子做牠該做的事，不要意氣用事。你能靜下心來，因爲你知道猴子的方式，了解之後，你就會放下，

你能靜下心來，因爲你知道猴子的方式，了解之後，你就會放下，並獲得平靜，而不會被「猴事」給綁住。

並獲得平靜，而不會被「猴事」給綁住。你看見牠們，並了解猴子就是像那樣，你再到其他地方看見猴子，你會想：「猴子就是像那樣。」你並無惡意，因為猴子確實是那樣。事情就是如此。

如果你希望猴子安靜，是自找苦吃。那不是佛陀希望你解決問題的方式，你應該根據實相去解決問題。如果一直鑽牛角尖，最後你會發覺，你還是沒有能力改變牠們。你必須放下，隨順自然。

如實覺知的智慧，知道牠們是這樣，讓牠們保持這樣，將能帶給內心平靜，去除疑惑。

這個世間也是一樣，佛陀被說成是清楚覺知世間的人，就像我們清楚地知道猴子一樣。這個世間應該是像這樣的。

通常人們會認識這一點，是因為時機逐漸成熟，他們已經具備許多經驗。

因此只要聽聞一點法，就會回顧過去，並懊悔：「喔！我已經痛苦這麼多年，只因為我固執己見。」如果你還是用從前的老套去看事情，不懂得放下，則你的內心將一直不得平靜，到死都一樣。事情原本就是那樣，但是你卻硬要改變它們，何必呢！你應該把握一切機會，看清事物的實相。

如果你還是用從前的老套去看事情，不懂得放下，則你的內心將一直不得平靜，到死都一樣。

問答錄

學生：假設一隻猴子在玩火，如果我們順其自然，牠可能會燒了我們的房子。

阿姜查：不，不……不是這樣，那是另外一回事。我們了解猴子，並且應該有比猴子更高的智慧，你會讓牠們拿火燒了你的房子嗎？出現危機時，你應該要知道該如何處理。

舉例來說，每個人都會死，但是我們仍然會照顧我們的生命。不過你們醫生照顧的方式是治療與控制疾病，而不是預防死亡。那是不可能的，沒有這種藥，如果你知道這一點，你就會照顧你的患者，並像這樣治療疾病。

假設有一個罪犯來到醫院，他涉及搶劫並中彈，醫院必須照顧他。有些人可能會說醫生在幫助搶匪，救治他，致使他再去犯罪。其實不是這樣，醫生的職責就是救人，救活了之後，他們再去犯案，並不是你的錯。你只是盡一個醫生的職責而已，不是為了幫助他犯罪。救人脫離病苦，是醫生應該做的事。

當人們生病時，他們會急著找醫生。同樣地，如果一隻猴子準備燒我們的房子，我們一定會想辦法制止牠。我們必須留意並照顧身邊的事務。不過說到我們的房子，不

每個人都會死，但是我們仍然會照顧我們的生命。

需要猴子來燒它，已經有惡魔住在裡面了——「我們根本不需要照顧它，出生之後，人一定會死，我們為什麼要照顧我們的生命？」這就是問題所在。我們應該像醫生照顧病人一樣，照顧我們的生命，使它獲得暫時的緩解。人們總是在抱怨，說一些這樣的話：「這些醫生真差勁，他們治療我，但是我卻沒有好轉；更糟的是，一直都有人死掉。」他們就沈溺在這種愚蠢的話裡。醫生並無法讓人免於死亡，沒有這樣的藥，即使再高深的研究也辦不到。那並非醫生的領域，他們的職責只是減輕病苦，幫助人們活久一點而已。這就是所謂的「別讓猴兒燒了你的房子」。

我們應該用智慧處理事情。知道猴子的個性之後，如果有猴子帶著火，進到屋子裡來，我們會坐在一邊看嗎？我們知道猴子的特點，因此可以留意並防範，就像對待小孩一樣。我們必須知道他們的方式，並注意他們，了解其特性之後，我們就應該小心監管。他們可能玩火、割傷自己，或掉進水溝裡——我們不能放任不管。如果有人主張順其自然的話，那他們一定不了解小孩。這樣的人可能會讓猴兒燒了房子。

輪迴之苦

你可能覺得住在家裡很麻煩，但是當你離開一陣子

醫生並無法讓人免於死亡，沒有這樣的藥，即使再高深的研究也辦不到。那並非醫生的領域，他們的職責只是減輕病苦，幫助人們活久一點。

後，你又會開始想家。你應該怎麼做？人的行為模式很奇怪，不是嗎？那只是因為當你到另一個地方時，你無法獲得真正的滿足，你的心思不在那裡。這就是佛陀所說的「輪迴」，因此你們才會到寺裡來修行，做一些有價值的事，但是感覺還是和在家不一樣。對你來說，沒有一個地方像家一樣舒適，因此你才會一直想家。這意味著善與惡的狀態並未結束，你還是用世俗的方式在做事，因此它並未結束。如果它尚未結束，就表示你沒有放下，你還揹負著它們，所以你會覺得沈重，你可以看得出它的錯誤。

接下來就是修忍耐，它其實什麼也不用做，經上說忍耐是諸法之母。忍耐等來好的結果，但是當好的結果來臨時，我們卻經常被它蒙蔽。奇怪，不是嗎？事情是好的，我們卻被蒙蔽了，因此才會衍生出更多的痛苦。

善與惡，以及愛與恨都無法超越彼此，並有其侷限。我們真的應該思惟法，並內觀，以解決問題。如果我們痛苦，我們期待另一個人來幫我們解決。不過這是別人無法代勞的，她或許可以解釋滅苦之道，只是這樣而已。滅苦的事必須靠你自己去完成，尊貴的導師說：「如來只是指出道路的人。」他教導你把這個拿起來放在那裡，再從那裡把這個拿起來放在這裡。他教你游泳，而不是替你游，如果你希望佛陀替你游泳，你一定會溺斃。

它尚未結束，就表示你沒有放下，你還揹負著它們，所以你會覺得沈重，你可以看得出它的錯誤。

205

正道

去年，一些官員來這裡開會，學習「正道」，為什麼？因為他們覺得事情進行得不順利，因此他們來這裡學習正確的見解。不過他們似乎無法理解超越的重要，亦即不要隨著事情順利與否而高興或痛苦。這個世間就是這樣，對於我們創造出來的苦或重擔，我們必須忍耐與承受。我們知道事情沈重，但是我們有欲望，所以我們把它們舉起來。它們當然重，我們只能忍受。

當我們還是學生時，我們很羨慕成人，認為他們一定很快樂。我們看見他們做各種事，有老師、商人、雇主與行政官員，我們希望像那樣。因此我們用功學習，想要效法他們，但是現在我們已經站在同樣的位子上了，我們高興嗎？痛苦與困難還是存在，我們無法跳脫苦的因緣。我們現在無法跳脫，也不知道將來是否能夠。事情只會變得愈來愈沈重。

這個地方稱為世間，巴利文是「loka」，意思是「黑暗」。世界進步與發展多少，黑暗就同樣發展多少，世界的進步只是黑暗的進步。人們熱心地談論世界如何進步，不過散布的只是黑暗罷了。

在我們的寺裡，早先沒有電力，人們經常說：「這裡時常很暗！如果有電的話該有多好，最好也有自來水。」

知道事情沈重，但是我們有欲望，所以我們把它們舉起來。它們當然重，我們只能忍受。

但是這些東西不會自己出現，需要可觀的金錢投資。籌錢的過程很辛苦，當我們真的擁有明亮的電燈時，心卻反而被遮蔽，變得很暗。方便會障蔽心靈，因為人們對於容易得到的東西會覺得理所當然。東西愈便利，人就會變得愈懶惰。

以往鄉村裡的物質水準還沒那麼進步，人們都將廁所設在屋外的森林裡，他們必須走一段路才能使用它。現在則不然，人們不用再走路了，他們睡覺的地方就有衛浴設施。我不知道他們想要什麼，那樣真的有比較好嗎？寢室就和廁所在一起，人們期望這樣能帶來方便與快樂，不過事實卻不是如此。太舒適只會讓你變得散漫，人們還想更方便，但是卻永遠無法滿足。它永遠都不夠，所以他們只會頻頻抱怨。

誰創造了苦？

談到使用資源的方式，我們時常覺得錢不夠用，到底要怎樣才夠呢？看起來好像很多錢了，不過我們還是不滿足，所以我說這個世上並無有錢人。至少我不曾看過，我只看到人們總是嫌擁有的不夠多。佛陀教導我們賺錢與花錢的方式，賺錢不是那麼難，如何使用才重要。賺了錢之後，我們應該要善加利用，將它用在最有意義的用途上。

方便會障蔽心靈，因為人們對於容易得到的東西會覺得理所當然。東西愈便利，人就會變得愈懶惰。

對於需要的東西，不要過量。佛陀說得很詳細，但是我們卻不是很在意。我們一直都在和別人比較，將賺到的錢悉數透支。

苦——是誰創造了它？我們看不見。人們東拉西扯，但是都沒有掌握到問題的根源。根就在這裡，但是我們卻四顧茫茫，還責怪人與環境，因此讓事情變得很複雜，其實我們並沒有認真對待它。我們一直在身外尋找，並試圖操縱外界的事物。

我們四處張望，看見房子與碗盤髒了，我們可以清理它們。接下來，房子與碗盤都乾淨了，但是心卻仍然污穢。當房子一團亂時，我們可能會覺得很不舒服，並起身打掃與清洗。但是心黯淡與抑鬱時，我們卻看不到，還埋怨悲慘的處境。想到這一點，我們真的很可憐。

如果我們能像打掃房子一樣地清理我們的心，像刷洗衣服與碗盤一樣地刷洗心，我們可能會自在一點。但是這樣的說法，可能很難讓人接受，這就像是人們根本毫不在乎碗盤是否乾淨一樣，那是一種不關心的無知。我們必須實際去做並清洗，否則永遠無法達到正見，心將一直處在骯髒與無知的狀態。

佛陀說心並沒有努力看清楚，而是隨波逐流，用我們的話來說就是「跟著情緒走」。在家裡，今天我們相愛，

如果我們能像打掃房子一樣地清理我們的心，像刷洗衣服與碗盤一樣地刷洗心，我們可能會自在一點。

明天又不喜歡。今天我們很愛小孩，明天卻被他們氣得半死，爲什麼會這樣？爲什麼它會不穩定？因爲心沒有受過訓練。愛與恨都會讓它痛苦，太多會痛苦，太少也會痛苦，我們究竟應該如何自處？

安住之所

你已經找到可以安住的地方了嗎？我們一直想找個好地方住。經過多少的歲月，尋尋覓覓，你現在是否還在尋找，爲什麼？

一對夫妻住在一起，其實沒有什麼好爭吵的，但是他們卻吵個不停，甚至晚上還會離家出走——雖然隔天一般都會再回來。這眞的很麻煩，我這樣想是因爲人們找不到眞正的住處。我們沒有清理眞正需要清理的地方，我們在別處刷洗與打掃，卻沒有保持心的清淨，因此才會一直感到迷惑。我們總是向外看，佛陀教導我們轉向內，向內觀心，看看心裡有什麼。

最近什麼事都變得勉強與倉促。現在的芒果再也不甜了，因爲在成熟之前，它們就被催生，並且被提前採摘與催熟。因爲人們想要快速收成，所以吃起來會覺得酸，這都是爲了滿足人們追求快速的欲望。想要品質好、東西甜，你就必須先讓它酸，照著自然的方式進行。但是我們

多數的事情都只是假象，我們卻執著這些錯誤與不確定的事物爲眞實。佛陀希望我們看見眞實，而非虛假。

卻太早將它們摘下來，然後再抱怨它們是酸的。

多數的事情都只是假象，我們卻執著這些錯誤與不確定的事物為真實。佛陀希望我們看見真實，而非虛假。但是最近人們卻完全顛倒，他們真假莫辨。當這種情況發生時，什麼想法都可能出現，假造的事物被當成真的。面對這種情況，佛陀教導我們向內看，如果心看不見或不了解，那就不是真實之道。

有教養的餓鬼

佛陀說像我這樣的一個老師，也可能會變成餓鬼──一個有教養的餓鬼。這是怎麼一回事呢？我想說一個故事，一個很有意思的寓言，這個故事有點長，請你們耐心聽下去。

有一個大善人，只要是有益於人的事，他都會全力以赴。他做事很精細，甚至有些挑剔。每件事都要求整潔有序，當他的小孩、姪女或外甥來訪時，他都會有些不高興。無論是掃帚或水壺，都一定得放在固定的位置上，如果有人不照著他的方式做，他就會不高興。

不過，他是一位善良而嚴謹的好人。有一天，他想要在森林裡蓋一座供人休憩的會堂（sālā）：「嗯！在這裡蓋一座會堂不錯，可以為我累積更多的功德……商賈與旅

佛陀教導我們向內看，如果心看不見或不了解，那就不是真實之道。

人都可以在此落腳與休息，他們將會感到非常舒適與感激。」打定主意之後，他便開始建造，供人使用……

後來，他去世了。在他死後，因為執著於自己的善行，他的意識回來住在這裡，這個過去他生活與行善的地方。他常去檢視那間會堂，看看有沒有整理好。當他發現有些地方凌亂時，他就很沮喪，當他看見那裡整齊清潔時，他就很高興。因為他的心就像這樣──善良、整潔與一絲不苟。

有一天，好幾百個商人來此逗留，吃完飯後，就去睡覺，躺成一長列。

這個會堂的主人，現在成了「有教養的」餓鬼，前來檢視他們的睡相是否整齊。上下左右環顧之後，他發現他們的頭沒有排成一直線，於是他開始拉他們的腳，以將頭排正，他不停地拉，一列接著一列，直到都調整好為止。但是，接著他看他們的腳，現在腳又參差不齊了，怎麼辦？因此他又開始拉他們的頭，以調整腳的位置。

好不容易完成後，他發現頭的位置又歪了，他很納悶：「這究竟是怎麼一回事？」他就這樣折騰了一整夜，片刻也不得安寧。終於他放棄了，他試著坐下來檢討其中的原因，忽然靈光一現：每個人都不一樣。他們的身高不同，因此無法排成一直線。他心中的石頭終於得以放下，

每個人都不一樣。他們的身高不同，因此無法排成一直線。他心中的石頭終於得以放下，因為他看見有些人高、有些人矮，事實就是如此。

211

因為他看見有些人高、有些人矮，事實就是如此。

他放下了，並且覺得好一點，因為他看見每個人都不一樣。先前，他期望他們都一樣，當他們不一樣時，他就想要讓他們一樣，不過這是不可能的，因此他才會痛苦。接著他停下來思惟這件事，才看見實相：「啊，人就像那樣，他們都不一樣高。」他才覺得好一點。

執著之苦

我們的情況也是一樣。我們必須看見事情的因，必須看見人都是不一樣的。這是一件值得深思的事，因為有些事是我們無法改變的，我們不能砍掉他們的腳，好讓他們都一樣高。執著會讓我們陷入錯誤的欲望與想像中。

我們每個人就像這樣，有不同的工作與職責，有些人比較快速而有效率，有些人則比較慢──存在著各種差異。如果見解錯誤，很容易就淪為餓鬼。我也一樣，一不留意就會變成餓鬼，但是我會很快覺醒：「嗨！你快變成餓鬼了，快斬斷它。」

我有弟子，我希望他們進步，能照著我的訓練方式發展。有時候我會為此而苦惱，當這種情況出現時，我會提醒自己：「我已經再一次變成餓鬼了。」我隨時都這樣教導自己。

我們的情況也是一樣。我們必須看見事情的因，必須看見人都是不一樣的。

　　用這樣的方式，我們可以經常「轉生」成餓鬼。但是我們不會輕易放棄，我們必須教導自己更嫺熟地處理事情，了解其間的因果。接著，我們才可以如實地看待眾生，隨順他們本來的樣子，並且可以放下，保持輕鬆自在。我們可能會希望他們成為某種樣子，不過問題不在他們，而在我們。我們的心被遮蔽了，因此才會歸咎給他人。事情不是那樣，都是我們的緣故。每個人都不一樣，但是我們卻期望他們一樣，如果我們能根據看見的事實去處理事情，問題就解決了。

　　有些人騎摩托車，因為失去控制而摔倒，他卻說：「是摩托車讓我摔倒。」事實上，是他讓摩托車摔倒，因為他沒騎好，但是他卻歸咎給車子。

放逸者無法受教

　　總結來說，小孩與成人的情況不同。如果小孩犯錯，你願意原諒他們，因為他們不懂事；如果是成人犯錯，人們就不願意原諒，因為他們應該更懂事才對。佛陀說不知道對錯的人，可以教他們知道；但是知道卻不照做的人，就無可救藥了。那些人被稱為放逸者，無法受教。

　　那些結局悲慘者，都是不知自省的人。我們總是看其他的人與事，看外面迷人的事物，想從外界尋找快樂；從

如實地看待眾生，隨順他們本來的樣子，並且可以放下，保持輕鬆自在。

213

來沒有向內挖掘，沒有在自己身上用功，讓它變得光明與澄澈。結果當然就是經常陷入挫折與迷惑中，我們看到的都是黑暗，爲什麼？因爲眼睛不好，我們埋怨黑暗，看不見光明與色彩，因此說它們根本就不存在。好吧！那是眞的——對盲人來說，不過，其實我們是在無病呻吟。問題出在眼睛，所以才什麼也看不見，包括光線與色彩；如果眼睛正常，那些事物全部會顯現，我們也會知道它們是什麼。我們並沒有眞的去檢視這個問題，通常我們都是看別的地方，因此得不到快樂。我們應該學習讓自己的生命喜悅，那眞的有方法可以達成。

出家的生活——人們為什麼要出家？⑤

V醫師：我想告訴您一個我親戚的故事。這個家庭有一個他們認爲很有學習潛力的孩子，因此他們做了許多犧牲，供他去讀大學。在學校時，他開始對佛法產生興趣，並樂此不疲。

他的父母原本冀望他能找到一份好工作，成爲家庭的支柱。每個人都爲了他的就學而做出犧牲，但是畢業前，他一直沈浸於佛法中，並且想要出家。他的父母難過得掉眼淚，並且對宗教感到失望，但是最後他們還是必須答應

我們應該學習讓自己的生命喜悅，那眞的有方法可以達成。

讓他出家。

　　我不上寺廟，根據我的觀點，世界分成兩大部份，在家與出家。我必須就業以養活家庭，我對於家庭、社會與國家都有責任。我來這裡得到一個印象，有些人希望每個人都出家。但是作爲一個在家人，我能造福社會與人群，我支撐我的家庭，並帶給他們快樂。我可以在這個職位上支持佛教（sāsana），但是如果每個人都出家，比丘與比丘尼就得下田工作，以及做生意，沒有時間修行與教學。

　　因此當我聽到這個年輕人的故事時，他讓父母親傷透了心，我認爲這是一項罪過，一個可怕的罪過。他對他的父母與親人造了惡業，那是一項自私的行爲，只是滿足他自己的欲望而已。

　　阿姜查：確實如此，醫生。但是我要問你一個問題，一公斤的鉛與一公斤的黃金，何者較有價值？給你的話，你會選擇哪一項？

　　V 醫師：黃金。

　　阿姜查：生命也是如此。當對象非常明確時，你會選擇有價值的事物──黃金。同樣地，這個年輕人也作出了他的選擇。你為什麼選擇黃金呢？

作為一個在家人，我能造福社會與人群，我支撐我的家庭，並帶給他們快樂。

Ｖ醫師：因為它有價值。

阿姜查：這就對了，因此請不要那樣想。不是不可以想，而是應該觀察如何才正確。此外，你不需要擔心每個人都出家的話，沒有人來「建設」這個世界。

例如，當他們需要雇用樂師時，你不必擔心，他們只會雇用會演奏的人，不會雇用你或其他人。不是每個人都會出家，也不會都沒有人出家——就是不會有這樣的事，只要具有信心與智慧的人都會這樣做……他們不應該受到壓抑。

我過去也曾經想過：「既然殺生不對，那麼每天都吃辣椒醬如何？」誰能那樣做？誰能每天都搗碎辣椒給我們吃？我們不能說出如此不著邊際的話。

出家的動機不是為了傷害父母或我們的家族。我們看見我們的家庭仍然陷在痛苦中，但是其他人的看法可能不同，就像鉛與黃金的選擇一樣。決定出家的人視這個世間如鉛，因此他們選擇出家。我們不想要世間、家庭，以及其他會毀壞的東西，但是很少人能理解這一點。手有手心與手背，但是目光卻只能看到一邊。

當人們以清淨的動機出家時，他們也會感受到苦諦的苦，因為他們是依據法去看事情。你可以說它是惡業，不過這麼一來，佛陀還真的造了很多惡業！說到底，這個動

我們不想要世間、家庭，以及其他會毀壞的東西，但是很少人能理解這一點。手有手心與手背，但是目光卻只能看到一邊。

機不是自私的，它將能帶給這個家庭光明。

現在，在我的寺裡，有一個留學的比丘，最後決定出家。他的父親起初很難過，不過現在他來這裡，已經不會再希望兒子離開寺院了。一開始，我們看不出寺院的價值，但是智慧漸增之後，我們就了解，它真的有價值。喔！別擔心，沒有那麼多人想出家，還是有許多人想留在世間，它不會空掉的。

人們出家後將停止造惡業，並且努力幫助眾生了解、喜悅與冷靜地生活、修習正命、和諧共處、彼此幫助、沒有傷害與剝削地生活……不是每個人都會出家，別想太多，每個人都不一樣。世間不是像你想的那樣，否則，它就不是世間了。

生命的選擇

V醫師：好的，我了解。關於修福，我有這樣的問題。修福應該是帶給自己或別人快樂，我卻看到人們為了修福，告訴他們的孩子：「不要吃最貴的水果，把它們留著供養僧伽。」難道這不會造成別人的負擔嗎？這也是我反對年輕人一畢業就出家的原因。難道善行不是為了帶給自己與其他人快樂與滿足嗎？這個人修福的做法，就好像偷了別人的錢包去供養一樣，而這筆錢可能正是被偷者的

別想太多，每個人都不一樣。世間不是像你想的那樣，否則，它就不是世間了。

小孩的救命錢。

出家比丘的使命是宣揚佛法，但是最近到處都是阿姜。每個人都想讓自己像佛陀一樣。佛陀是創始者，他是為了利益眾生而建立佛教。因為其他人看不到法，所以他離開家去打開他們的眼睛。但是現在已經有這麼多法師了，大家都在傳授佛法，這就夠了，這個年輕人模仿你們或佛陀的舉動似乎不太需要。如果他能再等個幾年，或許不會那麼令大家傷心，不會造成他們的困擾，並且能帶給他們快樂。我反對是因為他沒有等到恰當的時機，他應該再等幾年，他挑錯了時間，因此我說它是罪過。

阿姜查：誰能知道正確的時間？

V醫師：如果他能篤定地等上七年再出家，就很好。當然，如果等待的這七年中他成了酒鬼，那就錯了。除了那樣的情況之外，他應該等上七年。

阿姜查：你說等，你怎麼確定他有時間？你說等七年，但是死會等人嗎？你能和死亡商量嗎？每個人都想，但是誰辦得到？如果他是這樣想的，他就會想出家，他不是像你那樣想，他了解法的永恆與時間的急迫，因此你能告訴他怎麼做嗎？

主張自我者，都是將四大看成個人，佛陀則只看到一堆瞬間聚合的事物。但是我們不能這麼講，因為人們無法理解。

V醫師（顫抖地說）：我認為他很自私，他只想到自己的法喜，而沒有考慮到別人。

阿姜查：如果是這樣，請你想一想，學醫也是出自你自己的興趣，對嗎？

V醫師：是的。

阿姜查：為什麼？因為有自我，就有自私。佛陀曾經談到這點。自我這個字只是一個概念，我們看別人，他們和我們一樣都有個我，其實他們只是地、水、火、風四大的組合。佛陀明白這點，所以他教導無我的道理。因此自私是怎麼來的？相信有一個自我，才會有自私。主張自我者，都是將四大看成個人，佛陀則只看到一堆瞬間聚合的事物。但是我們不能這麼講，因為人們無法理解。

我只說一兩句話，讓你們自己去想。當我說前進、後退或停止時，你們能領會到這些話的意思；但是如果我只是在心裡想而不說，那是什麼？有個人已經到達這裡，但是其他人則還在別處。你們聽了，卻不了解。了解是個問題，因為這是超越的語言，是佛陀的話。當我們「長大」以後，我們就能了解。

世間的方式和法的方式不同。我們必須對一般人說前進這些話，但是那無法代表全部。我們說人有因果，對

自我這個字只是一個概念，我們看別人，他們和我們一樣都有個我，其實它只是地水火風四大的組合。

219

吧！但是對凡愚與智者而言，還是不一樣，它們的結果不同。佛陀說：「我凌駕因果，超越生死。」

　　孩提時，當你看見氣球，你會很興奮，想要玩。但是你現在看見氣球，還會想玩嗎？

　　Ｖ醫師：不。

　　阿姜查：為什麼不？

　　Ｖ醫師：因為沒意思。

　　阿姜查：你長大了，對嗎？當你還是小孩時，你看見氣球，覺得很珍貴，充滿歡樂，當它破掉時，你可能還會哭。但是現在則不一樣了，如果有人問你：「醫師，你想玩氣球嗎？」你已經不感興趣了。

　　不過，小孩子可能會向你抗議，他們會說：「當然，氣球很好玩，也很珍貴。」那麼誰才對？誰能辯得贏？如果分別從小孩與成人的角度來看，則他們都是對的。

這些問題很好，請繼續問下去。

　　Ｖ醫師：好吧，我有另一個問題，是關於Ｂ太太的。十年前或更早以前，她曾經跑去求聖水加持，無論哪裡在舉行，她都會去。她曾經邀我一起去，但是被我拒絕

那麼誰才對？誰能辯得贏？如果分別從小孩與成人的角度來看，則他們都是對的。

了。我說，我並沒有造惡業，還爲了幫助別人而努力工作，那是出於善意的行爲。如果有誤會，或做了不適當的事，我仍然沒有惡意去造成別人的傷害，因此我相信自己沒有造惡業。我相信無論哪一種宗教，都是教人要慈悲行善、利益世間並保持純淨。如果行爲自私，我們就完了，我們沒有盡到對世間的責任。

我相信一切端視我們的心，無論這樣做是否能獲得功德。如果我們的行爲是出自無害的動機，想要解決問題，並夠純淨……我們看見人們到了適婚年齡時，就會依照習俗出家，但是他們的心卻不純淨或平靜。他們對於穿上僧袍，顯得有些不安、擔心或沈重，因此這樣做其實並沒好處。如果人們出家後能行善，那也得依靠他們的心。像放食物到僧眾缽裡這件事，我就不做。我太太總是一早就出去布施，我則不然。我不想依照習俗，脫下鞋子去供養食物，但是我的心裡絕無不好的想法。

喪葬的奉獻，或放食物到缽裡──人們都做這些事，但是心裡卻仍然有貪、瞋、癡，會造成別人的痛苦。與其求取這些功德，還不如讓心靜下來，或爲他人謀福利，這樣豈不更好？

阿姜查：這裡有兩個問題。首先，爲什麼你的妻子喜歡做那些事？醫師，你家的四周有養雞，你會給牠們襯

褲子與襯衫是給人用，而不是給雞的，雞想吃米。因此你必須知道眾生的需求。

衫、褲子或手錶嗎？你給牠們什麼？

V 醫師：米粒。

阿姜查：對，那對雞才有用。褲子與襯衫是給人用，而不是給雞的，雞想吃米。因此你必須知道眾生的需求。

其次，你說到不想供養食物，但是心意卻是好的。如果一個人很勤奮，那麼他會拒絕工作、洗碗盤，或打掃房子嗎？我們現在談的是努力工作的人，而不是懶惰的人。

V 醫師：答案顯而易見。

阿姜查：對，因此我們現在談的是有信心的人……你的話很合理，但是扯太遠了。應該先拉回來，否則超過因的話，就得不到結果了。有信心的人想實施禮拜，供養食物（pūjā），並做其他舉動。他們應該帶著智慧去做，當然不能傻傻的。此外，你說到自己是個認真工作的人，只關心你認為重要的事。如果你看見房子一團亂，你能夠視若無睹嗎？如果盤子髒了，你能夠不洗嗎？如果狗兒在地板上便溺，你會放任不管嗎？因此修行人，雖然形式有所不同，但是做的事是一樣的。勤奮的人看見應該做的事，他們就會去做。你為什麼要清理老鼠與狗的大便呢？因為你是個能覺知，並勇於負責的人。因此佛教徒並非超然物

佛教徒並非超然物外、不問世事的。至於祈求聖水加持，那是他們的層次；我們無法強迫雞吃米，一切都隨順自然的因緣。

外、不問世事的。至於祈求聖水加持，那是他們的層次；我們無法強迫雞吃米，一切都隨順自然的因緣。

好，很好！一個小時不太夠，將這些問題都發表出來吧。

是日已過──對巴蓬寺尼眾之講話

我們既然出家了，就應該覺知我們的責任。我們應該怎麼做、怎麼想或怎麼說？現在，我們正在做什麼、想什麼──心裡有貪或瞋嗎？我們對別人有惡意嗎？現在就看，趕快並作出決定。又過了一天與一夜，我們只會坐在這裡受苦嗎？

佛陀曾經談到這點。如果他還在世，他也會用這樣的方式對我們說。在經典中，他說：「日夜無情地流逝，我們是否善用時間？」這個勸誡似乎很短，是個簡短的陳述，但是他卻一再強調。我們每一個人都應該保持正念，既然出家了，就應該知道我們的責任。

我們都想斷除煩惱，但是我們認識煩惱嗎？那些我們想去除的不善法，我們已經知道它們是什麼了嗎？煩惱是已經被斷除了，或是正在斷除中？它們是完全被斷除，或只是被壓抑，或是我們還得再繼續忍受？它們現在

日夜無情地流逝，我們是否善用時間？

223

確實的狀況如何？我們的行為、思想與說話是否像個沙門（samaṇa，即出家人）？我們是否像個沙門一樣地使用生活必需品？佛陀提出這些問題，促使我們下定決心。為什麼？因為日夜不停地流逝，我們還能繼續在此修行嗎？我們還有貪念與瞋心，必須趕快禪修加以斷除。

出家後，身為比丘尼，妳們已經進入一個不同於在家人的「性別」。妳們的想法還是和那些貪圖享樂的人一樣嗎？能割捨得掉嗎？已經沒有多少時間了，因為一天又過去了。事情不斷變化，沒有一件事是穩定與恆常的。妳們想放逸地過生活嗎？心裡是否還有貪染？會自尋煩惱嗎？為何無法放下貪、瞋、癡？妳們必須看出它們的過患，除非看出過患，否則永遠無法斷除。妳們還是會後悔，後悔自己「遺失」了煩惱。即使已經出家十年、二十年，甚至一輩子、兩輩子……妳們還是會繼續像這樣。如果沒有正確的指導，妳們很容易就會變成這樣子。

正見令我們心安

我們為什麼會有瞋？因為錯誤的想法與知見；為什麼會有癡？因為無明；為什麼會有貪？……錯誤的見解帶給我們痛苦，讓我們無法安心。只有正見才能令我們心安，唯有見解正確，才能心安理得，不會有貪、瞋、癡。因為

只有正見才能令我們心安，唯有見解正確，才能心安理得，不會有貪、瞋、癡。

妳已經看見它們的過患，不會再緊抓著它們不放。惡念還是會生起，但是妳會懂得放下，放棄它們，讓它們從妳的身邊過去。

為什麼應該放下？因為妳的生命短促，妳的時間緊迫。它為什麼短促？因為妳看見日夜不停流逝。妳為什麼要製造痛苦？妳為什麼要執著？那都只會浪費妳寶貴的時間。因此何不放下呢？如果妳能像這樣認真思惟，就一定會放下。

有正見的地方，就有平靜。不知道這點，即使獨居也靜不下來。

團體生活很難保持平靜，沒有平靜，是因為沒有正見。在一個團體裡，每個人都不一樣，不過還是會有一些共同的特色。就像鳥類一樣，雖然品種不同，不過都還是鳥。有些喙比較長，有些比較短；有些翅膀比較大，有些比較小，但是，牠們都是鳥。出家人也是一樣，鳥有一定的特性，修行人也有一定的特性，那就是平靜。

修行就是為了讓心平靜，沒有智慧的話，我們辦不到這點。

即使住的地方很豪華，食物也很豐盛，但是心卻可能不平靜。必須斷除一切惡念，才可能獲得平靜，不過如果沒有看清實相，就不可能辦得到。

思惟過後，我們就應該下定決心，努力去做。

檢視自己，步步為營

如此思惟過後，我們就應該下定決心，努力去做。最近，妳們可以聽到在家人說，巴蓬寺是座模範寺院，是修行的範本，人們說這裡的出家人都表現良好。我們聽到了這些讚美，但是我們真的有這麼好嗎？「尼眾們都是好行者，擁有良好的行為與律儀，值得相信與奉獻。」妳們真的這麼好，還是只是別人說得很好？只是因為人們這樣說，我們才好嗎？我們應該檢視自己，以確定我們的想法與做法都很適當。受到稱讚時，妳們必須反省它是否確實；被詆毀與批評時，你們也應該檢討是否確有實情。應該像這樣檢視自己，步步為營。

如果我們不是那麼好，卻受到稱讚，就應該坦白地說他們錯了，因為我們並沒有那麼好。不應該在有煩惱與欲望的情況下，還自以為是。相反的，妳應該加強修行，更要注意修行的根本，並經常觀察身、口、意，看看是否有缺點。

我們應該抱著自修與獨居的心態，與人共住。我們毋須沮喪或分心，而是應該忍耐。如果有人說話刺傷了我們，我們只要如實覺知即可。有些人可能粗心大意，有些人可能說話或行為不當，妳都要忍耐。如果時機恰當，我們可以勸告她們，不過在此之前，我們應該先管好自己。

我們應該抱著自修與獨居的心態，與人共住。

如果對方不聽勸誡，可能導致對立。勸誡別人時，我們自己一定要先站穩。無論別人怎麼說我們，批評或是有其他舉動，我們都不應該介意或懷疑，因為我們知道自己做得對。當勸誡的時機成熟時，我們就應該義無反顧地去做。如果她們聽得進去，那很好，如果聽不進去，那是她們的事。想要指正他人者，應該有這樣的態度。

進到法裡，向內觀心

如果我們是被勸誡的人 —— 聽到像「妳錯了，妳說得不對，妳的行為很壞」等話時 —— 我們應該要聽得進去。她們說的是真的嗎？如果是真的，我們應該坦然接受，如果不是真的，那是她們的想法或做法錯誤，是她們自己的事。我們應該放下，然後重新進到法裡。所謂進到法裡，就是向內觀心，我們應該檢視自己的心，確定思想與行為的動機無誤，以保證自己沒有犯錯。如果我們知道自己動機良好，就不必在意別人的指控與批評。俗話說：「一個人應該自己勸告自己。」妳們不能總是依靠我的勸誡，那會讓妳們變笨。妳們每個人都必須控制自己的心，好自為之。我的職責是教導妳們如何去做，知道自己的行為是否正確，以及是否合乎沙門的規範。

因此他們說巴蓬寺是模範寺院，有些人說我是阿羅

無論我是不是，那都是別人說的。我們無法禁止別人說話，但是我們必須觀察自己，是不是真的，只有我們自己知道。

漢，是這樣嗎？那只是別人的說法，眞的如此嗎？事實在我身上。當他們說：「那邊有個阿羅漢！阿羅漢出現了！」我應該爲此而高興嗎？無論我是不是，那都是別人說的。我們無法禁止別人說話，但是我們必須觀察自己，是不是眞的，只有我們自己知道。我們不需要依靠別人的話，我們這樣喚醒自己，無論他們說什麼，也都是在喚醒我們。妳們應該了解自己，而不應該只是相信別人的話。請保持這樣的觀點。

特別是有老人家在這裡——也許已經六七十歲了——請清楚覺知日夜不停地流逝。今天很快就過去了，太陽才在白天生起，一天又要結束了。請下定決心，不要再讓心晃蕩。不要被別人困擾與迷惑，做一個容易溝通、容易教導、不驕傲與不頑固的人。有自己的見解沒什麼不對——妳們一直都有——但是不要被它們綁住了，因而陷入觀念的泥淖中。放下它們，讓它們離開。如果不這樣做，它們就會變得愈來愈沈重。

五蘊沉重，捨棄吧！

佛陀教我們要捨棄五蘊（skandha），因為它們很沈重。色、受、想、行、識——這些都是沈重的包袱。有朝一日，我們一定會被它們壓垮！背著這個被我們視爲自我

今天很快就過去了，太陽才在白天生起，一天又要結束。請下定決心，不要再讓心晃盪。

或個人的五蘊到處跑，當然會很沈重。佛陀說：「請放下它們！」過去我們一直執著這個身體是我們的，執著快樂與痛苦的感受是我們的。不要這麼做！太沈重了！佛陀希望我們放下。

saññā 是想，是指記憶與想念。稱它為妳的自我太沈重了，讓它走，覺知後放下吧！ saṅkhāra 是行，是指一切身心的因緣法，不要執著，它們人沈重了。識，覺知的機能，也一樣。如果妳執著這五蘊為自我，就太沈重了。它們只是單純的色法、感受、想念、行法與意識。沒有人主宰它們，執著它們太沈重了，放下它們。它們只是積聚而成的蘊，只是色、受、想……記住這個「只是」，不要握得太緊。如果妳像這樣覺知它們，解脫很快就會來到。擺在它前面的是約定俗成的慣例與名稱──「我」與「我的」。現在妳們知道它只是蘊，也曉得應該放下，妳們已經超越世俗的理解。先前，你們執著這五蘊，太沈重了；如今，放下之後，就輕鬆了，事情也結束了。

有人勸誡，太棒了！

如果有人勸告我們，我們應該欣然接受，並且說道：「sādhu（太棒了）！」我們沒有花錢聘請他們，他們仍然給我們忠告。即使被誤解了，我們還是應該高興地聆

不要握得太緊。如果妳像這樣覺知它們，解脫很快就會來到。

聽。智慧將會生起，他們正在賜給我們寶貴的東西。

禪宗教人要謙虛，不可驕傲。他們不強調學問，當他們坐禪時，有人會拿一根禪杖在後面巡視。如果有人打瞌睡，就會挨打。之後，他會合掌道謝：「謝謝你，老師！謝謝你打我，謝謝你喚醒我。」而我們呢？我們會道謝嗎？也許我應該派一個人拿棍子在後面巡視，如果有人睡覺，就打！妳們認為如何？妳們能接受嗎？

做一個老師或受尊敬的長者很難，沒有人敢勸誡我們，因為他們感到敬畏與尊崇。倒是妳們比丘尼與在家眾比較占便宜，因為我經常勸誡妳們，並指出事情的重點。但是如果我錯了，因為傳統上對阿姜的畏懼與敬意，沒有人會告訴我。因此對一個長者來說，修行會變得比較難。我們也可能犯錯，但是沒有人會指正我們，我們將逐漸忽視自己的缺失。其實根本不需要過度尊崇。

我們在這裡相當舒適，因此如果偶爾我們犯錯了，有人說了一些話，我們應該視之為大事。不要想逃避或爭辯，看著它，並了解究竟是怎麼一回事。

學習長者的美德

我們住在一個很大的團體裡，當妳準備要做某件事時，應該先知會領導人。例如在巴蓬寺這裡，比丘與比丘

身為一名比丘，我沒有分別心。我收留一切想住在這裡的人，我的立意良善，我以法的方式愛妳們，而非世俗的方式，所以不需要有任何爭執或害怕被剝削。

尼們都應該先想到我，因為我是這裡的住持，是負責領導與勸誡妳們的人。如果妳們準備要做不確定的事，它可能會造成不安，請先想到我，因為我是負責教導與勸誡妳們的人。有個地方可以停靠，包括這座寺院與住處，妳們應該想到我。我可以說是這裡的創始者，因為是我第一個來到這裡，妳們都是後來才陸續輕鬆住進來的。因此如果妳們能夠想到我的苦心，即使是片刻都好。「這麼做對嗎？能帶來利益嗎？」

妳們在這裡修行應該學習長者們的美德，則修行的過程就能充滿和諧與喜悅。妳們應該經常想到比丘尼長老們，當妳們行動時，則請記得我。我有向妳們收取住在這裡的租金嗎？如果妳們去旅館，一定得付費才能居住，但是在寺院裡則不需要。妳們應該想到這點，晚上回到自己的寮房（kuṭī）時，請好好想一想。我有從妳們身上得到什麼好處嗎？身為一名比丘，我沒有分別心。我收留一切想住在這裡的人，我的立意良善，我以法的方式愛妳們，而非世俗的方式，所以不需要有任何爭執或害怕被剝削。如果有什麼事不對，妳們應該前來說清楚。

妳們有些人從來沒有問過我任何事情，不只是比丘尼，有一些比丘我也從來沒有和他們談過話。我們是一個大團體，因此可能發生這樣的事，如果妳恰好是其中之

學習長者們的美德，則修行的過程就能充滿著和諧與喜悅。

231

一，可能就會比較辛苦。因此妳們所有人都必須靠自己，加強自己的修行，盡量照顧好自己。

從小事做起

我們必須了解，大眾前來這裡參訪比丘、比丘尼與寺院，他們不需要問妳們任何問題，只須看妳們的寮房與地板。如果地方整齊清潔，每一件東西都歸地位，這就是沙門的行為，人們自然會生起信心。我們不需要對他們說教，只要隨手整理好亂掉的東西即可。當我還年輕時，我經常抽空到寺院周遭走動，看看寮房與森林裡的步道。若是發現寮房與浴室都很乾淨，道路也非常整潔，我就知道這個人是個好修行人；如果她還沒開始修行，那麼不久的將來，她一定會是個好行者。

有些人小看這點，認為這只是小事，其實它不是。當我看見一間骯髒的浴室時，它告訴我這個人一定很粗心，那是粗鄙的象徵。像這樣的人，根本談不上修行。我會問其他人，這是誰的浴室，怎麼會亂七八糟。不只桶子裡沒有水，還到處都是白蟻，並且牆上掛著蜘蛛絲，地板則髒兮兮。「因為種種緣故，他說他因為忙於修禪，所以沒有時間清理浴室。」他究竟是修什麼禪，怎麼會把浴室搞成這樣。因此我們這裡所有人都很注意周遭事物，並且彼此

我們這裡所有人都很注意周遭事物，並且彼此幫忙照料。事物本身就在說法，它會讓人產生信心。

幫忙照料。事物本身就在說法，它會讓人產生信心。

只需要好好修行

　　森林裡的樹有向我們說些什麼嗎？有時候我們喜歡其中一些樹，會覺得它們看起來很美，而且聞起來很香等等。樹只是照著它們的本性成長，而站在我們的立場，則會對它們產生好印象。這很像寺院裡的情況，我們不需要教導別人，試著灌輸他們一些東西。我們只需要透過修行，好好發展自己，這樣自然就能吸引他們。

　　關於這點我曾經想了很久。出家六年之後，我就在想，蓋一間寺院到底需要哪些東西。最後我得到一個結論，那就是好好修行最重要。不需要擔心其他事情，我們不需要去募捐，或公開宣傳。如果我們真的在修行，則住處、食物、衣服與藥物等必需品都會不請自來。

　　我真的相信，如果妳好好修行，諸天都會知道。他們會在妳身邊聚集，至少，他們會想供養食物。如果不這麼做，他們就會頭痛欲裂。他們一定會想來，不只是這裡，即使是山上也一樣。無論妳在哪裡，這都會發生。雖然他們並不認識妳，之前也沒有看過或聽過妳，他們仍會被妳修行的美德吸引而來。

　　因此，修行對我們來說是最重要的事，如果我們能貫

如果我們真的在修行，則住處、食物、衣服與藥物等必需品都會不請自來。

徹修行，就不會有任何問題與障礙。如果妳要蓋一座寺院，妳毋需要求任何東西，人們會自動提供妳所需要的物資。他們會自己來蓋，我們不需要請求別人幫忙，他們自動自發，是因為我們美德的感召。它會源源不斷地出現。我們之所以能住在這裡，是因為我們的善業與良好的修行。如果僧團裡有糾紛，如果住持仍有凡心，如果這裡爭執不斷，那將會如何？他們可能會來把我們都燒了。

有捨，便不虞匱乏

切記，我們今天能住在這裡，是因為我們的修行，使得在家人願意護持。我儘量留在寺裡，以防物資缺乏。有一年，我外出，寺裡的東西開始耗盡：沒有香、沒有蠟燭、沒有煤油，幾乎所有的東西都快沒了。沒有人前來供養，為什麼？因為這裡有修證的人太少了。當我回來時，妳們都很高興看見我：「隆波回來了，現在又可以好好吃頓飯了。」我離開，一切好東西也跟著離開，是誰帶走它們？只是因為妳們德行不夠的緣故。好好修行，這就不會發生。妳們不需要擔心，只要認真修行即可。

無論去到哪裡，我都不虞匱乏。為什麼？因為捨。如果想要，我隨時都可以有滿袋的供養品，但是我寧可與巴蓬寺以及別院裡的僧尼分享。有時候人們特別拿藥來給

無論去到哪裡，我都不虞匱乏。為什麼？因為捨。

234

我，如果恰好另一個比丘也生病並且需要，我會請他們拿給他。如果他用了藥，我就覺得好一點。我變好是因為布施的功德，我不需要親自服藥。

法藥的力量

有一次，舍利弗與目犍連住在山上，舍利弗覺得胃很痛，甚至覺得他快死了。目犍連問他：「你以前曾經像這樣生病嗎？」

舍利弗回答：「是的，曾經有過，那是還沒出家之前的事。」

「你都服用什麼藥呢？」

「以前出現這種情況時，我的母親會將綠豆加牛奶、糖與其他原料，一起煮沸，我吃下之後，疼痛就會消失了。」

那裡只有他們倆人，在山上交談。那個地方的神祇聽到了他們的談話，便在入夜時分，下山尋找在家信徒。祂抓住這個信徒的脖子，並拖著他的兒子一起往外跑，沿路顯得非常緊張。祂為什麼要這樣折騰他們呢？「你們肯為舍利弗尊者準備一些藥嗎？如果不給他藥，他就會死掉，你們要讓舍利弗尊者死掉嗎？」

信徒這時才了解，他允諾會趕緊準備藥。接著神祇就

我們不須要囤積東西，如果我們修行得好，就一定會有資糧。

235

消失了，這個人趕忙找來一些綠豆，漏夜趕工。

到了早上，目犍連出去托鉢，舍利弗則因為胃痛無法外出。於是信徒獻上綠豆與其他一些食物，「我希望把這個供養給舍利弗尊者」，接著他就將藥食放進鉢裡。

當目犍連回到寺裡，他先取出自己的食物，再把裝著舍利弗食物的鉢拿給他，舍利弗看見鉢裡裝的是綠豆，調製的方式就和他昨晚向目犍連描述的一模一樣。

舍利弗很難過，這違反比丘的戒律——不當請求。「目犍連尊者，請把這些食物倒掉，沒有親自拜訪得來的食物是不當的，我不能接受。」他要誓死守護戒律。當他說這些話時，所有神祇都聽到了。於是目犍連拿起鉢往外倒，就在藥食落地的那一刻，舍利弗的疼痛消失了。

這就是所謂的法藥，它的力量與功德就像這樣。舍利弗修行得很徹底，即使只是兩個人單獨在山上說話被神祇聽到，即使是神祇設法籌到了必需的食物來給他，但是為了守戒，舍利弗竟能拒食。他就是這樣守護他的心。

修行就應該像這樣，請將它牢記在心。妳不會死！今天，用完餐後，妳們毋須擔心明天會有什麼，它自己會來。我們不須要囤積東西，如果我們修行得好，就一定會有資糧。有此說，不供養認真與有德的修行人者，心裡會不好過，他們會頭痛，因此他們會想獻上敬意與供養。因

我們不須要囤積東西，如果我們修行得好，就一定會有資糧。

236

爲這個力量，人們自然會有這種想法。

註釋：

①巴蓬寺是 1959 年，阿姜查四十歲時，在泰國烏汶省他出生村落旁的巴蓬（Phong Pond）森林裡，創立的森林寺院，阿姜查是該寺的住持。

②講於 1979 年，在美國麻薩諸塞州，巴爾市舉行。

③阿姜宛‧烏答摩（Wang Uttamo，1922～1980）1922 年出生於泰國距亞姆河七公里遠的空掌村，1935 年，阿姜宛完成了小學教育，出家為沙彌，學習正規佛學課程。1941 年受比丘戒，研讀最高級的正規佛學課程，並以最優異的成績通過考試。阿姜宛於 1945 年遇見七十六歲的阿姜曼，之後一直留在阿姜曼身邊，直到阿姜曼逝世。阿姜宛在 1980 年的事故中喪生，當時阿姜宛五十八歲。

④阿姜李‧譚馬塔洛（Lee Thammatharo）1907 年出生於泰國烏汶省姆安桑西縣雙沼澤村。在 1925 年時，當時已經二十歲的他請求父親允許其出家，於是，他在家鄉的寺院裡，依當地的習俗出家。1925 年，在烏汶省的家鄉寺院受戒。1927 年，阿姜李離開寮族傳統的村落寺院，行腳尋找阿姜曼，遇見阿姜曼後受其教誨。阿姜李卒於 1961 年。

⑤與一位曼谷空軍醫師的部份對話。

第四章

◎

見法

憍陳如覺悟了

我們都是修法者，一切法都是自然，如實呈現。自然毫無例外全都是法，我們不了解那些事，是因為我們還不懂修行之道，因此我們需要依賴合格老師的教導與訓練。自然也在教導我們，例如樹這樣東西，從它的因出生之後，便接著生長。這是自然在對我們說法，但是我們卻聽不懂。從出生、成長，到開花與結果，這一路下來，我們只看見又有水果可以吃了，而不知道將它轉為內觀的對象。我們應該知道法不外乎教導我們的樹，我們一直不了解這點。

當樹結果時，我們毫不在意地採食，完全不假思索。水果的酸味與甜味都是其自然的本質，這些特性就是法，這些水果都在對我們說法，但是我們卻不了解。樹葉枯萎之後掉落，我們只看見葉子掉了，便從上面踩過，或把它們掃起來，不做任何觀察。我們不了解這就是法，等著我們聽出其中的訊息。

樹葉掉了，接著再冒出新芽。我們看見這個循環，但是並沒有認真思考過，因此沒有從它身上學到任何東西。

如果我們能轉而內觀，就會了解我們自己的生與死，和樹沒有兩樣。

如果我們能轉而內觀，就會了解我們自己的生與死，和樹沒有兩樣。這個身體是好幾個因組成的果，是由四大元素所構成。它也會結出不同的果實，就和樹一樣。枯葉與新芽也和人的生命沒有兩樣，請仔細觀察。我們持續在成長，因緣也一直在變化，就和樹一樣；樹是怎樣，我們就是怎樣。所有人都是從出生開始，中間是變化的階段——它們的物質結構變得和以前不一樣，最後則死去。樹、藤與灌木的自然現象，都是持續處在流動的狀態，如果我們轉而內觀，就會了解自身的生、老、病、死，就和外面所見一般。

看見五蘊特質

當你從合格老師的話裡了解法時，它真的會穿透你的心——內外一如。一切行（saṇkhāra，因緣法或有為法），無論有識或無識，都一樣，毫無差別。如果我們了解這點，再看看樹的樣子，我們就會看見身體的色、受、想、行、識等五蘊的本質。有了這樣的了解之後，我們就可以被稱為了解法的人。

做為一個了解法的人，我們會在一切事情上看見法，看見五蘊的特質——它們持續在流動、前進、改變與轉化，沒有一刻停止。無論行、住、坐、臥，我們都應該隨

樹、藤與灌木的自然現象，都是持續處在流動的狀態，如果我們轉而內觀，就會了解自身的生、老、病、死，就和外面所見一般。

時保持正念正知。看外面的物體和看內在的現象一樣，而看內在的現象也如同看外面的物體，因為它們都具有相同的本質。當它確實像這樣時，我們就聽見了佛陀所說的法。有了這樣的了解，佛性，亦即「覺知者」，就被喚醒了，並會生起內外智慧，以及解說法的能力。

如實覺知事物本質

　　無論行、住、坐、臥、見色、聽音或嗅香，我們都經常聽見佛陀的教導。那確實很像是佛陀在教導我們，因為佛陀就是住在我們心裡的「覺知者」。像這樣覺知、看見與觀察法，佛陀就在眼前。不會因為佛陀很早以前就入滅了，所以現在無法教導我們。佛性，亦即內心清明的覺知，會帶領我們觀察與覺悟一切法。覺悟即佛陀，如果我們把佛陀安置在心中，具備這樣的覺知與靈敏，當我們在觀察時，就能看見一切事物與我們無二無別。無論是生物、植物、動物、窮人、不幸的人、富人、黑人或白人，都和我們沒有差別，因為他們都有共同的特質。有了這樣的了解，無論身處何處，我們都能知足與自在。佛陀將會在那裡，持續教導與支持我們。

　　若是缺乏這樣的了解，我們會一直想聞法。我們會去找老師，一個接著一個，並且會一直問，何時才能再得到

佛性，亦即內心清明的覺知，會帶領我們觀察與覺悟一切法。

另一次教導，一路走來都不了解法。佛陀說開悟就是如實
覺知事物的本質。如果不了解本質，我們一遇到狀況，就
會陷入混亂。我們因為渴愛而迷失，被現象愚弄，因此而
感到痛苦。由於無知與感情用事，所以我們才會被愚弄。
對事物本質無知，就是不了解法，因此佛陀才會教導自然
的本質。

一切因緣所造

　　自然的本質不是什麼神祕的事情，在自然中，事物出
生、改變，然後結束。人所創造出來的物件也一樣，例如
我們所使用的鍋子與盤子，也是由人類的想法與動機等因
緣創造出來的，它們使用一陣子以後，就會磨損，然後破
裂。這是很正常的情況，樹、植物、山、動物與人等，都
一樣：出生、變化與衰敗，最後崩解與消失。

　　當憍陳如（Añña Koṇḍañña）行者，聽到佛陀的話，
成為首位聲聞弟子時，他所了解的並不是很複雜的東西。
他了解到，凡出生者，必然會轉變與滅亡，那是事物的本
質。先前，憍陳如並不了解這點，他還沒有看清楚事實。
也許他有想過，但是不夠徹底，因此沒能出離，仍然執著
於五蘊。但是當他第一次坐在佛陀跟前，專心聞法時，他
心中的佛性覺醒了，因此他能得到真實法，看見諸行無

自然的本質不是什
麼神祕的事，在自
然中，事物出生、
改變，然後結束。

243

常。一切事物出生之後，必然會轉變與滅亡，那是再自然與平常不過的了。

得慧眼見法

憍陳如聽到佛法後得到的覺悟，與他以前的經驗完全不同。他了解心的實相，佛陀因此在他心中生起了。接著世尊證實憍陳如已經得到慧眼並見法。所謂見法是什麼意思呢？他已經得到諸行無常的智慧與洞見，了解一切事物從出生開始，經歷中間的轉變，最後終會結束的道理。「一切事物」指的是身心的所有現象，這些特徵完全適用於它們，無一例外。

當這樣的了解清楚地在聞法的憍陳如心中呈現時，它成了讓他斷除執著的因。相信有一個自我的我見與身見，被清楚看見與根除。一旦我見根除後，心中的疑惑也跟著消失。對於現象不再有錯誤的想像，他對於事物的認知已經轉變，不再執著對於戒律與禁制等所生起之謬見，沒有疑惑與猶豫，並且深信因果，不再摸索。即使身體生病或遭遇其他變故，他也不會再有任何疑惑。所謂斷疑就是斷除貪與執，如果還有貪，對於身體的感覺就會藕斷絲連，想再尋求其意義，這種摸索就是迷惑。當執著身體為我與我所有的身見斷除，就不會再有不確定與迷惑的想法了。

所謂見法是什麼意思呢？他已經得到諸行無常的智慧與洞見，了解一切事物從出生開始，經歷中間的轉變，最終會結束的道理。

當世尊說法時，憍陳如就這樣打開了法眼，他清楚地看見了。他看見自己對事物的見解已糾正過來，當這個洞見愈來愈清楚與集中時，他的執著就被從根拔除。根除執著之後，眞實的覺性就顯現了。先前雖然具有知識，但是仍然無法斷除執著，亦即他只知道法，但是還沒有見到法，或者雖然瞥見法，但是沒能與法合一，因爲不了解實相的緣故。就這樣，世尊宣稱：「憍陳如覺悟了。」

從根拔除執著

我們通常對自然迷昧無知，例如，我們的身體，它們是由地、水、火、風所組成，那是自然的一個層面，是眼睛可以看得見的物質現象。這種自然的形式是由食物所滋養，然後成長與變化，最後則消失。

就內在的層面而言，有一個東西在掌管身體，即識或覺知的機能。當這個覺知透過眼睛產生，就稱爲眼識；透過耳朵，就是耳識；透過鼻子，就是鼻識，依此類推，還有舌識、身識與意識等。經典上提到這六種識，但是這不過是一種約定俗成的概念，用以幫助我們掌握眼、耳、鼻、舌、身、意等六根接觸外境後，所產生的覺知的功能。事實上，沒有六個，唯有一個覺知的功能，能覺知這六根。這一個心，這個能覺知者，具有如實覺知的潛能，

他看見自己對事物的見解完全顛倒，當這個洞見愈來愈清楚與集中時，他的執著就被從根拔除。根除執著之後，真實的佛性就顯現了。

換言之，它能覺知自然的本質。

當「覺知者」被遮蔽時，一切的知都是妄念，以錯誤的方式認知，並且對事物產生錯誤的認識。其實，基礎的覺察是一樣的，沒有差別。正見與邪見都是出自同一個覺察，因此當我們說正見與邪見時，我們指的不是兩個分開的東西。當妄念呈現時，它掩蓋實相並遮蔽了心，因此我們得到錯誤的覺知。當我們覺知錯誤時，我們的見解就錯誤，接著，行為與生計也會錯誤，一切都會錯誤，而這些都是源自於錯誤的認識。

正見邪見出自同一覺察

解脫的道路是出自同一處，依循同樣的步驟。正見也是從「覺知者」生起，當正確出現時，不正確就會消失，當它對時，錯就會消失。當佛陀在修菩薩行時，他實施嚴厲的苦行，只靠很少的食物維生，因此身體變得非常憔悴，此時他得到一些洞見。他了解到，過去諸佛都是透過心覺悟，而非透過身體。身體本身什麼也不知道，餵不餵它不是重點，其他人甚至可以殺死身體，但是卻傷害不了心。在觀點改變，得到覺悟，並開始傳法之後，他便指出，諸佛的覺悟都是透過修心而得到的。當他深入內觀時，他放棄了縱欲與苦行兩種極端的行為，他在第一次傳

正見也是從「覺知者」生起，當正確出現時，不正確就會消失，當它對時，錯就會消失。

法時，清楚地指出這點。

　　他的第一次傳法，扭轉了一般人的誤解與錯誤的修行方式，讓他們了解，沈溺於歡樂、舒適與快樂的追逐中，或抬高自我來滿足自己虛妄的尊榮，都不是解脫之道。至於含有消極、憎惡與瞋恨的極端苦行，則是自我折磨，也絲毫無助於解脫。

離開心的苦樂兩端

　　這兩者都不是追求解脫者應該走的道路，它們分別指向得意與沮喪，或放縱與壓抑兩端。追求解脫的是我們的「覺知者」，不應該讓它陷入內心極端的反應中。心不應該陷入善或惡的模糊地帶，因為那會成為歡樂與悲傷的因。如果對某事感到高興，就會執著於想像中的善，而那正是放縱的一端；如果認為某事不好，則會執著於憎惡的負面情緒。這是心的苦樂兩端，亦即佛陀所歸納出來的縱欲與自虐。

　　這兩條道路都不是沙門（出家人）之路，它們是俗人之路。世俗之人經常在追求歡樂，他們習慣對迷人與討厭的事物，做出極端的反應，並且一直在這兩端之間，來回擺盪，無法止息。這就是世間的方式，有苦就有樂，反之亦然，輾轉相生。這些都是不確定與不穩定的事，因此是

追求解脫的是我們的「覺知者」，不應該讓它陷入內心極端的反應中。

世間法，無法令人安心。安心之人，不會走上這兩種極端，但是他們看見並清楚地覺知這些事。他們看見歡樂，但是不會誤以為真，不會執著它們，對於討厭的事物也是一樣的態度。

隨順因緣，放下苦樂

這些都是見道者，是平靜之人，他們了解什麼是看似平靜，實際卻不平靜的方式。結局為沮喪或得意的世間道，是錯誤的道路。智者雖有經驗，但是不會期望從中得到什麼意義，因此能夠放下這些反應。安心之人不會被這些事情所左右，他會隨順因緣，自然放下樂與苦的經驗。當它們被如實覺知時，就無法再興風作浪了。對於覺者而言，它們已經沒有意義，只有純然的覺知，就像對待冷熱等自然現象一樣。他們仍然有感受，並非麻木不仁。

因此經上說，阿羅漢已經遠離內心的煩惱，事實上，他或她並不是到一個很遠的地方。她沒有逃離煩惱，煩惱也沒有逃離她，就像水中的荷葉一樣。荷葉生長於水中，它雖然與水接觸，但是並不會被滲透或淹沒。

煩惱就是水，行者的心則是荷葉，它們互相接觸——荷花不需要迴避水——但是仍然彼此分開。行者的心就像這樣，它並不逃避，善法來時，它覺知；惡法來時，它也

覺知。無論苦樂或好惡，心都清楚覺知，它覺知每一件發生的事。但是它只是覺知而已，不會被滲透；換言之，心不會貪求與執著於事物。

用法的語言來說，那就是平等心，保持心的平衡與中立。用平常的話說，我們稱它為認知，即注意正在發生的事。不須選邊站，就像我們遇見某人，他告訴我們一些事情，我們只是記下他所說的話，沒有必要相信什麼，我們就只是記下來而已。

在世間覺悟

必須持續維持這種態度，因為這些事情就存在於這個世上。佛陀是在世間覺悟，也在世間說法。如果他沒有觀察並了解世間的實相，當他接觸世間時，將無法超越它。在他覺悟之後，這個世間還是和以前一樣存在，還是有稱讚與批評，還是有名聞、利養與苦樂。如果它們都不存在，覺悟的基礎也將跟著消失，因為它們是與覺悟對等存在的事物。當佛陀覺悟時，他體會到世間法欺騙與遮蔽人心的事實。得與失、毀與譽、稱與譏、苦與樂，合稱世間八法。如果人的內心跟著這些事情走，受到它們擺布，那就稱為俗世與俗人。這八法會破壞八正道，此長則彼消，當它們占據並充塞內心時，要想解脫痛苦就遙遙無期了。

在他覺悟之後，這個世間還是和以前一樣存在，還是有稱讚與批評，還是有名聞、利養以及苦樂。

心將會被世法所淹沒,並且一直處於動盪、焦慮與挫折的狀態。

因此經上教導我們開發智慧之道,這條道路用簡單的話說,就是將戒、定、慧發展到極致。它們是摧毀世間幻象的機制,是破壞暗藏在迷惑眾生心中物欲的道路。只要貪著苦樂與得失,當下內心所呈現的就是世間,心就是世間。此時,世俗的眾生已經出生——由渴愛中生出;如果渴愛熄滅,世間就跟著熄滅,因為這個盲目的渴愛正是世間的來源。

八正道與世間八法

八正道與世間八法是一對的,這兩條道路相互重疊,而非分屬不同領域。對於心中樂、得、稱、譽的貪著,必定伴隨「覺知者」一起出現。當貪著生起時,「覺知者」就被掩蔽了,知見受到扭曲,因而陷落世間;世間就在心中生起。「覺知者」尚未喚醒佛性,因此它無法讓自己脫離世俗。當我們以戒、定、慧調伏身、口、意時,很快就會看見藏在心中的世間法。我們將看見自己緊抓著它們,並且看見執著如何產生。藉由修行,恢復心的潛能之後,我們就能看見世間與它的起源。佛陀說:「比丘們!請將世間看成以寶石裝飾而成的戰馬車,愚人為之目眩神迷,

八正道與世間八法是一對的,這兩條道路相互重疊,而非分屬不同領域。

但是智者卻視若無物。」要看這個世界，不需要遊歷泰國或其他國家，只需要看這個沈浸在物欲的心就可以了。只要坐在樹下，我們就可以看見世界。

　　當我們決心修行解脫道時，先坐下來嘗試修定，以集中與安定內心。但是，心卻無法輕易就集中與安定，我們不要它想，它卻一直想。事實上，一個凡人的心，就像坐在紅螞蟻窩上的人一樣，太靠近牠們，就會被咬。當內心充斥著世間法的我們，用世俗的心開始修行時，以前喜、怒、愛、恨、憂、煩等習慣，都開始浮上台面。這對沒有接觸過法，並且內心充滿物欲的人來說，是很自然的事。我們還沒看破，因此無法抵擋它們的勢力，所以才會像坐在蟻丘上一樣。

　　我們就坐在牠們的家上面，牠們當然會上來咬我們。當牠們在咬時，我們應該怎麼辦？我們必須設法消滅牠們：放毒藥、用土埋，或者放一把火把牠們逼出來。這就是修行的內涵，努力對抗折磨我們的事。但是初學者通常不會這麼想，當他們覺得愜意時，就會想一直持續下去；但是當他們受挫時，就會想逃避。他們遇到稱讚或毀謗等情況，是依據本能的習慣瞎起鬨，從來沒有想過要消除它們。當這樣的事發生時，那裡就是世間。

一個凡人的心，就像坐在紅螞蟻窩上的人一樣，太靠近牠們，就會被咬。

修行止觀，保持正念

　　初學者看到這種情況，會認為自己辦不到，要放下它們太難了。這只是意味著他們害怕付出努力。當煩惱出現時，世間八法壓抑並遮蔽了八正道。人們沒有擔當，當然就無法持戒與修定，讓心安定下來。他們無法控制自己與忍耐，以便思惟心的運作。這就像那個坐在蟻丘上的人，他被咬得心神不寧，因此靜不下來，也辦不成事。如果不能將苦難的根源移除，他只能繼續待在那裡受苦。

　　就像這樣，世間法與佛陀的解脫道，一直都是相互對立的。當一般人試著修心，讓它靜下來時，原本潛伏著的妄念就會紛紛冒上來。如果妄想占上風，心就處於黑暗中；但是當智慧透過精進生起時，妄念就會消失，心也被照亮了。智慧與妄念同出一處，當智慧生起時，妄念就無法停留；當世間法戰勝時，我們就找不到八正道。我們必須努力修行止觀，持續保持正念，直到我們看見世間八法所衍生出的貪瞋癡減少為止。當它們減輕時，我們就更能清楚地認出它們，並且開始出離世間，出離內心的妄想與執著。

掌握自己的道路

　　修行人應該清楚掌握自己的道路，不外兩種選擇──

智慧與妄念同出一處，當智慧生起時，妄念就無法停留；當世間法戰勝時，我們就找不到八正道。

正見與邪見——每件事都跟著它們而來。修行變成像是兩個人，即「世間」的方式與「法」的方式，在內心交戰。只要認眞修行，道將逐漸與穩定地戰勝世間法，直到智慧與正見生起，邪見消失爲止。最後道終將克服煩惱。

在精進修行的過程中，兩者將持續角力，甚至於會延伸到修觀，獲得洞見時。它很容易演變成「觀隨染」①（vipassanūpakkilesa），這是什麼意思？修道時，我們努力修德與淨心，但是對於所獲得的善果，我們又變得自得與貪著，這種「自得」就是另一種執著的形式，即「智慧」的隨煩惱。

有些人得到一些小成就，就會自以爲是，當他們得到一些淨化與智慧時，便會貪著於淨與智。這就是所謂的禪病，也是煩惱的一種。因此當我們修觀，並獲得一些洞見時，一定要注意「觀隨染」，因爲它們非常相似，你可能會受到誤導而渾然不覺。重點是「觀隨染」會帶來苦果，而眞正的觀是不會引發苦的，它是眞正的平靜，苦與樂都被淨化了。

修行眞的必須依靠穩定與忍耐。有些人剛開始修禪，便期望心能馬上安定下來。但是動亂的習氣種子依然還在，因此行者得忍受它們成熟的過渡期。當這樣的挫折出現時很重要，此時，我們會想擺脫戒的限制，以爲這樣就

而真正的觀是不會引發苦的，它是真正的平靜，苦與樂都被淨化了。

不會有壓抑與干擾：我們可以隨意吃飯睡覺，可以想說就說，也可以自由地走動，隨著內心的衝動行事，認為這樣很快樂。

對抗習慣之流

　　佛陀的教導裡談到了關於抗衡的關係，例如超越對抗世俗，正見對抗邪見，清淨對抗染污等。這些事物彼此無法相容，經典上有一個寓言，就闡述了這點。在佛陀證悟之前，當他接受牧羊女蘇佳塔（Sujāta）供養的米粥時，他把盤子放在向南流的河水上，並發願：「如果我會成為一位獲得正等正覺的佛陀，就讓這個盤子向北流。」結果盤子真的向北流。

　　這個盤子象徵他的正見，內心基本的覺察，不會隨著世俗的潮流浮沈。在那一刻，它能對抗物欲的洪流，不會被任何事物所左右。因此他教導我們，要對抗習慣之流。我們都有貪念與欲望的衝動，但是他教我們要斷除渴愛；我們都會對事情生氣與不滿，但是他教我們不可嫌惡；我們都會被事物所矇騙，但是他教我們要去除妄念。這些教導的目標都是讓我們根除以往的惡習。

　　佛陀的心全然逆著世俗的潮流行進。世間認為迷人與美好的，他卻不認為迷人與美好；世間都認為身體是屬於

他的見解超越世俗眾生只會執取表象的方式，覺醒的意識，已經在他心中生起。

我所有，但是他卻不認為它是屬於我所有；世間認為有意義與有價值的事，他卻不認為有什麼意義與價值。他的見解超越世俗眾生只會執取表象的方式，覺醒的意識已經在他心中生起。

看破世間，視之為無物

接著，是他接受一位婆羅門奉獻八把草的故事，他用那些草做了一個坐墊，並且立誓要在上面覺悟。說起這個故事的內在意涵，八把草即表示世間八法，他努力的目標就是要摧毀它們。這是行者必須做的事──摧毀對於得、失、苦、樂等八法的貪著。

他立誓要坐在獻給他的草上面，進入禪定。坐在上面就象徵他要摧毀世間法。他的心凌駕於它們之上，決心獲得超越之法。超越即是看破世間，視它們為無物。對他而言，名利等東西都是無用之物。他能夠坐在它們上面，卻一點也不會受到阻礙與影響。

導師坐在那個地方，直到他獲得正覺並征服魔王，內心有許多體驗。簡單來說就是，他征服了世間。他教人修學能夠摧毀世間法的解脫道，就像用草做成他的金剛寶座一樣。

最近，我們許多行者都不太有信心與虔敬心。我們來

超越即是看破世間，視它們為無物。對他而言，名利等東西都是無用之物。

255

到這裡修行，已經有一兩年，內心卻充滿速成的欲望。我們沒有想到佛陀在成為無上師之前，是如何修習波羅密。他在離家之後，經歷了六年最嚴厲的苦行。只要好好修行，真實修心學習，我們就能累積經驗，體會佛陀之德。

佛法僧三寶

我們至少應該得到第一層覺悟，而不是只會計算自己花了多少時間在修行上，心一定要有所體會才是。我們應該學會謙虛與慚愧，這點非常重要。我們如果修行正確，無論別人是否看見，不管在白天或黑夜，我們都不敢做壞事，因為我們已經接近佛，「覺知者」已經在心中生起。我們信賴並皈依佛、法、僧三寶。

如果真的皈依佛，我們就必須見佛、見法與見僧。否則就只是念誦皈依文而已，無法真的了解佛。我們離他近嗎？或者離他很遠？什麼是法？什麼是僧？我們請求他們的救助與保護，但是我們接近過它們嗎？我們了解它們是什麼嗎？我們雖然以身體與嘴巴請求，但是我們的心卻不在那裡。唯有當心覺醒時，我們才會真的了解三寶。我們將了解佛、法、僧各有哪些特質，這會成為我們的親身經驗。我們將因為心的覺醒而得到真正的皈依。之後，無論身在何處，佛、法、僧會與我們相隨。這樣我們就不會

我們將因為心的覺醒而得到真正的皈依。之後，無論身在何處，佛、法、僧都與我們相隨。

做壞事了。

　　因此第一位聖者憍陳如，得以免於墮落惡道。這是確定的事，他只會順著筆直的道路前進，不會再有第八次轉世，因爲道路已經顯現，而他也深信不疑。他遲早會達到道路的終點，他不可能再回頭去造身口的惡業。他已經遠離動亂，事實上動亂本身就是地獄。因此經上說，聖者已經解脫惡道，即使他或她犯了什麼錯，也沒有那麼強的力量會把他或她再拋回惡道。心永遠都不會再走上那條路，它不可能再重回老路。這就稱爲聖者出生，它在此世就可能達成。

放棄對五蘊的貪著

　　這些事都只可能透過自身的經驗得知。我們都在談論法，並且也像是在修法，但是我們卻不眞正了解法是什麼。思法、見法與修法——它究竟是什麼意思？這對我們來說確實是一個問題。它是自然，是既存的平常事，是照它們本來的樣子存在。我們爲什麼會在苦樂與悲喜之間搖擺？因爲我們不了解法，我們沒有見法。

　　佛陀希望我們放棄對五蘊的貪著，放下它們，不要再與它們糾纏不清。我們無法放下，是因爲我們沒有看清它們的眞面目。我們相信快樂即是我本身，並將我本身看成

佛陀希望我們放棄
對五蘊的貪著，放
下它們，不要再與
它們糾纏不清。

快樂；反之，我們相信痛苦即是我本身，並將我本身看成痛苦。我們的心陷於其中，無法自拔，這表示我們沒有見到自然的本質。事實上，根本沒有一個我存在，但是我們卻總是從我的角度出發去看事情。因此好像快樂、痛苦、得意與悲傷，眞的降臨在我身上。自我的鎖鏈被層層建構，逐漸形成堅實的我見，好像每件事到後來都和「我」有關。

因此佛陀要我們打破這個被稱爲「我」的思想牢籠。「我」的觀念被打破後，我們就不會再相信身體裡面住著一個自我，此時無我的觀念就會自然浮現。

如果我們相信有「我」與「我所」，並且自私自利，每件事都是從「我、我所或與我相關」的角度出發，當我們如此看待自然現象時，就無法產生眞實的理解。

我們只會隨波逐流，當事情好時，我們就歡笑；當情況不好時，則哭泣與悲傷。

如果將每件事都看成與「我」有關或是「我的」，則我們只是創造了一個痛苦的大包袱背在身上。如果了解事物的實相，我們就不會演出興奮、得意、悲傷與流淚等戲碼。經上說：「平靜是眞正的快樂」，這是透過見到實相與根除貪染而獲得。

如果了解事物的實相，我們就不會演出興奮、得意、悲傷與流淚等戲碼。

無常才是真理

　　實相存在於自然現象中，在生、住、異、滅裡。無常才是眞理，人不是眞實的。我們會因爲事物而興奮，但是現象本身不會興奮。我們會貪著事物，希望它們能順從己意，將之據爲己有。我們照著自己既有的成見，做出極端的情緒反應。

　　像這樣，憍陳如見到了事物的本質，就在他第一次聽到佛陀說法時。他清楚而確實地看見。從那一刻起，無論遇見什麼，他都只看見生與滅。喜歡與討厭的現象仍然持續出現在他的心中，不過他再也不會落入極端的反應上。他的心穩固地建立在覺醒之上，不會再有情緒化的反應。因此經上說，憍陳如得到了法眼 ②（dhammacakkhu），能夠如實觀察。覺知諸法實相的智慧已經在他心中出生。

　　這就是覺知並見到法者，當一個人覺知時，他就會自動出離與放下重擔。若是勉強自己放下，或強迫自己忍耐與出離，這樣做並無法讓我們見法。當一個人眞正到達並看見時，他不需要勉強自己忍耐與放棄。一個人見法時，就只有法，法裡面沒有忍耐與放棄。但是當我們還沒有覺知與了解法，當它還不是我們自己的存在時，我們就必須引進法的概念，進行各種修行。因爲懶惰習氣的緣故，我們必須精進；因爲缺乏決心與剛毅的精神，所以我們需要

當一個人覺知時，他就會自動出離與放下重擔。

259

忍耐與自制。但是如果一個人修得很好，已經成爲一種習慣，那就不需要任何勉強了。

摸索

已經超越疑者，不需要再摸索。如果疑還沒有斷除，而你坐下來嘗試入定，念誦偈語以祈求神祇的幫助，它不過是戒禁取的迷信。這是就微細的層面而言。

入流者（初果）已經斷疑，雖然還沒有完全覺悟，不過他已經沒有疑惑。他已經斷除三結——身見、疑與戒禁取。一來者（二果）所斷除的煩惱與入流者不同，那些煩惱更加微細。小孩所感覺的重，與大人感覺的重不同。同理，從初果到完全覺悟的阿羅漢果，其間各階段的煩惱也各不相同。煩惱的名字也許一樣，但是重量卻不同。無論如何，它們最後還是會結束與消失。

雖然還是會剩下一些東西，不過沒關係，它們沒有後遺症。摸索的心常會質疑：「這對嗎？」「那錯嗎？」當一個人了解因果的實相時，就不會再有對或錯的疑惑。如果這個階段有人做對，別人卻說他錯，他不會受影響；但是他也不會與人爭辯。有疑惑者與沒有疑惑者之間，沒有什麼好爭辯的。

有疑惑者與沒有疑惑者之間，沒有什麼好爭辯的。

　　身見、疑與戒禁取都只是摸索。例如，我們長期坐禪、行禪與懺悔罪業，因此就以為我們已經淨化內心，這是對儀式的盲目信仰，它只是摸索。

為什麼會有摸索？

　　這就好像你走在這間狹窄的小禪堂，一直碰到板凳的角──那時就有摸索。如果你只是坐著，沒有走動與碰到東西，就不會有這種反應。摸索的發生，一定是被什麼東西所引爆。其他人沒有碰到板凳，所以他們的腳不會受傷，不會有這種反應。我儘量嘗試著用最簡單的方式加以說明。

　　為什麼會有摸索？因為有疑，所以會有這種不安的感覺。「我曾這樣做嗎？我曾那樣做嗎？」它憑藉動機作為因。一隻蚊子叮你，你揮手把牠掃開，接著你注意到：「啊！我的手都是血，這隻蚊子死了！」你不需要開始在這點上尋思：「我是否造了惡業？我有殺牠的動機嗎？即使沒有殺生的動機，我也應該保持正念才對……」你可能為此激動不已，念頭轉個不停。如果你只是看見蚊子死了，接著清楚知道自己不是故意的，你就放下。你可以稍後再回來檢視，不需要念念不忘。明天，你也不須再被事後的追想所困擾。你就這樣抱持堅定的意念，戰勝焦慮。

既然那裡有事，有些痛，就會出現這樣的反應。心對某些事情敏感與不安，因此才會有這樣的摸索。

接著當你坐下來禪修時，你毋須再回到這個記憶上，並且為此擔憂。這就像是不要主動去碰撞板凳，否則你就等著在腳上塗藥吧！既然那裡有事，有些痛，就會出現這樣的反應。心對某些事情敏感與不安，因此才會有這樣的摸索。

身見、疑與戒禁取

有一種見解認為身體是我們的，佛陀說它不是我們的，我們認同這點，認為這是真的，並且不再摸索。下一個結是疑，先前對一切現象的不確定感，而現在我們對於斷除身見已經不再懷疑。接著是執取戒與禁制，迷信世俗行為模式的效力。這三者相互連結，彼此互通，是三種根本煩惱。從看見身體的本質開始，放下，消除疑。疑消失後，就不再有摸索。這三者皆適用於色、受、想、行、識等五蘊。

讓我們用八正道來做說明。它從正見開始，如果你的見解正確，則思惟也會正確，其他各支也都會正確。至於正確的程度，則視個人而定。有預流者的正見、一來者的正見與不來者的正見，不過沒有一種正見可以與阿羅漢的正見相比。在解脫道的每一個階段，都有一個相對應的「正確」，包括正見與其他各支。不過從入流開始，就已

從看見身體的本質開始，放下，消除疑。疑消失後，就不再有摸索。

經沒有疑，每一個階段都有各自的正見。雖然入流的階段較有限，不像阿羅漢那樣圓滿，不過也沒有錯誤的理解。正見存在時，邪見就無法呈現，當一個人的內心完全無誤時，就是阿羅漢的階段；如果內心還有錯誤，那就是入流或其他較差的階段。雖然他還無法到達阿羅漢的境界，不過他已經可以達到一定程度的正確。當正確圓滿時，他就會成為阿羅漢。說：「我已經盡力，該做的都做了」，同樣一句話，小孩子與大人說起來，意義完全不同。

解放身與心

到達終點，結束疑，身與心都被解放，一切事物都熄滅與結束。你不渴望身體，也不渴望心靈的事物。它們對你的影響力已經結束，什麼都不剩了。為什麼要留下東西？如果有，就讓狗兒和貓兒拿走吧，留下的，只是你的疑而已……

我們應該在聽到教法後就放下，拋開概念，實地去修。結束疑的智慧來自實修，而不是對他人的發問。不過，要保持修行的熱誠很困難，我們都想要速成，但是卻又很懶惰。佛陀說：「疑會因為不屈不撓地修行，而在梵行者的心中耗盡……」它不會從別處耗盡，因此他鼓勵我們持續精進修行。

我們應該在聽到教法後就放下，拋開概念，實地去修。結束疑的智慧來自實修，而不是對他人的發問。

263

　　無論發生什麼事，把它撿起來，檢視它，看清楚。如果你看不出來它是什麼，就暫時先放在一邊。今天你透過解釋見到它，不過這只是知識的層面，你還不了解，你必須先把它拋開，然後修行。太熱或太冷都不對，太快或太慢也不是，你找不到它。這是只有你自己知道的事，當你試著向別人解釋時，沒有用。別人無法只從聽就真的相信，它必須透過持續與穩定的正念思惟才能獲得。

放下就對了

　　如果你不間斷地修行，總有一刻你會清楚地看見。但是你必須放棄讓它生起的欲望，如果你不放棄這個欲望，就不可能了解。現在，你知道的一切都是欲望，當你放下時，就對了。事情總在瞬間變異，無法捉摸，你可以抱著「得之我幸，不得我命」的態度去面對。這樣你的修行才能輕鬆自在，這種淡泊的方向才正確，而不是想要與爭取的態度。

　　假設你擁有一顆鑽石，結果它不小心掉進水裡。你感到很難過，就一直在水裡找，希望能找到它，而不在乎餓與累。最後，你念頭一轉，心想：「別在意！如果能找到，當然很好；找不到，也沒關係。」之後，你就可以輕鬆地回家。

關鍵在於立即放下對它的迷戀與執著。

　　關鍵在於立即放下對它的迷戀與執著，如果你繼續想：「喔，多可惜啊！究竟掉到哪裡去了？真是太糟了！為什麼會發生這種事？」你只是在增加自己的痛苦。如果你能接受所發生的事，則無論鑽石是否有找回來，你都會覺得好過一點。那時你才能比較心平氣和，而不會浪費太多精神在上面。

　　好好照顧你自己，留意你所擁有的事物，持續開發與增進正念。如果你將它列為第一要務，就可以免於犯錯，並且得以輕鬆地修禪。你可能對於應該修行的事務有些疑惑──正好，就是它。但是你必須持之以恆，讓正念得以相續。逐步增進，直到你能完整而清晰地覺知一切事情的發生為止。當你的正念確實變得清晰與光明時，智慧就會生起，那時無論發生什麼事，你都能清楚覺知。

進入寂滅的珍寶

　　這種覺知源自於堅定與清晰的正念，它是你洞見事物實相的智慧之因。沒有正念，洞見就不可能產生，因此儘可能培養正念，它是能夠幫助你獲得智慧與進入寂滅的珍寶。它就是佛本身。它能支持與勸誡你，你幾乎可以拿它與上帝或佛陀相比，因為當你擁有正念時，你就能保持覺醒。你將能覺知與看見，並能保持自制與謹慎。

當正念有足夠的力量觀照時，它會讓心明亮起來，並且讓智慧更加清晰。

如果內心還有微細煩惱潛藏，那是因為正念不夠完整的緣故。你沒有看見它們，因此它們才能躲著你。當正念有足夠的力量觀照時，它會讓心明亮起來，並且讓智慧更加清晰。這就像是把水注入缽中，當缽裡的水靜止與清晰時，你就可以從缽裡的水面上看見自己的臉。不只是你自己——你的覺知還可以延伸到許多事情上，如果有一隻小昆蟲掉入水中，你也看得見牠。如果水被攪動或混濁不清，你能看見的就相當有限了，你將看不清自己的倒影；但是如果水面靜止與澄澈，你就能看見天花板，如果上面有一隻蜥蜴，你也能看見牠映現在靜止的水面上。正念的作用就類似如此。由於正念所產生之覺知力與敏感度，你將能保持自制與謹慎。

維持平常心

我們所討論與修行的這個正念，也可以被稱為憶念。這些術語可能會讓人感到困惑。當正念生起並覺知某事時，它馬上就變成想或記憶，這是無常的，是會退化的事物。例如，我可能想呼喚某個名為雅各羅（Jagaro）的比丘，但是我卻說成「帕木托（Pamutto）」。我知道我想做什麼，但是到了嘴邊卻說成別的，我清楚地覺知這件事的發生。那是想的無常，這個改變和不穩與日俱增，頭腦逐

由於正念所產生之覺知力與敏感度，你將能保持自制與謹慎。

漸衰退。它只是元素自然的退化，立基於想也是無常的原則。我們能清楚地看見它發生，但是它只會自己發生。我們如實地看見，並且接受它。佛陀教導我們記憶是無常的，就像身與心的其他諸蘊一樣，因此我們不需要執著這些事爲自我或其他。

　　如果沒有什麼事發生，你就不需要觀察任何事，維持平常心即可。例如，當你在打掃住處時，如果沒有人叫你，你當然不需要看；如果有人叫：「嗨！這裡。」那時你才看，你覺知所發生的事，以及那個人找你有什麼事。接著，你繼續掃地。如果有事，我們就觀察，如果沒有，則不需要觀察。我們只要對自己相續保持正念，清楚地覺知即可。保持警覺，不要任意放縱自己，無論發生什麼事，都要覺知，不要渾然不覺。但是也不要矯枉過正，刻意去想與尋思，沒事找事做。當感官有所接觸時，我們才向內覺知與觀察。

正念保護著我們

　　當正念以這種方式接觸與保護我們時，心就能平靜下來，並且產生如實觀察的智慧。請深入檢視這點。

　　打掃落葉的時間到了，我們就去打掃。打掃時保持警覺，並留意所發生的事。不要只以空白與冷淡的心打

如果有事，我們就觀察，如果沒有，則不需要觀察。我們只要對自己相續保持正念，清楚地覺知即可。

掃，如果你保持正念，心就能進入專注的狀態。你會想：
「嗯！掃地真好，除了能夠保持寺院整潔，還能進行禪
修，將煩惱掃離我們的心地。」你的心會像這樣與自己對
話，智慧也會持續增長。

　　當心從正確的禪修中，達到安定與覺醒的狀態時，就
像是打掃整潔的道路，一有葉子掉落，馬上就會被注意
到，它們會清楚地在地上被看見。但是如果心未被好好地
守護，則像被落葉覆蓋的森林地面，即使掉下再多的葉
子，也會被地上的落葉所遮掩。

看見本質，智慧便增長

　　看見事物的本質，智慧就會增長，我們將了解，事物
無法被任意改變或調整。我們接受存在無常的本質，接受
事物本來的樣子，結果就是平靜。因為放下與接受，而消
除痛苦。當我們放下時，執著就被根除，我們發現那裡一
無所有，什麼都不剩。我們有自我與他人的觀念，其實它
們都只是約定俗成的慣例與假象。以究竟的實相而言，一
切皆無。我們所認為的身體，只是元素的聚合罷了。無論
男人、女人、亞洲人、西方人，都一樣，每個人的本質都
是如此。了解這點，將令我們更為自在。

　　例如，我們被教導，對所吃的食物進行禪修，看著它

當心從正確的禪修
中，達到安定與覺
醒的狀態時，就像
是打掃整潔的道
路，一有葉子掉
落，馬上就會被注
意到，它們會清楚
地在地上被看見。

做正確的思惟。我們看見它其實沒有什麼特別之處，並不是一個實體。食物與我們，這兩者都只是元素的聚合而已，恰巧湊在一起，就是這樣。你不會對你的食物抱著太多的想像與期待。但是如果你無法像這樣觀察，如果你無法接受食物的實相，你就會痛苦。能夠接受「食物與吃它的人都一樣是元素聚合」的人，會很輕鬆；反之，無法如此接受的人，就會很沈重。

在你的修行中，你應該將重點放在這樣的理解上。像這樣看事情，將能降低與減輕你痛苦的經驗。在你結束痛苦之前，你得先一點一點減輕它，所有從事修行的人都應該確認這點。我已經觀察到你們有些人這幾年來的轉變，你們可以自行比較過去與現在的差別。看看你們的內心，現在已經有了很大的改變，為什麼會這樣？你們過去執著甚深的事物，現在已經對你們失去影響力了。

真正的平靜來自正見

但是速成的欲望仍然存在，每個人都希望能夠立即解脫，這很平常，不過卻不可能發生。我記得有一個比丘，老是講一個故事，即一個人只聽到一點開示或短暫修禪就證得阿羅漢果。接著，他就開始懷疑：「我是怎麼一回事？我是不是修錯了？」這讓他困惑與沮喪，因此他挑起

在你結束痛苦之前，你得先一點一點減輕它，所有從事修行的人都應該確認這點。

269

缽與蚊帳進入森林。然而在那裡他的修行也沒有改善，因此他再度離開，前往另一個森林。同樣的情況再次出現，他的心還是靜不下來，他又再離開，前往另一個森林，但是心依然不安。即使到了山上，他還是無法安心。無論去到什麼地方，情況都一樣，他感到束手無策，心也始終動盪不安。這是因為他認為平靜來自於外在環境。是的，它確實也重要，但是較大的因素在於正見，那才是平靜真正的來源。

如果見解錯誤，心就會朝著錯誤的方向發展：「太棒了，我聽說那座山是一個真正祥和的地方，我將在那裡斷除煩惱。」就像我先前所說，它只是其中一個因素，是平靜的一個小因緣而已，因此你是在內心不安的情況下前進。有人告訴你：「你真的應該去某某山。」你相信，並去了。當它無效時，你又試另一個地方，卻總是失望而歸。長此以往，「你應該拜訪這位阿姜……你應該跟隨那位阿姜學習……」你就這樣一直疲於奔命，直到你經歷過所有的山與老師為止。最後，你可能下結論說沒有覺悟這一回事，並且放棄。那麼，平靜究竟應該向哪裡尋找呢？答案是正見。安住在正見，無論身處何處，都能安心。

當人們待在安靜的地方時，他可能無法確定煩惱是否已經消失，或是還有什麼東西殘留。事實上可能潛藏著很

平靜究竟應該向哪裡尋找呢？答案是正見。安住在正見，無論身處何處，都能安心。

多問題，但是他完全覺察不出，並且感覺很好，自得其
樂。他因爲習慣而覺得舒服，如果離開那個地方，他就會
覺得不對勁，必須再找到一個「對」的地方才行。

　　事實上，好人想要修行時，有可能會被逼瘋。各種痛
苦與動亂會突然爆發出來，我就經歷過這種情況。心充滿
驕傲，四處攀緣，總想要點新鮮的感覺。每件事不是太大
就是太小，不是太長就是太短，沒有一樣東西看得順眼。
沒有謙虛，也沒有中道，它處於法的自然平衡之外，一直
都衝突不斷……你們必須好好修行，以阻止這種瘋狂的行
徑，讓自己好過一點。

註釋：
① 觀隨染：為是修四念住、修觀的人產生的現象。易掉以輕心，得少為足，以為證到
　最後境界（每一個當下都是涅槃寂靜）。忘了自己與眾生還有苦，不能隨時展現慈
　悲喜捨。共有十種觀隨染：㈠ 光明；㈡ 智：猛利明淨，自以為見；㈢ 喜；㈣ 輕安
　柔軟、非人間喜樂；㈤ 樂：吞沒一切苦的樂；㈥ 勝解堅信，寂然不動，自以為於法
　毫不動搖；㈦ 自以為精勤策勵穩當；㈧ 自以為念現前明晰；㈨ 自以為能捨；㈩ 有
　不可告人的欲求，法舉、我慢、不知為知、不知慚愧、不知自己的不足。
② 分明見真諦謂之法眼生，指捨斷三結：身見結、戒取結、疑結。

第五章
◎
證法

超越因果

　　有一次，我與一小群比丘一起住在森林裡，那裡有一間小禪堂（sālā），裡面的燈光很微弱。有一位比丘在裡面讀書，當他的蠟燭燃盡時，他就丟下書本離開。另一位比丘在黑暗中踩到書，他將它撿起來，心想：「嗯！那個比丘太沒有正念了，怎麼沒有把書收好呢？」

　　他找到先前的比丘並問他：「你為什麼沒有把書收好？害我去踩到它。」先前的比丘回答：「是你不小心，沒有自制，才會去踩到經書。」

　　另一個人就回答：「為什麼你不注意把書收好呢？」

　　他們就這樣一來一往，一個指責對方沒有把書收好，另一個則指責對方不小心踩到書。如果只從邏輯的角度來看，雙方各有道理，莫衷一是。

　　從真實法的角度來看，你必須拋棄因果。法比這還高，佛陀所覺悟的法，能夠降伏內心的煩惱，並消除痛苦，它超越因果。法裡面沒有苦與樂，佛陀教導的法能讓你的生活平靜，淨化因與果。如果你只依賴因果邏輯，就會有無盡的爭論，像這兩個比丘為踩過書本而爭執一樣。

佛陀所覺悟的法，能夠降伏內心的煩惱，並消除痛苦，它超越因果。

他們可以一直持續下去，討論各自的理由。這樣的方式無法令人平靜。

沒有造作

　　學習的過程中應該要了解因果，了解樂是從這些因所產生，苦是從那些因所產生。我們從行為中了解因果關係，但是佛陀所覺悟的法是寂滅法，是沒有造作的，因此是在因果之上，並且超越苦樂與生死。但是現在當你聽到這點時，你可能有更多的疑惑……這件事真的很重要，這是能帶來寂滅的法。

　　想要快速了解事情不是法，它只是我們的欲望。如果我們根據欲望行事，永遠沒有結束的一天。你們都知道佛陀侍者阿難的故事，他的信心和其他人一樣堅定。佛陀涅槃之後舉行了一次僧伽結集大會①（saṅgāyana），只有阿羅漢才可以參加。阿難決定趕快證得阿羅漢果，以便參與盛會，因此展開嚴格的修行。但是他的心卻無法如願而行，還是處於粗糙的狀態，一次又一次遇到挫折。「明天就是僧伽大會了，我的阿羅漢法友們都會參加，但是我還是一個平凡人，我應該怎麼辦呢？」

　　他決定徹夜禪修，結果只是把自己弄得很累而已。最後終於受不了，他決心先休息一下。黎明時，他放下枕

想要快速了解事情不是法，它只是我們的欲望。如果我們根據欲望行事，永遠都沒有結束的一天。

頭，準備休息。

決定休息之後，他的心開始放鬆，放下心事。就在他躺下去，頭碰到枕頭之前，他的心已經完全放下。那一刻，他見到了法，證得阿羅漢果。

刻意追求，永遠放不下

刻意追求放下，則永遠放不下，無論嘗試多久，都辦不到。但是，在那一刻，當阿難決定停下來休息時，他放棄追求成就，只是用已經建立起來的正念進行休息，心一放下，他就看見並覺悟了。他不需要做什麼特別的事，之前他一直希望有事發生，但是都沒有用。沒有機會休息，就沒有機會悟法。

我們應該了解，覺悟法就是放下，以智慧與覺知放下。它無法藉由欲望與爭取而獲得，必須依靠正念。當心「稍作休息」時，便得以擺脫一切干擾。在沒有欲望打擾下，這個心很快就可以覺悟，就像阿難的例子一樣。阿難實際上沒有覺察到他自己，他只想得到他想獲得的東西。這種欲望障礙了他一切的努力，因此他決定先休息一下。

覺悟不是一件容易談論與容易讓人了解的事。如果人們想法錯誤，就很難修行。例如，佛陀說這個地方不適合一般人住，要有地板與屋頂才行；如果沒有屋頂，也沒有

地板，就什麼也沒有了，對嗎？那就沒什麼好說的了。其中的空間不是人住的地方——那裡沒有「具體的存有」（bhava）。具體的存有是樓上或樓下，如果人們要住，他們一定要住樓上或樓下。「沒有具體的存有？」人們就不感興趣。

人們對於放下沒有興趣。放下之後，會出現什麼東西嗎？當你上樓，那是具體的存有，你喜歡爬到上面的感覺，走下來則不那麼讓人高興。你覺得好，但那正是痛苦的根源。你不想放下這個樂與苦，以及平常的經驗，因為你喜歡具體的存有。沒有具體的存有，就吸引不了你，即使只是試著想像也很困難。

超越生與有

佛陀所說沒有生與有的地方，指的是沒有貪的情況。貪是痛苦生起的因。我們渴求平靜，不過平靜始終不可得，因為我們無法放下對貪的執著。我們依靠存有生活，沒有存有是我們無法想像的事，那就是人的習慣，是人的煩惱。

佛陀所說的涅槃，超越存有與生。人們不了解這點，他們只了解有與生的事。如果沒有存有，就沒有地方可以住。沒有地方可以住，我怎麼辦？我如何存在？一般人認

我們渴求平靜，不過平靜始終不可得，因為我們無法放下對貪的執著。我們依靠存有生活，沒有存有是我們無法想像的事，那就是人的習慣，是人的煩惱。

為最好留在這裡，他們希望再次出生，但是他們卻不想死。有這種事嗎？如果你想要不可能的事，你的問題就大了。人們會這樣想，是因為他們不了解苦（dukkha，生命的不圓滿），「我想出生，但是我不想死。」這是他們一心所想的事，沒有比這個更荒謬的了。

佛陀說死從生而來，如果你不想死，就不要出生。人們天真地想：「嗯！我不想死。我想再次出生，但是我不想死。」你可能會歸結說他們很頑固，與充滿欲與貪的人溝通很困難。要放下真的很難。

誤認假象為自我

煩惱與渴愛就像那樣。佛陀說事物並非真實存在，如果沒有地方可以安插柱子，我們如何談論建設呢？那就像並無存有與生，無處可以出生。但是當我們談到這點時，人們聽不下去，也不能理解。談到自我時，經上特別強調沒有這種東西。自我只是一個假名，就究竟解脫的層面而言，它不存在，只有因緣形成的元素聚合。我們誤認這個假象為自我，而產生執著。「我」與「我所」，都只是我們的想像而已，我們卻緊抓著不放。我們不曉得這是如何發生，因此才會說出「我想出生，但是我不想死」的話。

說到進入涅槃之流，如果你的內心有真實的覺知，就

涅槃不是欲求的對象，它不是你能希求的事。

知道其中沒有人在希求任何事。此外，涅槃不是欲求的對象，它不是你能希求的事。這個特性並不容易理解。

這個法不是你可以解釋或給人的，我們的父母可能很想把它給我們，但是連他們也不知道它是什麼，何況要給我們了。這是只有你自己內心知道的事，你可以說給別人聽，但是有個問題：他們真的知道你在說什麼嗎？如果他們的內心無法理解，他們就得不到它。因此，佛陀說：「如來只是指出道路。」就像這幾天我所做的事——我只是解釋者，無法代替你們完成。聽過解釋後，你們必須自己去修行與了解，接著你們才可能領受與覺知這項不可思議的成果。經典上有個故事，有人問佛陀涅槃是什麼，佛陀拒絕解釋，他們就說是因為他不了解的緣故。佛陀怎麼可能不知道？重點是，這種事只能透過各人去理解。

中道是一條孤寂的道路

如果你只是聽到我這樣說就相信我，那並不好，它不是真的。佛陀說那些輕易相信他人者是愚蠢的人，他說聽了話之後，應該進行思惟以便體會其中的實相。此外，你應該聽得進別人的話，而不是一味否認。接受別人的話，不過不要直接相信，而是應該思惟它們的意義。這不是信或不信的問題，暫時把那些放下，儘可能充分思惟。

接受別人的話，不過不要直接相信，而是應該思惟它們的意義。這不是信或不信的問題，暫時把那些放下，儘可能充分思惟。

我們傾向兩種極端，而不喜歡處於中道。中道是一條孤寂的道路，我們很容易受到誘惑或厭惡的影響，放下它們是寂寞的，我們拒絕這樣做。佛陀說這兩種極端不是一個平靜的人應該走的路。遠離苦與樂，因為這兩者都不是平靜之道。一旦遠離這些感受以後，我們就可以得到平靜。心想「我很快樂」不是平靜，那只是未來痛苦的因，這些都是我們應該警惕的。走在中道上，看見兩旁的極端，我們持續前進。我們堅持中道，對它們沒有欲求，因為我們要的是平靜，而非快樂或痛苦，這才是正道。

修法將引導我們放下，但是我們必須有如實覺知的智慧，才可能放下。當真實的智慧生起時，將有助於修法持續，並產生熱誠與精進。這才叫做修行。

一旦你到達目的之後，就不需要再使用法了。就像你用磨利的鋸子鋸木頭，一旦木頭鋸斷之後，就可以將鋸子放下，那時你已經不需要再使用它了。鋸子就是法，法是幫助你得道與證果的工具，一旦完成之後，就可以將它放下；工作完成了，你還抱著鋸子做什麼？

了解疑惑，並且止息

木頭是木頭，鋸子是鋸子，該是結束的時候了。達成目標之後，渴愛與無明的染污都已清除；木頭已經鋸斷，

這時候你可以自然地放下，沒有貪欲與執著，已經不需要再做什麼了。這就是平靜的狀態。

不需要再鋸了，你可以將鋸子放下。有心修行的人一定得依賴法，那是對尚未證法的人說。但是如果工作已經完成，就不需要再做了。這時候你可以自然地放下，沒有貪欲與執著，已經不需要再做什麼了。這就是平靜的狀態。

我們聽到它時充滿疑惑，那是什麼情況？涅槃似乎很遙遠，不過事實上卻很近，它就在你的心裡，等著你去發現。事物生起，你了解它們是不確定的，「這不是真的，那不是真的。」什麼才是真的？當下就是！試著猜測——像這樣或像那樣——都不對。放下對事物的執著，不要妄加判斷與臆測。反覆不定，只會讓我們一直陷於痛苦中。

在這裡了結你的疑惑，了結你的疑惑並止息。就在這裡做個了結。

讓它成為涅槃之因

佛教的奧義是堅持戒律，戒律源自於內心的動機。如果你決定戒除身口意的惡行，就應該清楚覺知你的內心。在他人面前立誓很好，你也可以自己憶持戒律。如果你不知道它們是什麼，可以向別人請教，這不是什麼困難或遙不可及的事。因此事實上，當你希望接受戒或法時，你當下就可以獲得。它就像空氣一樣環繞著你，無處不在，當

當你希望接受戒或法時，你當下就可以獲得。它就像空氣一樣環繞著你，無處不在，當你呼吸時，就可以將它吸納進來。

你呼吸時，就可以將它吸納進來。一切善惡法都像那樣，如果你想行善，隨時隨地都可以做，可以單獨或與他人一起做。惡也一樣，你可以在公開或隱匿的地方，與大或小的團體一起做。

有了戒之後，你應該進一步追求法。戒是禁止與持守的規範，法是指自然，是人對自然事物如實地了解。

佛陀教導法，目的就是讓我們了解自然的本質，讓我們放下與隨順自然。這裡指的是關於物質的世界，至於心，不能任由它隨著自己的因緣發展，它需要被訓練。我們可以說心是身與口的老師，因此它需要被好好地訓練。如果任由它隨著本能發展，會讓我們變成動物。它需要被教導與訓練，應該了解自然，但不能任由它自然發展。

貪瞋癡實相

生在這個世上，我們所有人都有貪、瞋、癡等煩惱。貪讓我們渴望不同的事物，致使心處於失衡與動亂的狀態。不能讓心跟著渴愛的衝動走，那只會帶來苦惱。最好讓它在法裡面，在實相中，接受訓練。

當瞋恨在心中生起時，我們會想發洩怒氣，那可能會導致身體的攻擊，甚至殺人。我們不應該任由本能的衝動去發展，因為我們了解它發生的本質。我們如實地觀看，

因此佛陀教導我們要學習自然的本質，要訓練心，要確實了解實相。

並且讓心知道它的實相。這就是如法的思惟。

癡也一樣，當它發生時，我們對事情感到困惑。如果我們不管它，就會一直處於無知的狀態。因此佛陀教導我們要學習自然的本質，要訓練心，要確實了解實相。

人一生下來就有身與心，一開始它們出生，中間它們轉變，最後它們結束。這就是它們的本質，我們無法改變這些事實。我們只能儘量訓練我們的心，當時機成熟時，就必須完全放下。人類的力量無法改變這件事，或超越它。佛陀教導的法，當下就可以使用，它可以確保身、口、意的正確與健全。他導正人心，以防止它們受到世間法的污染。導師教導我們如實觀察這個世間，他的法是超越世間的教導。我們糊裡糊塗來到這個世上，他教導我們要超越這個世間，不要淪為世間法與習氣的囚犯。

就像一顆鑽石掉進泥淖中，無論泥土如何覆蓋它，還是無法遮掩它的光輝、色澤與價值。即使泥土黏在它上面，鑽石並沒有損失什麼，還是和它原來一樣。它們是兩個分開的事物。

身與心都沒有一個自我

導師所說的是超越痛苦的法，「超越痛苦」指的是什麼呢？我們應該怎麼做才能脫離痛苦？我們需要做一些研

> 就像一顆鑽石掉進泥淖中，無論泥土如何覆蓋它，還是無法遮掩它的光輝、色澤與價值。

究，我們需要研究內心的想法與感受。雖然我們現在無法改變，但是要解脫苦全靠這一點，即改變我們積習已久的世界觀，以及我們思考與感覺的方式。如果可以改變對事物的感覺，我們就能超越舊有的迷思與邪見。

佛陀的真實法並非遙不可及，他教導的是自我。他教導事物沒有真實自我的概念，佛陀的所有教導都指出：「這不是自我，這不屬於自我，沒有我與你這種東西。」初次接觸這點時，我們真的無法理解，無法正確地「解讀」法。我們仍然認為：「這是我，這是我的。」我們執著於事物，並賦予它們特殊的意義。當我們這麼做時，便與它們糾纏不清，涉入愈深，情況就愈糟。如果我們知道無我，像佛陀所說，身與心事實上都沒有一個自我，當我們持續觀察時，就會了解無我的真實情況。我們將真的看見沒有我與他的存在。樂就只是樂，受就只是受，記憶就只是記憶，想就只是想。它們就「只是」它們本身，善就只是善，惡就只是惡，沒有真實的樂與真實的苦。它們只是單純的存在：單純的樂、單純的苦、單純的熱、單純的冷、單純的生命或個人。我們應該如此單純的觀察事物，只有地、水、火、風，我們應該持續「讀」這些東西，並觀察這點。最後，我們的觀念會改變。對於自我與屬於自我的堅固妄想，會逐步瓦解。當這種對事物的執著消失

樂就只是樂，受就只是受，記憶就只是記憶，想就只是想。它們就「只是」它們本身。

後，無我的認知就會穩定增強。

完全覺悟無我之後，我們就能應用到世間的事物、最珍愛的物品、親屬、朋友、財產、成就與地位上，就像對待我們的衣服一樣。衣服嶄新時，我們穿著它們；變髒時，我們清洗它們；破損時，我們就拋棄它們。這是再尋常不過的事，我們經常都拋棄舊東西，穿上新衣物。

覺悟無我之後

我們對於自身的存在，也會有完全相同的感覺。我們不會為了它們而哭泣或感傷，不會被它們折磨與困擾。它們還是和以前一樣，但是我們對它們的感覺與理解卻已經不同。我們的智慧會生起，並看見實相；我們會得到法的洞見與真慧。我們應該了解與看見佛陀教導的法，它就在這裡，在我們之內，在這個身心之內。我們早就擁有它，現在，只需要了解並看見它。

我們在這個人世間所得到的一切事物，最後都會失去。我們已經看見人們出生，也看見他們死去，我們看見這一切發生，但是卻沒有看得很清楚。有人出生時，我們歡欣鼓舞；有人去世時，我們則悲傷哭泣。我們就這樣任由蠢事反覆發生，無有了時。對於生死，我們可以說是束手無策，一直處於茫然的狀態。

它們還是和以前一樣，但是我們對它們的感覺與理解卻已經不同。

　　讓我們好好檢視這點，這些事情都是自然發生，它們都是你應該了解與看見的法。下定決心，以自制的態度處事，你們不應該害怕死亡，而是應該害怕因爲生前犯錯，而在死後墮入餓鬼與地獄等惡道。有些人活得糊裡糊塗，一點也不了解自己，他們想：「我現在做什麼有什麼關係？反正死後就什麼都沒了。」他們沒有想到未來的種子，只看到過去的結果。他們只看到眼前的事，而沒有想到這些現行的種子，會在未來結果。種什麼因，就得什麼果，事物的循環不外乎這個道理。但是當他們嘗到愚昧行爲的苦果時，卻又不知道爲什麼會如此。

種什麼因，得什麼果

　　無論我們現在經驗到什麼，總有一天都要與它分開，所以不要讓時間空過，要努力提升自己的心靈。以這個分離與失落，作爲你們現在思惟的對象，直到你們非常嫻熟，並看見它是平常與自然的爲止。認出這個焦慮與後悔的有限性，並如實地觀察它們。如果你們能夠如此看待事情，智慧就會生起。

　　快樂與痛苦出現時，智慧就可能在那時生起。如果我們如實覺知樂與苦，我們就知道法；如果我們知道法，我們就清楚地覺知這個世界；如果我們清楚地覺知這個世

如果我們知道法，我們就清楚地覺知這個世界；如果我們清楚地覺知這個世界，我們就知道法。

界，我們就知道法。但是對我們多數人而言，如果是討厭的事，我們不會眞的想要知道它，我們會陷入憎惡的情緒中。如果我們不喜歡某人，我們不想看到他的臉，或者靠近他；即使只是看到他的房子或他的狗，也會令我們生氣。這是愚人的做法，絕非智者的方式。如果我們喜歡某人，我們會想千方百計親近他，努力找機會和他在一起，歡喜與他爲伍。這也很愚蠢，事實上兩者是相同的，就像手心和手背一樣。手朝上時，只看見手心，手背則隱藏在後；手翻過來時，手心就看不見了。樂與苦，對與錯，也一樣是一體的兩面，交替出垷。如果只看到其中之一，我們的認識就不夠完整。

注意事情的本來面目

趁我們還活著時，讓我們把事情完成。我們應該持續觀察，分辨實相與假象，注意事情的本來面目，尋根究底，追求寂滅。最後我們一定能完全斷除煩惱與放下。

我們還沒離開這個世間，因此我們應該謹愼。我們應該多加思惟、多行布施、多誦經典、多修行——修無常、苦與無我觀。即使心不想聽，我們也應該勉力爲之，保持正念。這一定可以做得到，我們必能悟得超越世間的智慧。雖然還活在這個世上，我們的見解卻可凌駕於世間之

雖然還活在這個世上，我們的見解卻可凌駕世間之上。

上。總結佛陀的教誨，要點就在於轉化我們的見解。只要持續觀察，就有可能改變它。我們不需要上天下地去尋找，我們需要的法就在我們的身邊，與我們片刻不離。

必須覺悟的實相

這就是佛陀的教導。他沒有教導關於天神、魔王、龍王（nāga）、護法、阿修羅與精靈等事，他只教導我們應該知道與看見的事，我們必須覺悟的實相。在頭髮、指甲、皮膚與牙齒裡，都可以看見實相，先前它們很旺盛，現在則已衰敗。頭髮稀疏與灰白，你看不見嗎？事實上，是我們不想看，因為我們覺得這不應該發生。但是佛陀稱它們為「天使」（devadūta，或譯使者），它們來告訴你：「你的頭髮現在已經灰白，你的視力已經衰弱，你的背已經彎曲……」它們是最好的老師，向你揭示生命短暫的本質，引導你捨棄。你不能無動於衷，該有所體悟才是。

如果我們真的對這一切感興趣，並且認真思惟，就能得到真實的智慧。如果這是辦不到的事，佛陀就沒有必要多說它了。通常我們的談話幾乎都離不開自我——談的不外乎我與我的、你與你的——不過心卻有可能達到無我的覺悟，並且維持不動。數世紀以來，已經有成千上萬的佛弟子達到這樣的覺悟。如果我們真的敏於觀察事物，就有

它們是最好的老師，向你揭示生命短暫的本質，引導你捨棄。你不能無動於衷，該有所體悟才是。

可能覺悟。法就是如此。

　　因此佛陀說你應該以法為基礎或準則。在這個世上生活與修行，你會以你自己，或你的觀念、欲望、意見為基礎嗎？以你自己為標準，只會讓你更自私；以其他人為標準，也只會形成偶像崇拜。自戀或崇拜他人都不是法的方式，法不會傾向或聽從任何一個人，它只依循實相而行。不管人們喜歡與否，它依然是法；那種習慣性的反應與實相無關。

戒與法在心中生起

　　如果我們真的仔細思惟過這一切，並且觀察得很徹底，我們就會進入正道。為什麼會有痛苦？因為缺乏智慧，沒有覺知事物的生滅，也不了解它的因，這就是無明。當無明存在時，各種欲望就會被無明驅策而生起。我們造下了痛苦的因，因此當然會嘗到痛苦的果。如果我們聚集一堆木料，並且再點燃一根火柴，你認為不會燒起來的機會有多少？我們正在點火，不是嗎？這就是緣起。

　　如果你們了解這些事，戒與法就會在你們心中生起。因此將你們自己準備好，佛陀建議我們先將自己準備好。你們不需要有太多顧慮，只要向內看，看沒有貪與沒有危險的地方。佛陀說：「讓它成為涅槃之因緣（Nibba-na

成為了悟涅槃的一個因，是指向空的地方看，向事物完成的地方看，以及向它們終止與耗盡的地方看。

paccayo hotu）」。成為了悟涅槃的一個因，是指向空的地方看，向事物完成的地方看，以及向它們終止與耗盡的地方看。看不再有因的地方，不再有自與他，以及我與我所的地方。這樣的看成為一個因或條件，一個達到涅槃的條件。之後，布施、持戒與聞法，都成為覺悟涅槃的因。因此我們可以將一切修行都迴向成為涅槃之因。但是如果我們沒有心向涅槃，反而緊盯著自我，執著不放，那麼無論怎麼做，都無法成為涅槃的因。

有人在「看家」嗎？

當我們和別人在一起，而他們談到自我，或我與我所的時候，我們馬上附和說：「對！就是這樣！」其實一點也不對。即使心裡說：「對！對！」外表上也必須克制自己。這就像一個小孩怕鬼，也許父母親也很害怕，但是他們不能表現出來，否則這個小孩將更加沒有安全感。「不！爸爸當然不怕。別擔心！媽媽在這裡，沒有鬼，沒有什麼好擔心的。」其實這個父親可能真的很怕，但是如果他這樣說，他們就會亂成一團，馬上奪門而出——父親、母親與小孩——最後落得無家可歸！

這絕非明智之舉。你必須清楚地觀察事情，並且學習如何處理它們。即使你覺得虛妄的現象是真實的時候，你

們也應該告訴自己它們不是。對抗它，教導你自己內觀。當心從自我的角度看待世事，說「它是眞的」時，你必須能夠告訴它：「它不是眞的。」你應該要能浮在水面上，而不是沈入世俗習慣的洪流之中；如果隨波逐流，我們能看得清楚正在發生的事嗎？會有一個人在「看家」嗎？

讓它成爲涅槃之因──一個人不需要以任何東西爲目標，或渴望任何東西；只要瞄準涅槃即可。其他一切世間的善果、福報與功德，都會伴隨它而來。不要像有些人拿著竹竿與籃子去採芒果，結果亂打一通：如果竹竿不夠長，芒果搆不著；或者在亂敲之下，導致芒果破損與爛掉。無論行善或修福，不要期望太多，只要對準涅槃即可。如果想要功德，或想要禪定，或想要各種善果，最後你只會在原地踏步。不需要追求這些東西──只要對準寂滅即可。

將目標集中在涅槃

綜觀人的一生，我們是如此渴望得到這許多東西。一遇到分離或死亡，我們就哭泣與悲傷，我認爲這是最愚蠢的事。我們哭什麼？到底我們認爲人會到哪裡去？如果他們仍然在生死輪迴中，那麼他們其實並沒有離開。當小孩長大，搬到大城市裡去，他們仍然想著他們的父母，不會

一個人不需要以任何東西爲目標，或渴望任何東西；只要瞄準涅槃即可。其他一切世間的善果、福報與功德，都會伴隨它而來。

想念別人的父母；當他們回來時，他們會回到父母的家去，而不是別人的家。當他們再度離開時，他們仍然會想著烏汶（Ubon）這裡的家。他們會染上別處的思鄉病嗎？你們認為如何？

因此我們死了之後，無論經過多少世，只要生與有的因還在，意識就會再找到一個熟悉的地方，重新投生。我認為我們對這一切過度恐懼了，所以請不要太過悲傷。想想這點，經上說：「業帶領有情轉生」，他們不會走太遠。他們不斷轉生，只是換了一個外表，下次以一張不一樣的臉孔出現。我們只是來了又去，去了又來，不停輪迴，始終沒有離開過。就像芒果從樹上掉落一樣，哪裡也去不了。因此佛陀說：讓它成為涅槃之因。讓你的目標集中在涅槃上，努力達成這點；不要像芒果墜地一般，哪裡也去不了。

如果你們能像這樣改變對事物的看法，你們將能悟得殊勝的寂滅。請努力改變，讓自己看見與了解。這些都是你們應該看見與了解的事，如果你們真的看見與了解，還需要再做什麼嗎？戒與法皆將自然具足。

當你們改變觀點時，你們將會了解，那就像是看著葉子從樹上掉落。當它們乾枯時，就掉下來；當春天來臨時，它們又重新出生。有人會為了它們的掉落而哭泣，為

如果你們能像這樣改變對事物的看法，你們將能悟得殊勝的寂滅。

了它們的出生而歡笑嗎？如果你這麼做，有可能是瘋了，不是嗎？如果你們能如此看事情，就沒有問題了。你們將知道那只是自然的時序，出生幾次都無關緊要，它一直都會像這樣。當你們如此思惟法，產生洞見，改變對世界的觀點時，你們就能悟得寂滅，解脫世間法的干擾。

聞法應該能解答你們的疑惑，澄清你們對事物的誤解，並改變你們的生活方式。當疑惑消除後，痛苦也將隨之消失，你們將停止製造欲望與苦惱。之後，無論你們經驗到什麼，即使遇見不如意的事，你們也不會痛苦，因為你們了解它無常的本質。如果遇到喜歡的事，你們也不會得意忘形，因為你們知道放下的良方。你們維持一個平衡的觀點，因為你們了解無常，並且知道怎樣如法解決問題。你們知道善與惡的情況都一直在改變。曉得內在現象，你們就能了解外在現象；不執著於外，你們就不會執著於內。無論向內或向外觀察，都完全一樣。

當我們了解事物的實相，並且不會執著苦與樂時，我們就不需要刻意忍耐，因為法已經在我們的眼前，我們的經驗就是法。無論什麼事都是法，覺者根據實相而覺知。經過學法與見法的過程之後，現在事物已經成為法。當經驗是法時，我們就可以停下來，因為寂滅已經現前了。沒有必要再使用任何法，因為每件事都是法。內外現象都是

曉得內在現象，你們就能了解外在現象；不執著於外，你們就不會執著於內。無論是向內或向外觀察，都完全一樣。

法：能覺知者是法，因緣是法，這個覺知也是法，一切皆合而為一，即解脫。這個自然的本質，沒有生、老、病、死，也沒有悲喜、大小、高矮、黑白或輕重之別。沒有東西可以和它相比，也無法描述它。世間的名言概念都沾不上邊，也不適用。因此當佛陀談到超越的層次時，他說：「唯有智者自己能夠了知。」它無法對人宣說或顯示，只能施用善巧方便而已。達到它的人，將不受後有。世間的名言概念完全派不上用場，只能到此為止。

以這樣的方式，我們可以安住在自然的狀態，即寂滅與安定中。無論受到批評或稱讚，都可以不受干擾。我們隨順自然，不受外界影響。這就是解脫，覺知並且不落兩端，我們將會體驗到安樂，這是真實的喜悅與平靜，超越一切世間法。我們超越一切善惡，凌駕於因果與生死之上。生在這個世間，我們可以超越世間——這是佛陀教導的目的，他不是為了讓人受苦而說法。他希望人們達到寂滅，覺知事物的實相並得到智慧，這就是法，不必處於混亂或疑惑中。無論我們身在何處，都適用相同的法則。

在死之前先死

因此趁活著的時候，我們應該訓練平等心，讓自己可以和他人分享財富與資產。有機會時，我們應該拿出一部

這就是解脫，覺知並且不落兩端，我們將會體驗到安樂，這是真實的喜悅與平靜，超越一切世間法。

份財物給需要的人，就像拿東西給我們自己的孩子一樣。像這樣分享東西，我們會感到喜悅。如果我們能夠將財物分送出去，那麼當呼吸停止的那一刻，我們將沒有貪著與不安，因為一切都已經結束。佛陀說：「在死之前先死。」在事物結束之前，先了結它們，這樣你才可以輕鬆自在。讓事物在瓦解之前先瓦解，在結束之前先結束，這是佛陀說法的意涵。即使你們已經聽過教導千百劫，如果不了解這些要點，你們將無法去除痛苦，並且得不到平靜，你們將見不到法。但是如果能夠了解佛陀真正的意思，以此去解決問題，就可以稱為見法。這樣的見解可以去除痛苦，消除一切煩憂與苦惱。凡是認真修行，並且能忍耐，內心得到充分訓練與發展的人，都將能達到寂滅。無論身處何處，他們都將沒有痛苦；無論他們是年輕或年老，都將解脫痛苦；無論處境如何，或擔任何種職務，他們都將沒有痛苦。因為他們的內心已經達到苦滅的境界，在那裡只有平靜。

　　佛陀這樣說，是為了改變你們的想法，讓法顯現出來。當心隨順法時，法就進入內心。心與法成為密不可分，這是行者們應該了解的事，能改變一個人對事物的見解與經驗。法只能被個人所理解，它無法給予，那是不可能的。如果你們認為它很難，它就很難；如果你們認為它

如果能夠了解佛陀真正的意思，以此去解決問題，就可以稱為見法。這樣的見解可以去除痛苦，消除一切煩憂與苦惱。

很簡單，它就很簡單。思惟它而能掌握要點者，不需要知道很多事。了解要點，如實觀察現象的生與滅，你們就能了解所有事情。這就是眞實的情況。

這是成佛之道。佛陀爲了利益眾生而傳法，他希望我們解脫痛苦，達到寂滅。解脫痛苦不一定要先死，我們不應該認爲死後才可能解脫。現在，我們當下就可以解脫痛苦。在內在的認知上超越，就在這個世間，透過內心生起的洞見。接著，無論行、住、坐、臥，或在任何地方，我們都能感到喜悅。我們不再造惡業，因此沒有惡報，安住於解脫境上。此時的心，清淨、光明與平靜，就像破雲而出的太陽或滿月，沒有任何黑暗與染污，已經達到佛道的勝樂。

請你們仔細觀察這件事，好好思惟，以便獲得洞見與力量。如果你們有痛苦，就藉由修行減輕痛苦，讓大苦變小苦，小苦變不苦。每一個人都應該爲了自己這麼做，願你們修行順利與進步。

註釋：

① 僧伽結集大會：西元前四八五年，佛陀涅槃後不久，大迦葉尊者召集五百名證果的阿羅漢於王舍城七葉窟結集經典。由於阿難尚未開悟，不在被邀請之列，於是在一夜精勤後，開悟證果，參與結集大會，誦出經典。

第六章
◎
傳法

　　一切都是善巧方便（upāya）……就好像爲了賣藥而宣傳，我們必須談到它的功效。「凡是頭痛或消化不良的人……」接下來，人們買或不買，就是他們的事了。但是我們必須去村子裡說一些東西，否則他們根本就不曉得那是什麼。它只是引起人們興趣的善巧方便。

　　法沒有身軀或實體，但是我們仍然必須設法讓人接近並理解它。我們用譬喻與比較的方式，說它像這個或像那個，那全都是方便法。眞正的法不能像這樣展示或導覽。好好想一想，沒有人能將法給予他人，我們只能給人方便，以幫助他們了解，用他們熟悉的方式加以說明。因此，法在哪裡？你們最好重新思考一下。

　　佛陀不贊同那些輕易相信他人者，他只讚揚那些勇於追求自我認識者。後者是清明的智慧，當你能夠如此覺知時，就能解決問題。如果只是因爲別人告訴你，你才知道，問題將一直存在。

　　例如，當你們來這裡時，你們必須問人往邦高村與巴蓬寺的路，以及寺院大概是什麼樣子等等。但是只聽他們的回答，仍然無法清楚地認識，你們雖然知道，但是並不眞實。你可以想一輩子，但是除非你實際到達這裡，否則你永遠不知道。如果別人問你巴蓬寺，你能怎麼說？事情並不清楚，因爲你只聽過別人的說法，你的知識仍然不夠

法沒有身軀或實體，但是我們仍然必須設法讓人接近並理解它。我們用譬喻與比較的方式，說它像這個或像那個，那全都是方便法。

實際。它尚未「到達」，因此仍然會有問題。

親自確認方能相信

當你們真的到達，親眼看見之後，疑慮才會一掃而空。你們可以說邦高村與巴蓬寺像什麼，阿姜像什麼。問題已經解決，因為你們已經親眼看見。

因此佛陀教導我們，要實地禪修與覺悟，他稱輕易相信別人的話為愚蠢。我們會相信別人的話，但是必須經過親自觀察與確認之後，才能真的相信。

就像人們……我常在想，最近人們都喜歡透過布施來「做功德」。這是常見的修行方式，人們覺得這樣做很好。它確實很好，也很真實，但是應該將重點放在斷惡上。事實上，斷惡比布施或其他善行更重要。一個小偷可能無法停止他的惡行，但是卻可能供養食物給比丘，或做其他善行。他可能於偷竊之後，再將贓物分一點給別人，並因此而沾沾自喜，但是要讓他放棄偷竊卻很困難。做功德與造惡是兩回事，無法相抵，它們的「份量」也不同。每一個人都可以布施，不是嗎？在我們的文化中，那是一種根深柢固的傳統。但是關於斷惡 —— 嗯！請仔細想一想。一個小偷不會這樣做，除非他經過真實的轉變。你們可以從這個小例子去思考。

我們會相信別人的話，但是必須經過親自觀察與確認之後才能真的相信。

讀經、能體會法的實相嗎？

修法與過如法的生活就像那樣，聽起來不難，做起來才難。我們需要透過修行去看與了解，而不只是聽而已。之後我們必須往內看得更清楚，經過二度與三度審視，然後才可能確定沒問題。在讀經的過程中，我們可能持續會有疑惑與問題，「這個老師這樣說，那個人那樣說，佛陀的弟子們又這樣說……」但是我們自己的心怎麼說？我們並不知道。是的，舍利弗很好，目犍連也很好，但是我們像他們一樣好嗎？我們有像他們一樣認真修行嗎？「沒有，但是讓我先讀讀這個……」我們可能會先死在讀經與聞法之下。

你能在讀經時體會到法的實相嗎？從經典裡學到瞋與實際了解瞋不同。一個真正看見瞋的人會放下它，真正的覺知有別於書本上的覺知。你可能在聽到教法後，心想：「對！可能是這樣沒錯。」但是當你的感官接觸到實際情況時，你就失去控制了。在那種情況，你仍然放不下，「我知道，但是我就是放不下。練習時我可以放得下，但是現在我辦不到。」

就最近我看到的情況而言，你們最好回去，正常地修行。有信心的人來了就會去做，我們不需要說太多，需要的是多修行。出現傷口時，你們最好是深入清理，而不只

出現傷口時，你們最好是深入清理，而不只是處理表面而已，否則最後可能得將它切除。

是處理表面而已，否則最後可能得將它切除。

法不是隨便說說，人們立刻就可以了解。修行無法速成。就像談論涅槃，那只會引來困惑，甚至導致人們批評佛陀：「如果他完全了解，為什麼要拐彎抹角地談它？為什麼不直接顯示給我們看？」這裡有個問題，它不是你能夠清楚解釋的事物，因此他只能如此說明。然而，我們卻因此而指控他無知與笨拙。如果覺悟之後，就能讓每個人都了解，為什麼佛陀要讓我們迷惑呢？

無明的黑暗比眼盲更可怕

這就像是為生盲者解釋顏色，你怎麼對他說黃色、紅色或綠色呢？「綠色就像這樣」，這對一個盲人來說夠嗎？「紅色是如此這般」，盲人能了解嗎？是的，你可以解釋得非常詳盡，但是他能從中得到幾分呢？他不能了解的原因是什麼？只是因為他的盲目，你不能歸咎於解釋。

你無法給其他人這個東西。佛陀為人解說，目的是為了幫助他們自己覺悟。但是人們卻責怪佛陀，說他無知與笨拙，「好吧！如果你知道，就清楚地解釋給我聽。」這就好像盲人不停地問顏色，並且不停埋怨你解釋得不清楚，你說：「嗨！這是黃的，這件東西是純黃色。」這有什麼用？你說得愈多，他愈困惑。那麼應該怎麼辦？最好

法不是隨便說說，人們立刻就可以了解。修行無法速成。

回到問題的原點，問他：「你的眼睛怎麼了？讓我們設法恢復你的視力。」此時你就不需要再為他解釋紅色、綠色與黃色，否則，再多的語言也無濟於事。無明的黑暗遠比眼盲更可怕。

因此，到頭來，還是修行的問題。你們必須自己完成，法確實只是善巧方便而已。如果你們從來沒有進來過這間禪堂，而我則已經見過裡面的佛像與其他事物，並且認為你們最好也能來看。我應該設法讓你們來這裡，而不是對你們描述它。我可以向你們描述這座光輝的佛像，但是你們可能不相信我；因此我最好找一條路讓你們進來，一旦你們見過之後，就會相信。

如何快速開悟？

如果人們很自私，並且固執己見，就很難讓他們相信真實的事。當我們試著向他們解釋時，他們可能會認為法不合道理或邏輯。他們會將自己的無知，歸咎給他人。因此，我們怎麼向他們解釋法呢？我們只能教導那些願意嘗試的人。至於那些什麼也不做，不願意實地修行的人，則無法被教導，他們是所謂的「愚癡者」（padaparama，直譯是「文句為最者」；意譯是「執文迷義、死於句下」）。

因此我最好找一條路讓你們進來，一旦你們見過之後，就會相信。

　　哪一種人是「愚癡者」呢？是未受教育者嗎？一個擁有博士學位者，或者一個終生住在森林裡的人，都有可能是這種人。不過，住在森林裡的文盲，也有悟法的能力，她可能是最容易見道的類型。不一定都要學習很多知識才好，一個博學多聞的人也可能是最絕望的人，因為自恃所擁有的知識而不相信任何人的話。這些人可能是最難纏的「愚癡者」。

　　修行真的可能變得很難，如果每個人都想快速覺悟的話。大學生經常來這裡問我：「隆波！我們應該怎麼做才能快速開悟？最快的方法是什麼？」嗯！如果對「快速」有興趣，就不需要費心修行了。你們認為這樣的態度能開悟嗎？

別和人爭論修行

　　有些修行人喜歡爭論禪法、戒律與止觀，別和他們爭辯，我從不和人爭辯。我做我了解的修行，別人相信什麼是他們的事，不要大驚小怪。我照自己的方式修行，如果你們有興趣，也可以嘗試，我無法強迫你們。如果你們感到好奇，就得自己去尋找答案，否則爭論將沒完沒了：止與觀、專注於腹部的起伏、念佛、念法……每個人都瘋了，討論與爭辯什麼才是正確的修行，什麼才是最好的方

我做我了解的修行，別人相信什麼是他們的事，不要大驚小怪。

式……眞的是太過份了。但是有些人卻樂此不疲,只要到了修行的時候,他們就喜歡發問。對於雞毛蒜皮的事,他們也有問不完的問題。他們喜歡嘗試每一種他們聽過的禪法,片刻也不得閒,就好像底下有一把火在燒一樣,一把他們自己點燃的火。

我們告訴他們:「坐下來禪修,你們就能把心安定下來。」修定能夠讓心平靜,這聽起來似乎不錯,所以他們就試了。他們以爲只要坐下來,就能入定。他們坐下來並且嘗試將心固定,不過它卻動盪不安,所以他們說那是謊言,根本無效。「啊!我已經試過了,坐下來修定,但是我的心卻無法靜止不動,它起伏不定,甚至比沒有禪修之前更厲害。這些禪師根本是在說謊。」你們聽過這樣的話嗎?你們會怎麼對他們說?

佛陀時代的修行生活

這種事都是人們的貪欲與無知所造成,事情和他們所想像的不一樣。看看佛陀時代的修行與生活情況,和現在完全不同。最近人們都只看書,他們博聞廣記之後就開始教人,我不知道他們的想法出自何處。他們教導各種錯誤的觀念而不自知,根本無法明辨是非,那是因爲這些知識不是他們內心眞實的體會。

坐下來禪修,就能把心安定下來。

　　到了國會大選時，他們都說：「我是好人！我爲了幫助你們而努力！」那麼，民眾已經投票給他們幾年了呢？結果如何？也許我們有看到他們帶來的一點點改進，然而他們做任何事的理由都是爲了選舉。他們渴望成爲國會議員，如果沒有這個欲望，他們就不會行動。他們必須以欲望爲做事的動機，事情一般都是這麼進行的。「喔！我是最好的……相信我！」誰才是最好的呢？每個人都說他們是，但是如果我們徹底檢視他們，他們眞的有那麼好嗎？

　　我不是批評任何人，不過人們就是這樣。如果阿羅漢處於這樣的情況，絕對不會這麼說，這種說法只會引起困惑與動亂。阿羅漢不會進入國會，只有俗人才想成爲議員，在那裡他們可以玩弄世間的權術。你們能期望他們多好呢？他們侷限於世間的價值，照著世間的動機行事，充其量也只能這樣。或者我們該嘗試讓阿羅漢進入議會呢？

　　就和藥一樣，無論是哪種藥，它們能有多好呢？每一種藥都有其限度，沒有一種藥能起死回生，它們只能減輕痛苦，讓我們暫時覺得好一點，如此而已。最後連醫生的生命也會被死神奪走。就像這樣，不要想得太複雜，也不要期望過高。

每一種藥都有其限度，沒有一種藥能起死回生，它們只能減輕痛苦，讓我們暫時覺得好一點，如此而已。

以堅持與忍耐來承擔困難

我們尋求平靜，但是必須有正確的思惟，最重要的是要能堅持與忍耐。如果我們無法承擔困難，一切都會垮掉。我們耐不住森林的獨居，因此想放棄與逃離，離開後重新與人交談，並且恢復從前的生活……

今天那些稱自己為佛教徒的人，他們像什麼？我已經仔細觀察過，很少人能真正讓人信服。那些可以被舉出來，並說他們的心符合佛道者，真的很少。一些西方人問我：「隆波！你已經完成你的研究與修行，並獲得洞見，為什麼你還要住在森林裡？這裡只有少數人而已。」我認為他們想引我進入屠宰場。「如果你到大城市去，可以幫助許多人，而在森林裡則無法有太多貢獻。」他們設下一個陷阱，等著殺我。

如果你們到城裡，那個「進步」的地方去說法，那裡的人會認為你們瘋了。「瘋狂的比丘來了，瘋和尚在這裡！」如果你嘗試談論沒有「我」或「我的」等說法，他們會說你瘋了，他們無法接受「無我」的觀念。因此我認為那些西方人是在設計我，送我上屠宰場，多數人根本聽不進去。

人們問我是否教導外國人涅槃，或者我教他們什麼。我只是嘗試讓他們自在一點而已，根本還談不到無我的

邊。我只是指導他們應該做什麼，就像我告訴他們：「你應該把這個玻璃杯放在這裡，放在這裡兩分鐘，不要拿起來。兩分鐘後，再把它拿起來放到那裡去。照這樣做。」

「但是我為什麼要這麼做呢？」

「別說太多，照著做就對了！那樣做很好，為什麼需要問？這樣做的過程中，智慧自然會生起。」

「這麼做之後會發生什麼事？」

「不要問！你來跟我學，你現在的任務就只是舉起杯子再放下。」

能忍耐的人最後一定會覺醒

其中自然會產生智慧。經年累月地修行之後，內心將產生一些反應與改變，會有一些覺受，接著，智慧將會生起。她不需要問我問題，只要實地去修行即可。問一堆問題做什麼呢？我只是教導你做這個，而你的工作就是去做它。「把它拿起來，放在這裡兩分鐘，再把它拿起來，放到那裡去……」只要持續這樣做，就會有一些覺知。透過這個生起的覺知，她會知道一些事情。不過必須忍耐，一個能忍耐的人最後一定會覺醒。當他確實做到了，就不會在意我們給了他什麼樣的教導。

因此在最近的禪修中，無論發生什麼事，我都只說：

一個能忍耐的人最後一定會覺醒。當他確實做到了，就不會在意我們給了他什麼樣的教導。

「這不確定」，那就夠了。好的經驗——這不確定；不好的經驗——這不確定；那個人很好，我喜歡他——不確定；那個人真的很討厭——這也不確定。一切都回到這點來，這些事情的不確定性不會改變。如果你認為某件事情非常好，接下來你就可能會被它所困擾；如果你認為某件事情非常壞，那對你有幫助嗎？如果你依循這兩種模式，你就步上佛陀所警告兩種極端的後塵，不是放縱就是自虐。但是如果你把它們都放下，善與惡，你將如何自處呢？當你遠離善惡兩端時，那是什麼境況？在那裡沒有固定不變與客觀真實的事，如果你能如此修行，就能得到覺悟。

還有什麼好執著的？

請想想這點，當你看見一切事情都真的是不確定的時，你還有什麼好執著的？你會放手，讓事情順其自然。如果你需要解決問題，就應該做出適當的反應，而非過度高興或失望。當你看見一切都不確定時，它們就失去價值了，不是嗎？不確定的事無法吸引你，它們就像廢物一樣。「這是垃圾……那是垃圾……」誰會想要它們？「這不確定……那不確定……」你為什麼要執著不確定的事呢？你能從這些沒有價值的事情上得到什麼？因此「不確

當你遠離善惡兩端時，那是什麼境況？在那裡沒有固定不變與客觀真實的事，如果你能如此修行，就能得到覺悟。

定」將強而有力地帶領你進入一些確定的事中。這是你需要做的，如果你能這樣做，我可以毫不遲疑地說，你的禪修一定可以成功。

我們毋須學太多，維持平常心即可，不需要過度控制心。當我們看見每件事都不確定時，就不需要對事物有貪戀或厭惡的情緒，我們應該放手。爲什麼要對不確定的事糾纏不清呢？認爲事物是確定的這種想法，會讓我們貪著與迷失。

如果我們不這樣修行，而是一直發問，希望從不同人的身上尋找答案，我們能得到什麼？如果我們修得不對，如何能冀望從他人的話語中獲得內在的智慧？

得到經驗的真髓

佛陀並不貪心，他一次只教幾個人而已。最初，只有五名苦行者，他沒有教他們很多東西，他們是從修行中學習。當一個人修行時，就會有經驗，這種經驗會創造熱忱，他會樂於奉獻與犧牲。其他人不了解爲什麼他會那樣，他們完全不曉得那個人內心的體驗。如果他嘗試告訴他們，他們只能從他的話裡得到膚淺的知識，而無法獲得經驗的真髓。只有行者能悟得道果，其他人則見不到它。

如果你想從其他人的話裡得到它，你可能會受挫而中

我覺得真正需要的是實際去修，而不是做一大堆複雜的思考。

途放棄。我覺得真正需要的是實際去修，而不是做一大堆複雜的思考。依照戒、定、慧去訓練，無論其他老師怎麼說，都不要搞糊塗了。老師必須用不同的方式教導，以各種善巧方便讓人了解與修行正道，知足惜福。之後，弟子們將透過自身的精進修行，得到覺悟。

也許你們還沒覺悟，這點困擾著你們。你們受限於渴愛①（taṇhā），想要趕快進步。別擔心，它自己會進步。如果你今天種下一棵樹，你能期望它明天就完全長大嗎？那可能嗎？你們的工作只是澆水與施肥，至於它長得快或慢，就不是你的事了，那是樹的事，不是你的。你可以站在那裡埋怨它長得太慢，一直到死。你會開始懷疑是否土壤不夠好，因此你將它拔起來，移植到別處去。但是你將再次嫌它長得不夠快，一定又是土壤的問題，因此你又把它拔起來，種在別的地方。一直這樣做，幼苗總有一天會被你弄死。

急著到哪兒去？停下來吧！

你急什麼？希望事情趕快發生是一種渴愛；希望它慢一點，也同樣是渴愛。你是要跟著渴愛或是跟著佛陀修行？那是你的選擇。當你迷失時，麻煩便隨之而來。修法的過程一定要有耐心與毅力，當你到達目標時，就不再有

當你到達目標時，就不再有任何法了。你不需要再修任何東西，也不需要再刻意忍耐。

任何法了。你不需要再修任何東西，也不需要再刻意忍耐。但是，你現在正在嘗試修行，還沒有抵達目的，你還是必須以法為工具。當你放下時，就不需要再忍耐，或做任何努力。一切都結束了，你就是法。現在你想成為某物，而每件事不是太快就是太慢，你急著到哪裡去？你必須停下來。

不要根據渴愛說話，不要根據渴愛行動，不要根據渴愛思考，也不要根據渴愛飲食，但是我們所做的每件事卻都是出自渴愛，如此我們怎麼能期待見到實相與獲得覺悟呢？渴愛何時才會結束？我們每天都呵護它與餵養它，卻又不切實際地認為它會結束。它只會持續茁壯，想想你自己所做的事吧！你為什麼做這些事呢？完全是因為渴愛的緣故。

深入思惟這點，如果你放下並遏阻渴愛之流，你的行為就會持穩。無論精神好壞，你都會繼續修行；無論心情如何，都不會停下腳步。你不會受到情緒的影響，如果只有心情好的時候才修行，心情不好的時候就偷懶，那只是順著渴愛行事，你何時才能回到佛道上呢？如果你覺得很懶，別在意，繼續你的修行；覺得很有勁，還是修行。不要管那些感覺。如果只是跟著情緒走，或一時興起才修行，你就不是佛弟子。真正的佛弟子，絕不會受到懶惰的

深入思惟這點，如果你放下並遏阻渴愛之流，你的行為就會持穩。無論精神好壞，你都會繼續修行；無論心情如何，都不會停下腳步。

影響而停止修行。懶惰或勤勉能在心中維持多久？看看它
們的特徵，以及它們出現的方式：它們一直在變化，你則
持續在它們之間擺盪。跟著無常的現象走，你就是渴愛的
弟子，而非佛弟子。

堅定的修行決心

　　阿姜曼（Ajahn Mun）的偉大弟子們，和佛陀以及他
的弟子們一樣，修行的決心都相當堅定。在佛陀的傳記
中，我們看見，他是如何在經歷數年的苦行之後，坐在菩
提樹下發誓：「即使血肉枯竭，若不證得正等正覺，我誓
不起座……」

　　這些是佛陀說的話，我們從書本上讀到這個故事，心
想：「哇！他真的辦到了，我也應該效法他。」我們可能
只禪修了一年左右，但是深受鼓舞，決定效法佛陀。因此
我們點燃了一枝香，心想：「在這枝香燒完之前，即使痛
死，我也絕不起座。」我們學習佛陀的說法，並且真的去
做，但是事情似乎並不簡單。我們覺得好像已經過了三個
小時，因此睜開眼睛，但是香還是很長。我們一直冒汗並
感到痛苦，「喔！但是我說寧死也不停止……」因此我們
再度閉上眼睛，又經歷了兩三次的煎熬，但是香持續在
燒。我們感到沮喪，開始覺得自己可能福報不夠，念頭起

跟著無常的現象
走，你就是渴愛的
弟子，而非佛弟
子。

伏不定。我們發出像佛陀一樣的宏願，但是卻不曾想過佛
陀已經修了多久的波羅蜜行。

如含苞待放的蓮花

　　佛陀覺悟之後，曾經想隱身起來，不是嗎？他不想教
人。深入思惟後，他發現眾生的煩惱深重，一片黑漆，世
間的情況比他所想的更黑暗。無論他說什麼都不容易被理
解。之後，他想到四種蓮花，看見即將覺悟的眾生，就像
含苞待放的蓮花，因此才決定教導。

　　但是我們還沒到那種程度。只是教導五戒，人們就會
說因為活在這個世上，所以他們做不到。重點在於克制某
些行為，但是人們卻無法自制。那些在上位，有權支配他
人者，通常情況最糟。人們的心中沒有戒，也沒有法，即
使他們可能知道一切說法，並且也參與各種法會。有些人
研究得很深入，並且可以高談闊論，但是他們的心與他們
的話卻不一致。

　　那麼我們應該怎麼做？恰如其分即可。如果人們不相
信我們，不要像其他老師一樣，認為他們愚笨或低劣。事
實上，是我們愚蠢，因為我們不會教他們。你必須先加強
自己的修行，改善自己，讓自己真的了解與相信。透過修
行，你將能發展出智慧與善巧方便，根據他們的需要教導

透過修行，你將能
發展出智慧與善巧
方便，根據他們的
需要教導他們。

他們。你不能只是一味地想改變這個世界，強迫人們變成你希望的樣子。不要無端生事，每個人的存在都有其原因。許多佛陀都在這裡自我訓練，放下他們的包袱，他們並沒有帶著世界一起走，因此不要太擔心這點。做你能做的就好，盡可能自利與利他。放下你應該放下的，並且做你應該做的，不要擔心如何教導全世界都遵循法。

只有善巧方便

有一個比丘是很好的例子。過去你們可能都在這裡見過他——當他還是在家人時，他經常來聽我開示。他希望每個人都表現良好，因此總是指正別人應該怎麼做。我只是聽其自然，之後他決定出家。出家之後，他積極傳法，希望能激勵人們產生信仰，不過事情進展得並不順利。

我告訴他：「當兩隻牛共同拖一輛車時，如果牠們行動一致，車子就會走得比較輕快。想想這點，如果其中一隻牛走得比較快，最後兩隻牛都會停下來，牠們根本走不遠。如果你是帶頭的牛，你最好放慢腳步，等另一隻牛跟上來。如果一味埋頭苦幹，只會增加自己的負擔。你何不放鬆一點，和另一隻牛一起拖這輛車呢？」

稍後他回去了。這段簡短的談話直接觸及他的要害，因為這正是他一直在做的事。他想訓練在家人，在齋戒日

放下你應該放下的，並且做你應該做的，不要擔心如何教導全世界都遵循法。

時，他要求他們徹夜禪坐：「喂！先生、小姐！今晚大家要通宵修行，不可以睡覺。」但是他們忍不住會在座位上睡著或躺下。沒有人想那樣刻苦修行，他們缺乏正確的決心……無論他怎麼用力「拉」，也無法讓他們跟上他的腳步，這開始讓他覺得很累。當他幾乎要崩潰時，我想他記起了我的話：「嗯！我似乎正在拖一輛車與一頭牛，也許我應該放慢速度，讓另一隻牛跟上來，和我一起拖車……」因此他回來，希望從我這裡聽到一些法。我告訴他，我沒有法，只有善巧方便，只有一些話可以說。

等待時機成熟

我說：「當時機還沒成熟時，你能怎麼做？如果一個小孩今天出生，你希望他明天就長大，好讓他協助你工作，那麼你的期待勢必會落空。因此你能怎麼做？顯然你應該耐心地照顧與養育這個小孩，否則你將會發瘋。你不能期待他馬上長大。」這些都是渴愛：想要、揠苗助長、忽略因果，以及無意義地奮鬥。

關於職業，現代人都想要做很少，卻得到很多，最好能什麼都不要做。對於這點，全世界的人都會舉雙手贊成。不過，佛陀卻說，無論做什麼都得努力去做，我們應該量入為出，其間需要一些訓練，與節制消費。但是當我

因此他回來，希望從我這裡聽到一些法。我告訴他，我沒有法，只有善巧方便，只有一些話可以說。

們陷入渴愛時，將沒有節制這回事。我們的收入永遠都不夠，就好像拿錢給瘋子花用一樣，他會花光所有人的薪水，卻仍然無法滿足，就像把銅錢丟到海裡一樣。

那麼誰會對自己擁有的東西感到滿足呢？瘋子永遠貪得無厭。我們應該想深入一點，我自己就曾深思過：對於不了解的人來說，那真的是一件很深奧的事。他們得到他們應得的東西，但是禪師們卻說：「管好你自己！」你們聽過嗎？人們時常抱怨，當他們焦頭爛額時，我們卻只想談論法。……你會怎麼對這些瘋子說？很難令他們了解，就像我曾說的，你怎麼告訴盲人顏色。我們提到白色，而他們只想知道「白色像什麼？」

「像石膏。」

「石膏像什麼？」

「喔！它的顏色和天上的雲一樣。」

「雲又像什麼？」

「嗯！它們就是白色。」

找出每個人眼盲的原因

愚蠢的人就像這樣，一直不得其門而入。最好能找出每個人眼盲的原因，它何時開始，是什麼原因造成等等，並試著找出解決的方法。我們不需要解釋世間所有的顏

你會怎麼對這些瘋子說？很難令他們了解，就像我曾說的，你怎麼告訴盲人顏色。

色，等到有一天他們張開眼睛，看見這個世界時，他們自己就會知道，不會再有任何疑問。這個方式可能比較好。

你會怎麼解決問題，又會怎麼回答與解決他人的疑問？尤其是對那些受過高等教育的人，你更是沒有什麼可以對他們說的。有時候我們這些可憐的禪者，會被大學生問得失望透頂，他們什麼事都想要快速解決。你教他們練習某件事，他們會嘆著說辦不到。辦不到，他們就得重頭開始，堅持做下去，直到他們能辦到為止。

因材施教

相信我，這些年來，我一直在尋找各種教人的方法。現在，我只會嘗試做我能做的事。超越我能力範圍的事，我會暫時放在一邊，有些事情我只能放手不管。有些人很好教，有些人則很難。有些人不需要人教，他們自己會覺悟實相，不需要別人的督促。

你們可以看到最近我是怎麼對待前來這裡的比丘，現在我不會教很多東西。有能力看見的人，並不需要很多教導。你可以把他們留在森林裡，他們會看著樹，心想：「啊！樹就像人一樣：一棵樹的枝與葉，最後都會乾枯，人的情況也是一樣……」這就稱為「從略說中獲知者」（ugghaṭitaññū，或譯為「智慧敏銳者」）。只要待在森林

現在我不會教很多東西。有能力看見的人，並不需要很多教導。

裡，他們自己會生起智慧。他們可以看出人生的本質，他們具有這樣敏銳的心，因此不需要教太多。

其他人必須前來坐在這裡聽講，「從廣說中獲知者」（vipaccitaññū，或譯為「聰明者」），需要聽聞譬喻與比較，才能了解。他們無法被單獨留在森林裡，只要一些教導，他們就可以看見。只要有正確的指導，他們就會改變觀點，了解他們以前不了解的事。

接著是「應教導者」（neyya，或譯為「堪受教化者」），對於這種人，你必須給予大量的教導與訓練，最後還是可以達到目標。就像一個團體裡有一百個學生，也許有八十個能畢業，他就是那第八十個。他還是可以畢業，並且與其他人一起工作，善用他所獲得的知識。

但是在此之下的人②，就得留在外面了。

「今天你一定不能做這些事。」

「是的，先生。」

但是幾天之後，他們又故態復萌。

「再也別犯了。」

「是的，先生。」

但是沒多就，他們又犯了，因此你再說一次：「你一定不能那樣做。」

「是的，先生。」

只要有正確的指導，他們就會改變觀點，了解他們以前不了解的事。

他們一直都「是的，先生。」最後，你必須放手，讓他們回到「以前的主人」那裡。那是誰？就是業。有時候你什麼也不能做，你必須放棄，讓他們去面對自己所造的業。你必須停止嘗試改變他們，就把他們留在那裡。舊的業力太強大了，你無法和從前的主人對抗。

世間自有其運轉軌道

當你們面對人事時，別忘記這點。有時候人們表面上似乎慢慢有進展，實際上卻是在退後。當卡車走到路的盡頭時，你不能強迫它載著貨物繼續前進。如果你還是不滿意，希望它繼續前進，最後它不是被困在那裡就是會翻覆。你必須知道自己的能力，並且滿足於你所能做的，否則，你最後會成為餓鬼。

世間自有其運轉的軌道，我們只能盡自己的力量去解決問題。事物的本質還是一樣，開始時出生，中間轉變，最後則消逝。只要做你能做的事，做符合當時情況與你的能力的事。嘗試做超過這個的事，只會為你自己帶來更多的苦。想想這點，它不是自私，有些人會說：「這傢伙真自私，他一點也不想幫忙。」你自己最清楚這是不是真的，不要隨便附和別人的說法，而是要看清楚自己的狀況。如果你真的是自私，才可以接受這樣的批評。應該像

世間自有其運轉的軌道，我們只能盡自己的力量去解決問題。

這樣信賴自己，依靠別人的話有什麼用？如果有人說你的善行不好，你會怎麼回應？對別人的說法爭論或生氣，都無濟於事，重點是你必須檢視自己，並客觀衡量那些話。

嘗試讓人信服無法帶來利益

但是到了最近，這樣做卻變得有點難，尤其是對那些在位者來說。也許警察在一件竊盜案中逮捕了兩個人，其中一個確實有犯案，另一個則沒有。但是當兩人被審訊時，他們都聲稱自己是清白的。

「你有偷嗎？」

「喔，沒有。」

「那麼你呢？你有偷嗎？」

「喔，沒有。」

兩人的答案都一樣，但是卻只有一個人說實話。對於偵辦人員來說，判定事實真相並不簡單。其中一個人是無辜的，他說：「不，我沒做。」另一個犯罪的人也說：「不，當然不是我做的。」那麼警察能怎麼做呢？他們不能依賴嫌犯的話，必須獨立調查。因此你最好能自己去認識，並相信自己。不要太有野心，恰如其分地認知與行動即可。

近來，我不太在意別人對我的話是否有興趣，嘗試讓

對別人的說法爭論或生氣，都無濟於事，重點是你必須檢視自己，並客觀衡量那些話。

人信服似乎無法帶來利益。我就在這個寺院裡，生活就是這個樣子，如果有人想來見識一下，歡迎他們。

如果鄰近地方起火，並且已經延燒數棟房子，消防人員首先會嘗試保護還沒著火的房子。對於已經著火的房子，他們已經無能為力。真正有拯救價值的是那些還矗立著的房子，這是消防人員的工作。

法在心中生起，造福世間

如果我們嘗試解決所有人的問題，不管它們有多棘手，那麼我們一定會疲於奔命。我們應該做的第一件事是以身作則，不再以世俗或自私的方式處事，如果我們能如法行事，有善緣的人就會注意到，並對我們的話感興趣。它們會吸引那一類的人。

當法在一些人的心中生起時，它就能造福這個世間。善人會欣賞它，惡人則否。有些事情你可能不喜歡，但是世人卻稱它為法。你們的看法不同，當然信仰也不同，他們喜歡做你認為沒有價值的俗事，這個情況由來已久。我們需要換個角度來看：如果每個人都很好，世上就沒有壞人；沒有壞人，就沒有任何問題；沒有問題可以解決，就可能很難發展出智慧。

從來到巴蓬寺以後，我就一直在想這件事。由於森林

當法在一些人的心中生起時，它就能造福這個世間。

裡的僧團禁止打獵爲食，因此自然形成一個生態保護區。我認爲這是一件好事，但是卻仍然遭到批評：「你們爲什麼要住在這裡？你們來這裡就是爲了保護樹嗎？這就是比丘要做的事嗎？你們不是應該捨棄一切世間的事物嗎，爲什麼還這麼關心樹與動物？……」

我聽到他們的話了，但是我憐憫松鼠及其他小動物，不希望牠們被獵人射殺。「你們在養動物嗎？牠們不是野生動物嗎？這不是比丘的事……」

我想了想──是否應該在寺院周圍設立圍牆？我們那樣做了，但是人們對我很不諒解。我的動機眞的很好。之後村裡的狗來這裡，牠們追逐並殺害了許多松鼠，令人慘不忍賭。我們能怎麼做？我們必須設法阻止狗進入寺裡……最後，幾個月之後，我才了解我想錯了。

這只是這些動物的本能，如果我們把狗趕走，松鼠可能會變笨。危機存在時，牠們會比較敏銳與小心，爲了對付狗，牠們會發展出自己的智慧。

請用心思惟法

在這種情況之下，錯才好，它會將潛能激發出來，引領我們走向對與善。我們檢視自己的行爲，考慮它們是對或錯。一個木匠在砍伐木頭時，必須測量長度。短能調整

如果我們把狗趕走，松鼠可能會變笨。危機存在時，牠們會比較敏銳與小心，爲了對付狗，牠們會發展出自己的智慧。

長，長亦能調整短。這個世間就像這樣，所有事情都是相對的。我了解到我必須放手，讓狗與松鼠自己去整理出牠們的秩序來。雖然現在松鼠的數量減少，但是牠們已經變得更機靈了。

因此問題是出在我的身上，因為我想防止狗去咬松鼠，並且想防止人們批評。但是人們本來就有批評的立場，我決定針對問題去解決，學習不做無謂的抗爭。

住在巴蓬寺的森林裡，有其困難的處境。在這裡困擾我的事，我必須學習在這裡解決它們。有好幾年，我的身體因為瘧疾而發燒得很嚴重，幾乎奪去我的生命。但是我滿足於待在這裡，停留並看清事實，你會學到一些東西。當你的心力增強時，困難的處境與問題就會減弱。它們為什麼會減弱？只因為你的力量已經增加，因此相形之下它們就變弱了，即使它們還是和以前一樣。

這個情況很正常，你不需要想太多，反之，你應該只做你能做的事，不需要做會帶給你痛苦的事。如果你的內心產生痛苦，這個教導一定出了什麼問題！修法的重點是解決痛苦，因此為什麼要增加你的痛苦呢？我們需要看我們是哪裡出錯。如果別人不想聽我們的話，我們為此而感到難過的話，我們就錯了。我們修行是為了解脫苦，因此為什麼要製造苦呢？我們真的很糊塗，仔細觀察這點。你

如果你的內心產生痛苦，這個教導一定出了什麼問題！修法的重點是解決痛苦，因此為什麼要增加你的痛苦呢？

不需要崇高的涅槃思想，只要向內看。除此之外，你還能
從哪裡觀察與克服起呢？請用心思惟這件事。

註釋：
① 渴愛：凡夫愛著於五欲，如渴而愛水也。維摩經方便品曰：「是身如炎，從渴愛
　　生。」
② 此指前述「愚癡者」（padaparama）。

〔附錄〕

辭彙表

afflictions（巴利文為 kilesa）：內心的貪、瞋、痴等煩惱。

ajahn（巴利文為 ācarya）：巴利文之音譯為阿闍梨，即老師。

Ajahn Mun（1870-1950）：阿姜曼（或譯為阿姜滿、阿迦曼），二十
　　世紀泰國最著名的禪師，也是阿姜查等多數東北大師的老師。

Ānanda：阿難，佛陀的侍者與常隨弟子。

arahant：音譯為阿羅漢，上座部佛教最後證悟之果位，直譯為「斷除
　　煩惱者」或「殺賊」。

ariya：聖者，已經覺悟證果者，因此不再是凡夫。

bhikkhu：比丘，完全出家之僧人，直譯為「看到輪迴之危險者」。

Buddho：佛陀之名，在泰國一般被拿來作為禪修（念佛）之對象，為
　　「覺知者」之意。

deities：仍有生死之天神，為六道輪迴之最高層。

Dhammo：作為禪修對象之「法」，與 Buddho 類似。

Dhamma：佛陀之教法，究竟實相。直譯為「存在者」，指存在之現
　　象。

dhukkha：不圓滿，存在之苦的本質，四聖諦中的第一聖諦。

Eightfold Path：八正道，四聖諦中的第四聖諦。是解脫痛苦之道，包括正見、正思惟、正語、正業、正命、正精進、正念與正定。

eighth rebirth：第八次轉世。進入涅槃之流者（即須陀洹），不出七次轉世，即可達到究竟之覺悟。

Eight Wordly Dharmas：世間八法，即得、失、毀、譽、稱、譏、苦、樂。

five aggregates：五蘊，包括色、受、想、行、識。

four foundations of mindfulness：四念處。南傳佛教的基本禪法，包括身、受、心、法等念處。

Four Noble Truths：四聖諦。佛陀初轉法輪所傳之法，包括苦、集（苦升起的因）、滅（苦的止息）、道（到達苦滅之道）。

hungry ghosts：餓鬼。無法進食的不幸眾生，通常被描寫成肚大、嘴小、骨瘦如柴。墮入餓鬼道的原因是貪心與吝嗇。

khandha：蘊。為色、受、想、行、識等的積聚，常被誤解為個人或自我。

kutī：出家人的住處，由柱子撐起的小屋。

lower realms：惡道，極苦的狀態。

Luang Por（泰文）：隆波。對老和尚尊敬與親切的稱呼，直譯為「尊貴的父親」。

Magha Pujja：紀念僧伽成立的重要佛教節慶。

merit（巴利文為 puñña）：福。指心的善德，以及累積善德的行為。

Moggallāna：目犍連。佛陀的兩大弟子之一，神通第一。

nāga：龍王，佛教神話中像蛇一樣的水族之神。

neyya：堪教化者，直譯為「應教導者」。

nibbāna：涅槃。覺悟後的究竟境界，熄滅貪、瞋、痴。

nonreturner（巴利文為 anāgāmin）：不來果。阿羅漢果之前的第三沙門果，不再轉生於欲界，於無色界中成就道果。

once-returner（巴利文為 sakadāgāmin）：一來果。入流果之後的第二沙門果，於欲界中，再經一次轉世即可成就道果。

pacceka buddha：獨覺。無師自悟者，但無力教導他人，通常被說成獨居於世。

padaparama：愚痴者，直譯為「文句為最者」，最多只能了解字面上的意義。

pāli：聖典語

perfections（巴利文 pāramin）：十種波羅密，一、施波羅蜜，二、戒波羅蜜，三、出離波羅蜜，四、般若波羅蜜，五、精進波羅蜜，六、忍辱波羅蜜，七、諦波羅蜜，八、決意波羅蜜，九、慈波羅蜜，十、捨波羅蜜。

rains retreat（泰文為 pansa，巴利文為 vassa）：亞洲地區從七月中旬到十月中旬，為期三個月的雨安居。出家人在這段期間安住在一處，不外出旅行。傳統上是一段密集修行的時期。

requisites：資糧。出家人的生活必需品，包括衣服、飲食、住處與醫藥等。

samādhi：三昧或禪定。

samaṇa：沙門。出家人，直譯為「息惡」或「息心」。

samatha：止，音譯為「奢摩他」。

saṃsāra：生死輪迴。眾生由其未盡之業，故於六道中受無窮流轉之苦。

san.kha-ra：行，泛指一切有為法。一切生滅變異之法，皆稱為行。五蘊中的行蘊，則是指色、受、想與識之外的一切有為法。在泰語的用法中，它也可以用來指身體。

Sāriputta：舍利弗。佛陀的兩大弟子之一，智慧第一。

sāsana：佛教，或譯為「佛陀的教法」。

sīla：戒。意指行為、習慣、性格、道德等。一般是指善戒，特指為出家及在家信徒施設的戒規，有防非止惡之功用。

skillfulness（巴利文為 kusala）：善巧。指巧妙地接近、施設、安排等，乃一種向上進展之方法。對真實法而言，為誘引眾生入於真實法而權設之法門。

Songkran（泰文）：松克朗。四月十三日，旱季結束之後，傳統的亞洲新年，包含潑水節慶在內。

sotāpanna：須陀洹。沙門初果，已經進入正覺之流，最多再往返欲界七次，即可解脫。直譯為「入流者」。

Tathāgata：如來，佛陀的稱號之一。

Three Jewels：三寶，即佛、法、僧。

tudong（泰文。巴利文為 dhūtaṅga）：頭陀行，上座部比丘所允許之苦行。

Ubonrachatani：烏汶。位於泰國東北部的省分，是阿姜查居住與阿姜曼誕生的地方。

ugghaṭitaññū：智慧敏銳者，直譯為「從略說中獲知者」。

upāya：方便，教導與訓練他人的方法。

vipaccitaññū：聰明者，直譯為「從廣說中獲知者」。

vipassanā：觀，音譯為「毘婆舍那」。

Visakha Puja：衛塞節。佛陀降生、成道、涅槃皆在陽曆五月月圓日，故此三個節日之匯集節慶，即稱衛塞節。

wat（泰文）：寺。

JB0018X	遠離四種執著	究給・企千仁波切◎著	280 元
JB0019X	禪者的初心	鈴木俊隆◎著	220 元
JB0020X	心的導引	薩姜・米龐仁波切◎著	240 元
JB0021X	佛陀的聖弟子傳 1	向智長老◎著	240 元
JB0022	佛陀的聖弟子傳 2	向智長老◎著	200 元
JB0023	佛陀的聖弟子傳 3	向智長老◎著	200 元
JB0024	佛陀的聖弟子傳 4	向智長老◎著	260 元
JB0025	正念的四個練習	喜戒禪師◎著	260 元
JB0026	遇見藥師佛	堪千創古仁波切◎著	270 元
JB0027	見佛殺佛	一行禪師◎著	220 元
JB0028	無常	阿姜查◎著	220 元
JB0029	覺悟勇士	邱陽・創巴仁波切◎著	230 元
JB0030	正念之道	向智長老◎著	280 元
JB0031	師父 —— 與阿姜查共處的歲月	保羅・布里特◎著	260 元
JB0032	統御你的世界	薩姜・米龐仁波切◎著	240 元
JB0033	親近釋迦牟尼佛	髻智比丘◎著	430 元
JB0034	藏傳佛教的第一堂課	卡盧仁波切◎著	300 元
JB0035	拙火之樂	圖敦・耶喜喇嘛◎著	280 元
JB0036	心與科學的交會	亞瑟・札炯克◎著	330 元
JB0037	你可以，愛	一行禪師◎著	220 元
JB0038	專注力	B・艾倫・華勒士◎著	250 元
JB0039X	輪迴的故事	堪欽慈誠羅珠◎著	270 元
JB0040	成佛的藍圖	堪千創古仁波切◎著	270 元
JB0041	事情並非總是如此	鈴木俊隆禪師◎著	240 元
JB0042	祈禱的力量	一行禪師◎著	250 元
JB0043	培養慈悲心	圖丹・卻准◎著	320 元
JB0044	當光亮照破黑暗	達賴喇嘛◎著	300 元
JB0045	覺照在當下	優婆夷 紀・那那蓉◎著	300 元
JB0046	大手印暨觀音儀軌修法	卡盧仁波切◎著	340 元
JB0047X	蔣貢康楚閉關手冊	蔣貢康楚羅卓泰耶◎著	260 元
JB0048	開始學習禪修	凱薩琳・麥唐諾◎著	300 元
JB0049	我可以這樣改變人生	堪布慈囊仁波切◎著	250 元

JB0087	禪林風雨	果煜法師◎著	360元
JB0088	不依執修之佛果	敦珠林巴◎著	320元
JB0089	本智光照—功德寶藏論　密宗分講記	遍智　吉美林巴◎著	340元
JB0090	三主要道論	堪布慈囊仁波切◎講解	280元
JB0091	千手千眼觀音齋戒—紐涅的修持法	汪遷仁波切◎著	400元
JB0092	回到家，我看見真心	一行禪師◎著	２２０元
JB0093	愛對了	一行禪師◎著	260元
JB0094	追求幸福的開始：薩迦法王教你如何修行	尊勝的薩迦法王◎著	300元
JB0095	次第花開	希阿榮博堪布◎著	350元
JB0096	楞嚴貫心	果煜法師◎著	380元
JB0097	心安了，路就開了： 讓《佛說四十二章經》成為你人生的指引	釋悟因◎著	320元
JB0098	修行不入迷宮	札丘傑仁波切◎著	320元
JB0099	看自己的心，比看電影精彩	圖敦・耶喜喇嘛◎著	280元
JB0100	自性光明——法界寶庫論	大遍智　龍欽巴尊者◎著	480元
JB0101	穿透《心經》：原來，你以為的只是假象	柳道成法師◎著	380元
JB0102	直顯心之奧秘：大圓滿無二性的殊勝口訣	祖古貝瑪・里沙仁波切◎著	500元
JB0103	一行禪師講《金剛經》	一行禪師◎著	320元
JB0104	金錢與權力能帶給你什麼？ 一行禪師談生命真正的快樂	一行禪師◎著	300元
JB0105	一行禪師談正念工作的奇蹟	一行禪師◎著	280元
JB0106	大圓滿如幻休息論	大遍智　龍欽巴尊者◎著	320元
JB0107	覺悟者的臨終贈言：《定日百法》	帕當巴桑傑大師◎著 堪布慈囊仁波切◎講述	300元
JB0108	放過自己：揭開我執的騙局，找回心的自在	圖敦・耶喜喇嘛◎著	280元
JB0109	快樂來自心	喇嘛梭巴仁波切◎著	280元
JB0110	正覺之道・佛子行廣釋	根讓仁波切◎著	550元
JB0111	中觀勝義諦	果煜法師◎著	500元
JB0112	觀修藥師佛——祈請藥師佛，能解決你的 困頓不安，感受身心療癒的奇蹟	堪千創古仁波切◎著	450元
JB0113	與阿姜查共處的歲月	保羅・布里特◎著	300元
JB0114	正念的四個練習	喜戒禪師◎著	300元
JB0115	揭開身心的奧秘：阿毗達摩怎麼說？	善戒禪師◎著	420元
JB0116	一行禪師講《阿彌陀經》	一行禪師◎著	260元
JB0117	一生吉祥的三十八個祕訣	四明智廣◎著	350元

JP0078	當佛陀走進酒吧	羅卓‧林茲勒◎著	350 元
JP0079	人聲，奇蹟的治癒力	伊凡‧德‧布奧恩◎著	380 元
JP0080	當和尚遇到鑽石 3	麥可‧羅區格西◎著	400 元
JP0081	AKASH 阿喀許静心 100	AKASH 阿喀許◎著	400 元
JP0082	世上是不是有神仙：生命與疾病的真相	樊馨蔓◎著	300 元
JP0083	生命不僅僅如此—辟穀記（上）	樊馨蔓◎著	320 元
JP0084	生命可以如此—辟穀記（下）	樊馨蔓◎著	420 元
JP0085	讓情緒自由	茱迪斯‧歐洛芙◎著	420 元
JP0086	別癌無恙	李九如◎著	360 元
JP0087	甚麼樣的業力輪迴，造就現在的你	芭芭拉‧馬丁&狄米崔‧莫瑞提斯◎著	420 元
JP0088	我也有聰明數學腦：15 堂課激發被隱藏的競爭力	盧采嫺◎著	280 元
JP0089	與動物朋友心傳心	羅西娜‧瑪利亞‧阿爾克蒂◎著	320 元
JP0090	法國清新舒壓著色畫 50：繽紛花園	伊莎貝爾‧熱志－梅納&紀絲蘭‧史朵哈&克萊兒‧摩荷爾－法帝歐◎著	350 元
JP0091	法國清新舒壓著色畫 50：療癒曼陀羅	伊莎貝爾‧熱志－梅納&紀絲蘭‧史朵哈&克萊兒‧摩荷爾－法帝歐◎著	350 元
JP0092	風是我的母親	熊心、茉莉‧拉肯◎著	350 元
JP0093	法國清新舒壓著色畫 50：幸福懷舊	伊莎貝爾‧熱志－梅納&紀絲蘭‧史朵哈&克萊兒‧摩荷爾－法帝歐◎著	350 元
JP0094	走過倉央嘉措的傳奇：尋訪六世達賴喇嘛的童年和晚年，解開情詩活佛的生死之謎	邱常梵◎著	450 元
JP0095	【當和尚遇到鑽石 4】愛的業力法則：西藏的古老智慧，讓愛情心想事成	麥可‧羅區格西◎著	450 元
JP0096	媽媽的公主病：活在母親陰影中的女兒，如何走出自我？	凱莉爾‧麥克布萊德博士◎著	380 元
JP0097	法國清新舒壓著色畫 50：璀璨伊斯蘭	伊莎貝爾‧熱志－梅納&紀絲蘭‧史朵哈&克萊兒‧摩荷爾－法帝歐◎著	350 元
JP0098	最美好的都在此刻：53 個創意、幽默、找回微笑生活的正念練習	珍‧邱禪‧貝斯醫生◎著	350 元
JP0099	愛，從呼吸開始吧！回到當下、讓心輕安的禪修之道	釋果峻◎著	300 元
JP0100	能量曼陀羅：彩繪內在寧靜小宇宙	保羅‧霍伊斯坦、狄蒂‧羅恩◎著	380 元
JP0101	爸媽何必太正經！幽默溝通，讓孩子正向、積極、有力量	南琦◎著	300 元
JP0102	舍利子，是甚麼？	洪宏◎著	320 元

JP0103	我隨上師轉山：蓮師聖地溯源朝聖	邱常梵◎著	460 元
JP0104	光之手：人體能量場療癒全書	芭芭拉‧安‧布藍能◎著	899 元
JP0105	在悲傷中還有光： 失去珍愛的人事物，找回重新聯結的希望	尾角光美◎著	300 元
JP0106	法國清新舒壓著色畫 45：海底嘉年華	小姐們◎著	360 元
JP0108	用「自主學習」來翻轉教育！ 沒有課表、沒有分數的瑟谷學校	丹尼爾‧格林伯格◎著	300 元
JP0109	Soppy 愛賴在一起	菲莉帕‧賴斯◎著	300 元
JP0110	我嫁到不丹的幸福生活：一段愛與冒險的故事	琳達‧黎明◎著	350 元
JP0111	TTouch® 神奇的毛小孩按摩術 ── 狗狗篇	琳達‧泰林頓瓊斯博士◎著	320 元
JP0112	戀瑜伽‧愛素食：覺醒，從愛與不傷害開始	莎朗‧嘉儂◎著	320 元
JP0113	TTouch® 神奇的毛小孩按摩術 ── 貓貓篇	琳達‧泰林頓瓊斯博士◎著	320 元
JP0114	給禪修者與久坐者的痠痛舒緩瑜伽	琴恩‧厄爾邦◎著	380 元
JP0115	純植物‧全食物：超過百道零壓力蔬食食譜， 找回美好食物真滋味，心情、氣色閃亮亮	安潔拉‧立頓◎著	680 元
JP0116	一碗粥的修行： 從禪宗的飲食精神，體悟生命智慧的豐盛美好	吉村昇洋◎著	300 元
JP0117	綻放如花 ── 巴哈花精靈性成長的教導	史岱方‧波爾◎著	380 元
JP0118	貓星人的華麗狂想	馬喬‧莎娜◎著	350 元
JP0119	直面生死的告白 ── 一位曹洞宗禪師的出家緣由與說法	南直哉◎著	350 元
JP0120	OPEN MIND！房樹人繪畫心理學	一沙◎著	300 元
JP0121	不安的智慧	艾倫‧W‧沃茨◎著	280 元
JP0122	寫給媽媽的佛法書： 不煩不憂照顧好自己與孩子	莎拉‧娜塔莉◎著	320 元
JP0123	當和尚遇到鑽石 5：修行者的祕密花園	麥可‧羅區格西◎著	320 元
JP0124	貓熊好療癒：這些年我們一起追的圓仔 ~~ 頭號「圓粉」私密日記大公開！	周咪咪◎著	340 元
JP0125	用血清素與眼淚消解壓力	有田秀穗◎著	300 元
JP0126	當勵志不再有效	金木水◎著	320 元
JP0127	特殊兒童瑜伽	索妮亞‧蘇瑪◎著	380 元
JP0128	108 大拜式	JOYCE（翁憶珍）◎著	380 元
JP0129	修道士與商人的傳奇故事： 經商中的每件事都是神聖之事	特里‧費爾伯◎著	320 元
JP0130	靈氣實用手位法 ── 西式靈氣系統創始者林忠次郎的療癒技術	林忠次郎、山口忠夫、 法蘭克‧阿加伐‧彼得◎著	450 元
JP0131	你所不知道的養生迷思 ── 治其病要先明其 因，破解那些你還在信以為真的健康偏見！	曾培傑、陳創濤◎著	450 元

JP0156	24 節氣　供花禮佛	齊云◎著	550 元
JP0157	用瑜伽療癒創傷： 以身體的動靜，拯救無聲哭泣的心	大衛・艾默森 伊麗莎白・賀伯 ◎著	380 元
JP0158	命案現場清潔師：跨越生與死的斷捨離・ 清掃死亡最前線的真實記錄	盧拉拉◎著	330 元
JP0159	我很瞎，我是小米酒： 台灣第一隻全盲狗醫生的勵志犬生	杜韻如◎著	350 元
JP0160	日本神諭占卜卡： 來自眾神、精靈、生命與大地的訊息	大野百合子◎著	799 元
JP0161	宇宙靈訊之神展開	王育惠、張景雯◎著繪	380 元
JP0162	哈佛醫學專家的老年慢療八階段：用三十年 照顧老大人的經驗告訴你，如何以個人化的 照護與支持，陪伴父母長者的晚年旅程。	丹尼斯・麥卡洛◎著	450 元
JP0163	入流亡所：聽一聽・悟、修、證《楞嚴經》	頂峰無無禪師◎著	350 元
JP0165	海奧華預言：第九級星球的九日旅程・ 奇幻不思議的真實見聞	米歇・戴斯馬克特◎著	400 元
JP0166	希塔療癒：世界最強的能量療法	維安娜・斯蒂博◎著	620 元
JP0167	亞尼克　味蕾的幸福：從切片蛋糕到生 乳捲的二十年品牌之路	吳宗恩◎著	380 元
JP0168	老鷹的羽毛——一個文化人類學者的靈性之旅	許麗玲◎著	380 元
JP0169	光之手 2：光之顯現 ——個人療癒之旅・ 來自人體能量場的核心訊息	芭芭拉・安・布藍能◎著	1200 元
JP0170	渴望的力量：成功者的致富金鑰・ 《思考致富》特別金賺祕訣	拿破崙・希爾◎著	350 元
JP0171	救命新 C 望：維生素 C 是最好的藥， 預防、治療與逆轉健康危機的秘密大公開！	丁陳漢蓀、阮建如◎著	450 元
JP0172	瑜伽中的能量精微體： 結合古老智慧與人體解剖、深度探索全身的 奧秘潛能，喚醒靈性純粹光芒！	提亞斯・里托◎著	560 元
JP0173	咫尺到淨土： 狂智喇嘛督修・林巴尋訪聖境的真實故事	湯瑪士・K・修爾◎著	540 元
JP0174	請問財富・無極瑤池金母親傳財富心法： 為你解開貧窮困頓、喚醒靈魂的富足意識！	宇色 Osel ◎著	480 元
JP0175	歡迎光臨解憂咖啡店：大人系口味・ 三分鐘就讓您感到幸福的真實故事	西澤泰生◎著	320 元
JP0176	內壇見聞：天官武財神扶鸞濟世實錄	林安樂◎著	400 元
JP0177	進階希塔療癒： 加速連結萬有，徹底改變你的生命！	維安娜・斯蒂博◎著	620 元

善知識系列　JB0007X

森林中的法語
Being Dharma: The Essence of the Buddha's Teachings

作　　　　者／阿姜查（Ajahn Chan）
英 文 譯 者／保羅‧布里特（Paul Breiter）
譯　　　　者／賴隆彥
責 任 編 輯／丁品方
業　　　　務／顏宏紋

總 編 輯／張嘉芳
出　　　版／橡樹林文化
　　　　　　城邦文化事業股份有限公司
　　　　　　104 台北市民生東路二段 141 號 5 樓
　　　　　　電話：(02)2500-7696　傳眞：(02)2500-1951
發　　　行／英屬蓋曼群島商家庭傳媒股份有限公司城邦分公司
　　　　　　104 台北市中山區民生東路二段 141 號 2 樓
　　　　　　客服服務專線：(02)25007718；25001991
　　　　　　24 小時傳眞專線：(02)25001990；25001991
　　　　　　服務時間：週一至週五上午 09:30　12:00；下午 13:30　17:00
　　　　　　劃撥帳號：19863813　戶名：書虫股份有限公司
　　　　　　讀者服務信箱：service@readingclub.com.tw
香港發行所／城邦（香港）出版集團有限公司
　　　　　　香港灣仔駱克道 193 號東超商業中心 1 樓
　　　　　　電話：(852)25086231　傳眞：(852)25789337
　　　　　　Email: hkcite@biznetvigator.com
馬新發行所／城邦（馬新）出版集團【Cité (M) Sdn.Bhd. (458372 U)】
　　　　　　41, Jalan Radin Anum, Bandar Baru Sri Petaling,
　　　　　　57000 Kuala Lumpur, Malaysia.
　　　　　　電話：(603) 90578822　傳眞：(603) 90576622
　　　　　　Email：cite@cite.com.my

封面設計／ A⁺design、兩棵酸梅（書腰）
內頁版型／ A⁺design、歐陽碧智（電子書）
印　　刷／中原造像股份有限公司

初版一刷／ 2002 年 11 月
二版一刷／ 2021 年 3 月
ISBN ／ 978-986-99764-3-5
定價／ 320 元

城邦讀書花園
www.cite.com.tw

版權所有‧翻印必究（Printed in Taiwan）
缺頁或破損請寄回更換

國家圖書館出版品預行編目（CIP）資料

森林中的法語／阿姜查（Ajahn Chah）著；保羅‧布里特
（Paul Breiter）英文編譯；賴隆彥譯. -- 二版. -- 臺北市：
橡樹林文化，城邦文化事業股份有限公司出版：英屬蓋曼
群島商家庭傳媒股份有限公司城邦分公司發行，2021.03
　　面；　公分. --（善知識；JB0007X）
譯自：Being dharma: the essence of the Buddha's
teachings
ISBN 978-986-99764-3-5（平裝）

1. 佛教說法　2. 佛教修持

225.4　　　　　　　　　　　　　　　110002556

廣 告 回 函
北區郵政管理局登記證
北 台 字 第 10158 號
郵資已付　免貼郵票

104 台北市中山區民生東路二段 141 號 5 樓

城邦文化事業股份有限公司

橡樹林出版事業部　收

請沿虛線剪下對折裝訂寄回，謝謝！

| 橡 | 樹 | 林 |

書名：森林的法語　書號：JB0007X

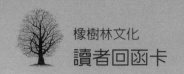

橡樹林文化
讀者回函卡

感謝您對橡樹林出版社之支持，請將您的建議提供給我們參考與改進；請別忘了給我們一些鼓勵，我們會更加努力，出版好書與您結緣。

姓名：＿＿＿＿＿＿＿＿＿＿＿＿＿　□女　□男　生日：西元＿＿＿＿＿＿年

Email：＿＿＿＿＿＿＿＿＿＿＿＿＿＿＿＿＿＿＿＿＿＿＿＿＿＿＿＿＿

● 您從何處知道此書？

　□書店　□書訊　□書評　□報紙　□廣播　□網路　□廣告 DM　□親友介紹

　□橡樹林電子報　□其他＿＿＿＿＿＿＿＿＿

● 您以何種方式購買本書？

　□誠品書店　□誠品網路書店　□金石堂書店　□金石堂網路書店

　□博客來網路書店　□其他＿＿＿＿＿＿＿＿＿

● 您希望我們未來出版哪一種主題的書？（可複選）

　□佛法生活應用　□教理　□實修法門介紹　□大師開示　□大師傳記

　□佛教圖解百科　□其他＿＿＿＿＿＿＿＿＿

● 您對本書的建議：

＿＿＿＿＿＿＿＿＿＿＿＿＿＿＿＿＿＿＿＿＿＿＿＿＿＿＿＿＿＿＿＿＿＿＿

＿＿＿＿＿＿＿＿＿＿＿＿＿＿＿＿＿＿＿＿＿＿＿＿＿＿＿＿＿＿＿＿＿＿＿

＿＿＿＿＿＿＿＿＿＿＿＿＿＿＿＿＿＿＿＿＿＿＿＿＿＿＿＿＿＿＿＿＿＿＿

＿＿＿＿＿＿＿＿＿＿＿＿＿＿＿＿＿＿＿＿＿＿＿＿＿＿＿＿＿＿＿＿＿＿＿

＿＿＿＿＿＿＿＿＿＿＿＿＿＿＿＿＿＿＿＿＿＿＿＿＿＿＿＿＿＿＿＿＿＿＿